江苏省高等学校重点教材
（2021-2-026）

21世纪经济管理新形态教材·营销学系列

人工智能营销

彭英 编著

清华大学出版社
北京

本书封面贴有清华大学出版社防伪标签，无标签者不得销售。

版权所有，侵权必究。举报：010-62782989，beiqinquan@tup.tsinghua.edu.cn。

图书在版编目（CIP）数据

人工智能营销/彭英编著. 一北京：清华大学出版社，2022.4（2025.1重印）
21世纪经济管理新形态教材. 营销学系列
ISBN 978-7-302-60473-0

Ⅰ.①人… Ⅱ.①彭… Ⅲ.①人工智能－应用－市场营销－高等学校－教材 Ⅳ.① F713.50-39

中国版本图书馆 CIP 数据核字 (2022) 第 052976 号

责任编辑：	付潭娇　刘志彬
封面设计：	李召霞
版式设计：	方加青
责任校对：	王荣静
责任印制：	曹婉颖

出版发行：清华大学出版社
网　　址：https://www.tup.com.cn，https://www.wqxuetang.com
地　　址：北京清华大学学研大厦A座　　邮　　编：100084
社 总 机：010-83470000　　邮　　购：010-62786544
投稿与读者服务：010-62776969，c-service@tup.tsinghua.edu.cn
质 量 反 馈：010-62772015，zhiliang@tup.tsinghua.edu.cn

印 装 者：涿州市般润文化传播有限公司
经　　销：全国新华书店
开　　本：185mm×260mm　　印　张：16　　字　数：368 千字
版　　次：2022 年 4 月第 1 版　　印　次：2025 年 1 月第 4 次印刷
定　　价：59.00 元

产品编号：094241-01

前　言

当前,新一轮科技革命和产业革命正在发生变革,伴随移动互联网、大数据、超级计算、传感网、脑科学等新理论、新技术的驱动,以人工智能技术为代表的新一轮科技革命蓬勃发展,以前所未有的速度和方式改变着经济发展。习近平总书记在十九届中央政治局第九次集体学习时的讲话中指出,"人工智能是引领这一轮科技革命和产业变革的战略性技术,是新一轮科技革命和产业变革的重要驱动力量,具有溢出带动性很强的'头雁'效应"。加快发展新一代人工智能不仅是"事关我国能否抓住新一轮科技革命和产业变革机遇的战略问题",而且是"我们赢得全球科技竞争主动权的重要战略抓手",更是"推动我国科技跨越发展、产业优化升级、生产力整体跃升的重要战略资源"。

随着数字生态系统的构建和发展,在工商管理领域,商业数据分析与决策的实践中,人工智能(Artifacial Intelligence,AI)技术常被用于收集跨部门的客户资讯。该技术大大提高了品牌在渠道和广告系列中与消费者互动的精准度和个性化。传统的市场营销理论和技术正受人工智能发展带来的巨大影响而转型,同时营销人员又受益于人工智能和机器学习等技术带来的生产力提高。基于人工智能的消费者洞察、精准营销、有效沟通和市场塑造等将成为未来企业市场营销管理的重要趋势。

本书正是基于以上背景,在分析了传统市场营销理论框架及其演进、发展趋势的基础上,吸收国内外专家学者观点和有关人工智能最新应用成果,紧密结合我国企业特点,系统介绍了人工智能营销管理的理论和方法,通过对数字化市场营销各环节的全景式描述,使读者对人工智能营销体系框架有一个清晰的认识。全书共分为10章,第1章为认识人工智能,第2章为变化中的市场营销,第3章为用户画像,第4章为社交化客户关系管理,第5章为客户体验管理,第6章为智能定价,第7章为智能产品设计,第8章为智能渠道,第9章为智能广告和促销,第10章为精准营销。每章都配置案例、复习思考题、即测即评和扩展阅读,供读者学习参考。此外,为便于读者更好地理解和掌握书中的内容和编程工具,附录分别给出了缩略语英汉对照表、Python客户分析、MATLAB营销模型、机器学习精准营销等实例。

以该书内容在南京邮电大学高年级本科生跨专业开设"人工智能与市场营销前沿"系列课程,取得了较好的效果。非常期待该书的出版,能够为更多年轻人步入职场或是从业人员了解相关技术应用起抛砖引玉的作用。本书可以作为高等院校计算机通信和管理类本科专业高年级学生及研究生的教材或参考书，也可作为企业经营、市场营销管理和相关技术人员的培训和学习用书。

感谢清华大学出版社对该书选题的支持和编辑老师高效率的辛勤付出。从选题伊始，到完成书稿，在整理素材的过程中，人工智能技术的应用和发展仍在日新月异、生生不息。各种案例清晰地为我们破解了一幅幅生活中如同科幻场景般画卷背后蕴藏的科学原理，互联网、大数据、云计算、区块链、人工智能等技术已经完全颠覆了传统的商业模式，在这种新型商业模式的催生下诞生的本土千亿级电商企业已不是传奇，我们深为中国的企业成就而激励和鼓舞，这些都是书卷写不尽的产业界和现实企业发展中的精彩和澎湃。

在本书编撰过程中，编者所参阅的文献除了参考文献所列出的一部分以外，还有大量相关分析报告、报刊文章和网络资料。在此，谨向所有使本书受益的优秀作者致以诚挚的谢意。

本教材得到2021年江苏省高校重点教材项目和2021年南京邮电大学重点教材项目的资助，教材编写的部分工作内容得益于编者主持的国家社科基金后期资助项目（批准号：19FGLB017）和江苏省社科基金后期资助项目（批准号：18HQ009）的研究成果。教材编写工作还获得了南京邮电大学管理学院及市场营销系、南京邮电大学国际电联经济与政策研究中心、英国曼彻斯特大学商学院、南京大学商学院、江苏移动、江苏电信、江苏联通等单位领导和专家学者提供的建议和帮助，在此一并表示感谢。江苏移动的徐光先生、常州移动的曹星女士、淮安洪泽区政府的闫家梁先生对于案例内容给出了建设性的意见，我的研究生朱琛、陆纪任、李桢宇、余小莉、李妍皓、刘文婷、吴敏、闫昕蕾、梁宸等同学帮助整理和更新各章节资料，对他们的辛勤劳动表示衷心的谢意！最后，要感谢我的家人，感谢他们对我工作一贯的理解和支持。

鉴于时间和编者水平有限，书中疏漏之处在所难免，恳请专家同行、读者批评指正！

编者

2021年深秋于石城

目　录

第一章　认识人工智能

1.1 什么是人工智能 ·· 1
　　1.1.1 人工智能的定义 ··· 1
　　1.1.2 人工智能的研究方法 ·· 3
　　1.1.3 人工智能的研究领域 ·· 6
1.2 人工智能发展简史 ·· 8
　　1.2.1 人工智能的孕育阶段（1956 年以前） ······························ 9
　　1.2.2 人工智能的起步阶段（1956—1980 年） ·························· 10
　　1.2.3 人工智能的初级应用阶段（1980—1993 年） ···················· 11
　　1.2.4 人工智能的稳步发展阶段（1993—2006 年） ···················· 12
　　1.2.5 人工智能的蓬勃兴起阶段（2006 年至今） ······················· 13
1.3 人工智能应用场景 ·· 14
　　1.3.1 智能机器人 ··· 14
　　1.3.2 自然语言处理 ··· 14
　　1.3.3 神经网络 ·· 14
　　1.3.4 智能搜索 ·· 15
　　1.3.5 模式识别 ·· 15
　　1.3.6 智能控制与无人驾驶 ·· 15
　　1.3.7 云端人工智能 ··· 16

第二章　变化中的市场营销

2.1 什么是市场营销 ··· 19
　　2.1.1 市场营销的起源 ··· 19
　　2.1.2 市场营销的内涵 ··· 20

2.1.3　市场营销管理理论的形成与发展阶段 ································· 22
2.2　市场营销过程及其管理 ··· 25
　　2.2.1　了解市场及顾客需求 ·· 25
　　2.2.2　设计市场营销战略与规划 ·· 27
　　2.2.3　创造可盈利性客户关系 ··· 27
　　2.2.4　获取价值回报 ·· 29
2.3　市场及购买行为 ··· 30
　　2.3.1　消费者购买行为及决策 ··· 30
　　2.3.2　商业购买行为及决策 ·· 34
　　2.3.3　人工智能对购买行为及决策的影响 ···································· 36
2.4　市场营销的演进及智能营销框架 ·· 38
　　2.4.1　市场营销的演进过程 ·· 38
　　2.4.2　智能营销框架 ·· 40

第三章　用户画像

3.1　画像简介 ··· 45
　　3.1.1　用户画像的缘起 ·· 45
　　3.1.2　用户画像的含义 ·· 46
　　3.1.3　用户画像的四种类型 ·· 48
　　3.1.4　用户画像的八要素 ··· 50
　　3.1.5　用户画像与精准营销 ·· 51
3.2　系统架构 ··· 52
　　3.2.1　系统架构概述 ·· 52
　　3.2.2　系统开发上线流程 ··· 54
3.3　画像标签 ··· 56
　　3.3.1　标签的分类 ··· 56
　　3.2.2　标签的体系构建 ·· 58
3.4　机器学习 ··· 62
　　3.4.1　机器学习概述 ·· 62
　　3.4.2　机器学习在用户画像构建中的应用 ···································· 65
3.5　定性刻画 ··· 66
　　3.5.1　定性刻画方法简介 ··· 66
　　3.5.2　定性刻画用户画像的构建流程 ·· 68
　　3.5.3　定性刻画的优缺点 ··· 70

第四章 社交化客户关系管理

4.1 社交化客户关系管理概述 · 74
4.1.1 社交媒体 · 74
4.1.2 客户关系管理 · 77
4.1.3 SCRM 与 CRM 的区别 · 79

4.2 数据源 · 81
4.2.1 客户信息 · 81
4.2.2 数据仓库 · 82
4.2.3 SCRM 数据源 · 84

4.3 SCRM 体系 · 85
4.3.1 应用体系 · 85
4.3.2 会员关系管理体系 · 86
4.3.3 外部对接系统 · 88

4.4 人工智能 SCRM 系统的演进 · 88
4.4.1 客户关系管理的发展历程 · 88
4.4.2 大数据与客户关系管理 · 90
4.4.3 区块链与客户关系管理 · 91
4.4.4 人工智能与客户关系管理 · 93

第五章 客户体验管理

5.1 什么是客户体验管理 · 98
5.2 客户体验的要素 · 100
5.2.1 人（服务） · 100
5.2.2 流程 · 101
5.2.3 技术 · 102
5.2.4 一致性 · 104

5.3 互动内容管理 · 106
5.3.1 互动营销 · 106
5.3.2 互动创新 · 107
5.3.3 互动管理 · 108

5.4 网络社区与内容传播 · 109
5.4.1 网络社区内涵 · 109
5.4.2 网络社区类型 · 110
5.4.3 网络社区营销 · 111
5.4.4 网络社区内容传播 · 112

5.5 客户旅程设计 ·· 113
    5.5.1 客户旅程 ·· 114
    5.5.2 产品管理向旅程管理过渡 ··· 114
    5.5.3 把客户旅程映射至企业生态 ·· 116

第六章　智能定价

6.1 定价方法 ··· 119
    6.1.1 影响定价的因素 ··· 119
    6.1.2 成本导向定价方法 ·· 122
    6.1.3 需求导向定价方法 ·· 123
    6.1.4 竞争导向定价方法 ·· 124
6.2 价格决策 ··· 125
    6.2.1 新产品价格决策策略 ··· 125
    6.2.2 产品组合价格决策策略 ·· 126
    6.2.3 差别价格决策策略 ·· 127
6.3 动态定价 ··· 128
    6.3.1 动态定价概述 ·· 128
    6.3.2 动态定价的步骤 ··· 128
    6.3.3 动态定价的适用领域 ··· 129
    6.3.4 人工智能动态定价 ·· 130
6.4 个性化定价 ·· 130
    6.4.1 定制化生产 ··· 130
    6.4.2 人工智能个性化定价 ··· 131

第七章　智能产品设计

7.1 人工智能产品 ··· 134
    7.1.1 传统产品特征与分类 ··· 134
    7.1.2 人工智能产品的定义 ··· 136
    7.1.3 人工智能产品的要素 ··· 136
    7.1.4 人工智能产品的分类 ··· 137
7.2 产品设计思维的演变 ··· 140
    7.2.1 传统设计思维 ·· 140
    7.2.2 机器思维 ·· 142
    7.2.3 两种思维的比较 ··· 143

7.3 智能产品设计方法 144
7.3.1 智能产品设计要素 144
7.3.2 概念设计方法与工具 145
7.3.3 人机交互设计 147
7.3.4 实用设计模型 148
7.4 智能产品设计支撑技术 149
7.4.1 智能材料技术 149
7.4.2 生物制造技术 150
7.4.3 柔性电子技术 151
7.4.4 基于柔性制造的大规模定制 152
7.4.5 体验计算和自动设计 153

第八章 智能渠道

8.1 渠道的性质 156
8.1.1 营销渠道的内涵 156
8.1.2 营销渠道的特征 157
8.1.3 营销渠道的结构 158
8.2 渠道的分类 159
8.2.1 实体营销渠道 160
8.2.2 线上营销渠道 161
8.3 线上渠道的运营方式 162
8.3.1 网络直复营销 163
8.3.2 社交媒体营销 165
8.3.3 APP营销 167
8.4 渠道的设计与管理 170
8.4.1 营销渠道的设计 170
8.4.2 渠道冲突 172
8.4.3 多渠道的协同管理 175

第九章 智能广告和促销

9.1 原生广告 183
9.1.1 原生广告的起源与发展 183
9.1.2 原生广告的特点 184
9.1.3 原生广告的程序化之路 185

9.2 程序化广告 ·· 185
9.2.1 程序化广告的概念和特点 ·· 186
9.2.2 程序化广告的参与者 ·· 187
9.2.3 人工智能驱动下的程序化广告 ·· 191
9.3 数据洞察 ·· 192
9.3.1 数据洞察的含义 ·· 192
9.3.2 数据洞察的方法 ·· 193
9.3.3 广告主自有数据分析的模式 ·· 194
9.4 营销测量 ·· 195
9.4.1 营销评估体系 ··· 195
9.4.2 营销测量的评估参数体系 ·· 198
9.4.3 无效流量 ·· 201

第十章 精准营销

10.1 消费者行为分析与市场塑造 ·· 207
10.1.1 消费者行为 ··· 207
10.1.2 消费者行为分析方法 ··· 209
10.1.3 市场细分、选择及定位 ··· 210
10.1.4 制定精准营销策略 ·· 211
10.2 数字化消费者态度、偏好与引导 ··· 213
10.2.1 消费者态度及测量 ·· 213
10.2.2 消费者偏好及衡量 ·· 214
10.2.3 数字化时代搜索引导 ··· 215
10.3 决策路径与接触点整合 ·· 218
10.3.1 用户决策路径 ·· 218
10.3.2 触点营销技术 ·· 219
10.3.3 触点整合管理 ·· 220
10.4 生物信息的识别与应用 ·· 221
10.4.1 生物特征识别技术 ·· 221
10.4.2 生物信息的应用 ··· 223
10.5 人工智能营销伦理 ·· 224
10.5.1 人工智能营销的伦理问题 ··· 224
10.5.2 人工智能营销伦理的基本原则与实践探索 ······························· 227

参考文献 ·· 232

第一章 认识人工智能

学习目标

通过本章学习，学员应该能够：

- 掌握什么是人工智能，对人工智能有一个全面、清晰的认知；
- 了解人工智能的发展历程及里程碑事件；
- 了解人工智能技术及其应用。

1.1 什么是人工智能

1.1.1 人工智能的定义

在计算机问世之前，人们就幻想有一天机器可以拥有人类的智慧，像人脑一样思考，帮助人们解决问题，甚至比人类更聪明。纵观20世纪40年代以来计算机的发明、发展历程，从最初被用于解决科学数学计算问题，到现在计算机在各个领域的应用，人类离梦想的目标越来越近了。

1956年夏季，达特茅斯学院的麦卡锡、哈佛大学的明斯基、IBM公司的罗切斯特、贝尔实验室的香农等一批年轻科学家在达特茅斯会议上首次提出了"人工智能"这一术语，标志着"人工智能"这一新兴学科的正式诞生。几十年来，无论人们是否愿意接纳，人工智能伴随着阿尔法狗、无人驾驶汽车、智能交通系统、智能医疗系统、智能家居系统等新鲜事物，已悄然进入了人们的日常生活。与此同时，一个以机器学习为核心，以自然智能、人工智能、集成智能为一体的人工智能学科正在兴起，引起社会的广泛关注。

那么，人工智能到底是什么？为什么要发展人工智能？人工智能的发展历程以及人工智能已经发展至什么程度？人工智能能够应用在哪些领域？了解什么是人工智能，是回答这些疑问的首要前提。

人工智能（Artificial Intelligence，AI），顾名思义，就是人造的智能。"人工"是指人造的、人为的，与自然界中天然存在的事物相对应；"智能"是智力和能力的总称。中国古代思想家将"智能"看作独立的两部分："智"表征的是认知活动，而"能"表征的是实践活动；也有思想家将"智"和"能"结合起来作为考察人的标志。具体来说，目前"人工智能"是指用计算机模拟或实现的智能。因此，人工智能又被称为机器智能。

关于人工智能的科学定义，学术界目前尚未有统一的认识和公认的阐述。麦卡锡认为，人工智能是开发出行为像人一样的智能机器。1950年，图灵预言了创造出具有真正智能的机器的可能性。由于"智能"这一概念难以被确切定义，于是他提出了著名的图灵测试：如果一台机器能够与人类展开对话（通过电传设备）而不能被辨别出其机器身份，那么称这台机器具有智能。一直以来，人们把图灵测试作为衡量机器智能的重要准则，但后来也遭到了质疑。1980年，哲学家约翰·塞尔勒设计了一个实验来反驳图灵测试的准确性，该实验被称为"中文屋思想实验"，之所以是中文屋，是因为该实验的主要测试手段是使用中文。假设把一个完全不懂中文的人放在一个密闭的房间中，给他一本中文处理规则的书籍，这个被测试的人可以不必懂得中文也可以使用规则，是由于屋外的实验人员会不间断地写一些中文语句纸条通过门缝传给他，他虽然不识中文，但是可以对照中文处理规则书籍，可以把对话通过如符号匹配类似的方式查找并抄写在小纸条上，然后把小纸条再从门缝中递出去，这种机械式地模仿计算机程序的处理方式和操作过程也可以进行正常的对话，所以计算机虽然可以利用这种方式进行交流，并且通过了图灵测试，但是依然不能代表计算机就能和人一样思考。尽管这样，图灵测试仍然对人工智能的发展产生了深远的影响。

随着人工智能的持续发展，越来越多的学者对人工智能有着自己的理解，并给出定义：

- Bellman（1978）认为，人工智能是那些与人的思维相关的活动，如决策、问题求解和学习等思维活动；
- Haugeland（1985）认为，人工智能是一种计算机能够思考、使机器具有智力的激动人心的新尝试；
- Rich Knight（1991）则把人工智能作为研究如何让计算机做现阶段只有人才能做好的事情的主题；
- Winston（1992）认为人工智能是那些知觉、推理和行为成为可能的计算的研究；
- Nilsson（1998）从广义的角度认为人工智能是关于人造物的智能行为，而智能行为包括知觉、推理、学习、交流和在复杂环境中的行为；
- Stuart Russell 和 Peter Norvig（2003）则把人工智能的定义分成四类，分别为：像人一样思考的系统、像人一样行动的系统、理性地思考的系统、理性地行动的系统。

人工智能的含义广泛，不同学科背景的学者对其有着不同的理解，并提出了不同的定义。综合各种对人工智能的不同理解，可以从"能力"和"学科"两个角度对人工智能进行定义。从能力角度考虑，人工智能是指用人工的方法在智能机器上实现类似于人类智能的行为，包括感知识别、学习思考、判断证明、推理设计、规划行动等，按照其智能程度可以分为弱人工智能、强人工智能和超人工智能三个层次。弱人工智能又称限制领域人工智能或应用型人工智能；强人工智能又称通用人工智能或完全人工智能，它不受领域的限制，能够胜任人类所有的工作；超人工智能将会是超越人类的存在，它比最聪明的人还要聪明能干。从学科角度考虑，人工智能是一门综合性的交叉学科和边缘学科，是一门研究如何构造智能机器或智能系统，以模拟、延伸和扩展人类智能的学科。

作为一门专业学科，人工智能是研究如何使用机器来模拟人的学习、推理、思考、规划等思维过程和智能行为的学科，主要是通过研究计算机等机器或装置实现智能的原理，从而研制出类似人类智能的机器设备、实现更高层次的应用。早期人们认为人工智能是计算机科学的一个分支，但实际上它的研究已远远超出了计算机科学的范畴，几乎涵盖了自然科学和社会科学的所有学科，还涉及哲学和认知科学、数学、神经生理学、心理学、语言学、逻辑学、信息论、控制论、仿生学、社会结构学等。

1.1.2 人工智能的研究方法

常见的人工智能的研究方法大多是以脑智能和群智能作为分类标准，分为符号智能研究法和计算智能研究法，包括符号主义、连接主义、行为主义、仿生计算、自然计算和统计建模等方法。

1. 符号主义

符号主义也称逻辑主义、计算机学派或者心理学派，它是以人类心理模拟为指导，以智能行为为基础建立人类心理模型并从大脑心理层的宏观层面去分析智能行为。符号主义主张将问题和知识聚集在一起构建逻辑网络，通过符号推演来实施对人脑逻辑过程的模拟，最终实现人工智能。

符号主义认为符号的概念是很广泛的，它既可以是物理意义上的符号，也可以是人类大脑中的某种抽象符号，还可以是神经细胞或者计算机电子的运动形式。符号的操作过程可以分为输入、存储、输出、复制、构建符号关系和变换条件时符号结构的再运行。因此，符号主义认为人类的认知过程和符号的操作过程相似，可以用计算机的电子符号的操作过程来模拟人类大脑的认知。

符号主义是人工智能中出现最早的研究方法，它以处理符号为核心思想，取得了很多重要的人工智能研究成果，如专家系统、启发式算法、自动推理和机器博弈等。符号主义通过对人脑逻辑思维的模拟，运用可见的知识或演绎过程来处理问题。因此，符号主义的思想常被用来模拟实施人脑的逻辑推理功能。但是，符号主义很难对人类的形象思维进行模拟，另外，当复杂信息转化成符号时，不可避免地会造成信息的缺失。

2. 连接主义

连接主义是以网络连接为基础的，是依赖于神经元和神经元之间相互连接的网络机制、通过数值计算来模拟和实施人工智能。连接主义通过对人类大脑的神经系统进行模拟并且将神经网络机制作为信息和数据的载体，所以连接主义也被称为仿生学派。神经网络的信息处理模型如图 1-1 所示。

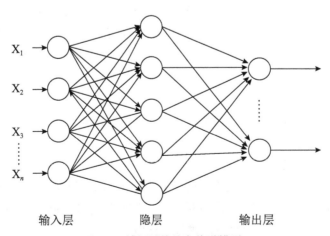

图 1-1　神经网络信息传递模型

由上图可以看出，神经元之间通过并行式的合作来实现对输入信息的分析与处理，并且该过程具有良好的容错性、动态性和全面性。

与符号主义不同，连接主义是从人脑的微观层面入手来实现对人工智能的研究。这种研究方法模仿人类神经网络的"自主学习"功能来获取数据信息并通过已有知识来处理问题。连接主义通常采用模拟人类大脑抽象思维的方式来实现人脑的低级感知功能，如认识与处理声音、形象等抽象信息。另外，模拟人类神经系统有利于人工智能使用联想的方式对有噪声的信息进行处理，从而迅速得到一个近似解。目前，发展较好的自然语言识别与处理技术就是在连接主义的基础上发展而来的。

但是，在连接主义下，人工智能对人类大脑的神经网络系统的模拟还只是停留在了近似模拟和部分模拟——群智能层面的模拟。因此，这种研究方法不适合开发多种知识，也不适合解决逻辑思维较复杂的问题。

3. 行为主义

行为主义又称进化主义，是基于控制进化理论的研究学派，它属于信号处理而不属于符号处理。行为主义认为人类的本质是对动态环境的感知能力、对外界影响的适应能力和维持生存与繁衍后代的能力。行为主义通过"感知—行为"模型来模拟人和动物与自然界交互控制时的思维逻辑互动和行为特征。通过人和动物对自然界的反应、学习和生存过程来研究人工智能的实现过程。例如，美国麻省理工学院的布鲁克斯教授研制的行走机器人。这个机器人是"控制进化方法"的产物，它拥有良好的适应环境的能力，它通过对人类或动物行为的动态模拟来实现与外部环境的交互。

行为主义认为，人类智能是在漫长地、不断地与环境交互过程中形成的。另外，行为主义还认为智能来源于感觉和行动——对外部环境的感知与适应过程，而不是推理与表达。布鲁克斯教授也强调了人工智能与自然环境的交流过程，他认为机器人工智能进化只有在与现实环境的交互过程中才可以体现出来。人工智能只有在现实环境下实践才是真的智能，对环境的适应能力强弱影响着人工智能水平的高低。这种观点还认为由蛋白质组成的智能机器或者由半导体构成的智能机器都是智能机器。

行为主义的出现对传统人工智能研究方法（符号主义、连接主义）造成了巨大冲击。行为主义指出，人工智能的研究方法不能对自然环境进行过分简化。根据行为主义，人们研制出了具有自主学习、适应和组织能力的人工智能机器人和智能控制系统，这加快了人类对人工生命的研发过程。目前，人工智能技术中的机器人技术就得益于该学派的研究方法。

然而，行为主义在强调外部环境因素对人或动物的影响时，将人和其他动物混为一谈，忽视了人类的语言功能的独立作用与主动作用。例如，行为主义无法明确地解释为何儿童可以掌握一门结构复杂的语言。

上述三种研究方法为主要的人工智能研究方法，它们都反映了人工智能研究的复杂性。每一种学派的研究方法都从某个角度分析了人工智能的特性，同时每种方法也都有着自己的局限性。表1-1对上述三种研究方法进行了比较。

表 1-1　主要人工智能研究方法的比较

指　标	符号主义	连接主义	行为主义
模拟形式	心理模拟	生理模拟	行为模拟
基本单位	符号	神经元	信号
局限性	信息缺失	局部模拟人脑	忽视人类与动物的区别

4. 仿生计算

仿生计算以群体模拟为主要的模拟形式，通过对生物群体的群体智能行为进行模拟研究进而应用于人工智能领域。例如，进化演算算法是通过生物群落的自然选择原理推算出来的、模拟蜜蜂群体传递花蜜信息的蜂群算法、模拟人类白细胞杀菌过程的免疫克隆及智能免疫系统。

仿生计算技术对于群体行为的模拟是通过对群落行为中的遗传、突变、自然选择、克隆等进行模仿操作来实现的。仿生计算这一人工智能研究方法拥有良好的发展前景，其研究成果可以直接应用于工程和实际问题上。

5. 自然计算

自然计算就是通过对自然界中的某些原理进行模仿与参考进而设计出一种新的计算模型。自然计算认为，人工智能不仅要通过模拟人脑的逻辑思维来实现，还要着重考虑自然环境中包含的智能原理。例如，高温固体冷却时原子间的排列结构和原子运动方式的改变，演变出了模拟退火算法，该方法已经发展成为解决搜索问题最优化的人工智能算法。在此案例中，原子结构及其运动规律是自然界中有关物理学和化学的基本原理，而模拟退火算法则是由此衍生的人工智能算法。与模拟退火算法诞生方式相似的还有由量子物理学推导出的量子聚类算法和由现代分子生物技术演变出来的 DNA 分子算法。

由传统计算演变而来的自然计算方法是计算科学与自然科学的交叉研究领域。自然计算是一类具有自适应、自组织、自学习能力的模型与算法，与传统计算方法相比，在复杂优化问题求解、智能控制、模式识别、网络安全、硬件设计、社会经济、生态环境等领域有更好的实践前景。

6. 统计建模

统计建模是以计算机统计分析软件为工具，利用各种统计分析方法对批量数据建立统计模型和探索处理的过程，用于揭示数据背后的因素，诠释社会经济现象，或对经济和社会发展做出预测或判断。该方法建立的数学模型是对客观数据的定量分析模型，其研究结果对解决实际问题具有很大的参考作用。

智能的本质是对数据和知识的有效分析和利用，不确定性的推断是智能的核心。因此，数据分析的根本问题是描述、度量不确定性，并在存在不确定性的情况下进行决策。将统计建模与人工智能技术相结合，将极大地推动新一代人工智能方法的发展。

以上六种人工智能的研究方法，互相取长补短，并逐步走向融合，共同促进人工智能技术的发展与应用。

1.1.3 人工智能的研究领域

人工智能的研究领域非常广泛,包括机器学习、自然语言处理、人工神经网络、智能搜索、模式识别等多个领域,如图1-2所示。

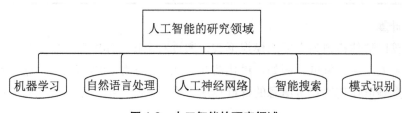

图1-2 人工智能的研究领域

1. 机器学习

机器学习涉及概率论、统计学、逼近论、凸分析、算法复杂度理论等多门学科,专门研究计算机怎样模拟或实现人类的学习行为,以获取新的知识或技能,重新组织已有的知识结构使之不断改善自身的性能。机器学习是人工智能的核心,是使计算机具有智能的根本途径。

机器学习分为监督学习、无监督学习和半监督学习。与人类学习类似,监督学习表示在外部教师的监督指导下进行学习,以概率函数、代数函数或者人工神经函数作为基函数模型,使用迭代计算方法,学习结果即为函数,监督学习主要有分类和回归。无监督学习即是设定一个评价标准,然后在不需要人的监督下用这套评价标准来行使监督,无监督学习包括聚类、降维等。半监督学习结合了监督学习和无监督学习的优点,半监督学习主要使用大量的未标记数据的同时使用标记数据进行模式识别工作,要求尽量少的人员来从事工作,同时,又能够带来比较高的准确性,因此,越来越多的人选择半监督学习。被誉为"卷积网络之父"的杨立昆(Yann LeCun)于2018年获得图灵奖(Turing Award),他对这三种机器学习方式有一个著名的比喻:"假设机器学习是一个蛋糕,强化学习就是蛋糕上的一颗樱桃,监督学习就是外面的一层糖衣,无监督学习才是蛋糕胚。"

机器学习的过程也是相当复杂的,首先需要对数据进行采集,选择适当的模型进行优化、明确目标,将采集的数据进行清洗得出自己需要用的准确数据,将清洗后的数据进行预处理,即是提取特征工程(对解决问题有用的信息),将数据与模型融合去验证模型,最后得出模型的学术意义和实际意义。虽然步骤简单,但其中涉及的工作量相对较大,如通过爬虫获取数据、清洗数据时要注意缺失值的合理化处理以及异常值处理。

机器学习在人工智能中占据非常重要的地位,也是人工智能研究中最活跃的领域。无监督学习技术因其让机器从未经处理的、无标签无类别的数据中进行学习(如视频和文字)而备受关注,无监督表达学习技术在自然语言处理领域进展较快,无监督图嵌入表达技术在图学习领域已取得成果,自监督学习技术在视觉领域也有较大的突破。同时,无监督学习的鲁棒性[①]及安全性受质疑。

---

① 鲁棒性是指控制系统在一定(结构,大小)的参数摄动下,维持某些性能的特性。

2. 自然语言处理

自然语言处理（natural language processing，NLP）是计算机科学领域与人工智能领域中的一个重要方向，主要研究能实现人与计算机之间用自然语言进行有效通信的各种理论和方法。自然语言处理主要应用于机器翻译、舆情监测、自动摘要、观点提取、文本分类、问题回答、文本语义对比、语音识别等方面。自然语言处理研究涉及众多学科，在语言学的基础上还包括心理学、逻辑学、声学、数学以及计算机科学等相关学科。对于机器语言的探索还是有相当大的难度，在早期，语言处理系统像是一个小型数据库，机器只能运用数据库中有限的词汇组合进行对话就可以正常工作，但是，一旦把这个系统应用于现实环境中，就会出现很多问题，造成工作不畅甚至出现错误。如今在自然语言的处理中依然还存在如词语实体边界界定、词义消歧、文法模糊等诸多难点，还需要持续深入研究。

自然语言处理的过程一般包括四个部分，分别是：语料预处理、特征工程、模型训练、指标评价。首先，语料预处理是指将语料进行清洗，再作文本分词，同时要标注词性等；其次，特征工程主要是把分词之后的词语表达成计算机可以计算的类型；再次，模型训练需要使用 K 紧邻、决策树等算法进行；最后，对模型需要进行依据相关指标评估，包括错误率、精度、准确率和召回率等。

3. 人工神经网络

人工神经网络是人工智能研究的另一个重要领域，是研究机器学习的一种重要的学习方法。人脑的工作是通过神经元系统完成，一个神经元向目标神经元传递冲动，传递后转化为膜电流，目标神经元由此产生强大快速的膜电流，膜电流的大小也影响目标神经元给其他受体神经元的冲动信号。所以对于机器学习的研究也需要把机器当成一个人来研究，研究机器的内部神经网络，将人脑的神经网络工作规律延伸至机器上，实现机器的智能化。

人工神经网络其实是一种算法数学模型，该算法模仿动物神经网络行为并进行分布式并行信息处理，把大量的复杂信息分类为许多简单的计算单元进行计算，计算单元组成网络通过内部的节点间的相互关系，最终得到处理复杂信息的目的。

4. 智能搜索

搜索是依靠经验，根据问题的实际状况，不断寻找可利用知识，从而构造一条代价最小的推理路线，使问题得以解决的过程。在浩瀚的信息海洋中，人们只有依靠搜索引擎才能迅速找到所需要的信息，越来越多的搜索引擎出现在人们的工作和生活中。各类搜索引擎所侧重的功能有所不同，有的是综合搜索，有的是商业搜索，有的是软件搜索，有的是知识搜索。依靠单一的搜索引擎已不能满足人们对于多种形式信息的需求，于是智能搜索应运而生。

对于智能搜索的研究，存在着众多需要解决的问题。首先，询问系统能够理解自然语言陈述就是一个难题，这涉及人工智能自然语言处理技术；其次，即使询问系统能够理解问语，但是利用自身的数据库所存储的数据来组织出问题的答案又是一个难点；最后，数据库是有限的，当问题或答案所需的知识超出了学科领域检索系统的数据库，就会产生错误。

目前，智能搜索已经发展得相对成熟，各种搜索引擎及搜索系统都可以满足用户的基本需求，但是智能搜索不仅仅是简单的查找，它从广义上是指计算机或智能体为了达到某一目标而多次进行某种操作、运算、推理的过程。研究实践表明，许多复杂的问题都可以简化为搜索问题，如果搜索到解决方法、解决思路、解决工具，问题就迎刃而解。更进一步来说，大多智能活动包括人脑活动也可以解释为一个搜索活动，在遇到问题时，大脑高速运转，目的就是在记忆中搜寻解决问题的方法。人工智能搜索是从海量的信息源中经过约束条件和额外信息运用算法找到问题所对应的答案。基于人工智能的搜索技术具有良好的应用前景。

5. 模式识别

模式识别（pattern recognition）是指对表征事物或现象的各种形式的（数值的、文字的和逻辑关系的）信息进行处理和分析，以对事物或现象进行描述、辨认、分类和解释的过程，是信息科学和人工智能的重要组成部分。模式通常具备实体的形式，可以利用传感器进行采集和测量，但是模式不是事物本身，而是从事物中获得的信息。人们在观察、认识事物时，常常进行分类、聚类和判断，这种思维能力就构成了人脑的模式识别能力。

模式识别是应用计算机对一组事件或过程进行鉴别和分类，所识别的事件或过程可以是文字、声音、图像等具体对象，也可以是状态、程度等抽象对象。这些对象与数字形式的信息相区别，称为模式信息。计算机领域的发展要求电子计算机及外部设备可以更有效地感知声音、文字、图像、温度等信息，模式识别的研究主要是利用机器来代替人类或者帮助人类感知，在一定程度上节省了大量的人力、物力。

对于模式识别的研究，主要包括对语音波形、照片、文字、图片等基础事物的辨别，也包括对地震波、心电图、脑电波等复杂对象进行识别。

1.2 人工智能发展简史

事实上，人工智能的发展历史也是人类自我思考的历史。人类能够区别于其他生物，成为万物主宰，最重要的一点就是其拥有智能，并且能够通过学习向下一代稳定地传递智能并在传递过程中不断扩展智能。那么，人是如何进行思维的呢？这个问题自始至终贯穿于人工智能的发展过程。对这个问题的探索，一方面推动着人类对自身的认识，另一方面也推动着人工智能的进步。

人类很早就开始思考自身，但是人工智能作为一门科学正式诞生于1956年在达特茅斯学院（Dartmouth College）召开的学术会议。截至目前，人工智能的发展经历了五个阶段：孕育阶段、起步阶段、初级应用阶段、稳步发展阶段以及蓬勃兴起阶段。

1.2.1 人工智能的孕育阶段（1956年以前）

1956年以前被视为人工智能的孕育阶段。自从有了人类文明，人们一直力图在有限的技术条件和认知水平的基础上，用各种机器代替人的部分劳动，这些劳动不仅包括体力劳动，也包括脑力劳动。其中大部分的机器制造活动在一定程度上提高了人们征服自然的能力。但是真正对思维和智能进行理性探索，并形成理论体系，则经历了相当漫长的时期。

◆ 公元前384年至公元前322年，希腊哲学家亚里士多德（Aristotle）在其著作《工具论》中提出了形式逻辑的一些主要定律。其中，三段论一直作为演绎推理的基本依据被沿用至今。

◆ 英国哲学家培根（F.Bacon）曾在《新工具》一书中系统地提出了归纳法，并提出了"知识就是力量"的警句。归纳法对于研究人类的思维过程，以及自20世纪70年代人工智能转向以知识为中心的研究产生了重要影响。

◆ 1642年，法国数学家帕斯卡（B.Pascal）发明了第一台机械计算器——帕斯卡滚轮加法器（Pascaline），如图1-3所示，开创了计算机械的时代。

图1-3　帕斯卡滚轮加法器

◆ 德国数学家和哲学家莱布尼茨（G.W.Leibniz）提出了万能符号和推理计算的思想，他认为可以建立一种通用的符号语言以及在此符号语言上进行推理的演算。这一思想不仅为数理逻辑的产生和发展奠定了基础，而且是现代机器思维设计思想的萌芽。

◆ 英国逻辑学家布尔（C.Boole）致力于使思维规律形式化和实现机械化，并创立了布尔代数。他在《思维法则》一书中首次用符号语言描述了思维活动的基本推理法则。

◆ 英国数学家图灵（A.M.Turing）在1936年提出了一种理想计算机的数学模型，即图灵机，为后来电子数字计算机的问世奠定了理论基础。

◆ 美国爱荷华州立大学的约翰•阿塔纳索夫（John Vincent Atanasoff）教授和他的研究生克利福德•贝瑞（Clifford Berry）在1937—1941年间开发的世界上第一台电子计算机"阿塔纳索夫—贝瑞计算机"（Atanasoff-Berry Computer，ABC）为人工智能的研究奠定了物质基础，如图1-4所示。

图1-4 阿塔纳索夫—贝瑞计算机

◆ 美国神经生理学家麦库仑奇（W.McCulloch）和佩兹（W.Pits）在1943年提出了第一个神经网络模型——M-P模型，开创了微观人工智能的研究工作，奠定了人工神经网络发展的基础。

◆ 冯·诺伊曼在1945年3月起草了存储程序通用电子计算机方案（electronic discrete variable automatic computer，EDVAC）；美国宾夕法尼亚大学电工系毛克利（J.W.Mauchly）和埃克特（J.P.Eckert）在1946年领导研制出了电子数字计算机（electronic numerical integrator and calculator，ENIAC）。

◆ 1950年，图灵发表论文《计算机器与智能》（Computing Machinery and Intelligence），提出了著名的图灵测试。

◆ 1954年，乔治·戴沃尔设计了世界上第一台可编程机器人。

自19世纪以来，数理逻辑、自动机理论、控制论、信息论、仿生学、计算机、心理学等科学技术的发展，为人工智能的诞生奠定了思想、理论和物质基础。在20世纪50年代，计算机应用还局限于数值处理方面。1950年香农（C.E.Shannon）完成了第一个下棋程序，开创了非数值计算的先河。纽厄尔（Newell）、西蒙（Simon）、麦卡锡（McCarthy）和明斯基（Minsky）等均提出以符号为基础的计算，这一切使得人工智能作为一门独立的学科呼之欲出。

1.2.2 人工智能的起步阶段（1956—1980年）

在1956年达特茅斯会议上，首次提出了"人工智能"这一术语，标志着"人工智能"新学科的正式诞生。

在达特茅斯会议之后，人工智能正式进入起步发展阶段，这一阶段的发展主要包括计算机可以用于解决代数应用题、证明几何定理、学习和使用英语。其中，最具有代表性的就是西蒙和纽厄尔推崇的自动定理证明方法，在当时的计算条件下，将人类知识表示为符号进行推理演算，是最可行的方法。

◆ 1956年，塞缪尔（Samuel）研究出了具有自学习能力的西洋跳棋程序。这个程序能从棋谱中学习，也能从下棋实践中提高棋艺。这是机器模拟人类学习过程卓有成效的探索。1959年这个程序战胜了设计者本人，1962年击败了美国康涅狄格州的跳棋冠军。

◆ 1957年，罗森布拉特（Rosenblatt）基于神经感知科学背景，设计出了第一个计算机神经网络——感知机（perceptron），它模拟了人脑的工作方式，证明了《数学原理》命题验算部分的220个命题。

◆ 1958年，麦卡锡（McCarthy）在麻省理工学院发明了表处理语言（list processing，LISP），它适用于符号处理、自动推理、硬件描述和超大规模集成电路设计等。现已成为最有影响，使用十分广泛的人工智能语言。

◆ 1960年，西蒙（H.Simon）夫妇做了一个有趣的心理学实验，这个实验表明人类解决问题的过程是一个搜索的过程，其效率取决于启发式函数（heuristic function）。在这个实验的基础上，西蒙、纽厄尔和肖（J.Shaw）又一次成功地合作开发了通用问题求解系统（general problem solver，GPS）。GPS是根据人在解题中的共同思维规律编制而成的，可以解答11种不同类型的问题，从而使启发式程序有了更普遍的意义。

◆ 1960年，华裔美国数理逻辑学家王浩（Wang Hao）提出了命题逻辑的机器定理证明的新算法，利用计算机证明了集合论中的300多条定理。

◆ 1965年，罗滨逊（J.A. Robinson）提出了一阶谓词逻辑的"消解原理"（resolution principle），简化了判定步骤，推动了基于谓词逻辑的机器定理证明的进展。

◆ 1965年，斯坦福大学的费根鲍姆（E.A.Feigenbaum）和化学家莱德伯格（J.Lederberg）合作研制了DENDRALDENDRAL化学质谱分析系统，并于1968年投入使用。同期，MYCIN疾病诊断和治疗系统、PROSPECTIOR探矿系统、Hearsay-Ⅱ语音理解系统等专家系统的研究和开发，将人工智能引向了实用化。

◆ 1967年，最近邻算法（the nearest neighbor algorithm）的出现使计算机可以进行简单的模式识别。有学者相信，不出十年，AI将成为国际象棋世界冠军、证明所有定理、谱写优美音乐，并预测在2000年，AI将超越人类。美国国防高级研究计划局（Defense Advanced Research Projects Agency，DARPA）等政府机构向这一新兴领域投入了大笔资金。

◆ 1969年，国际人工智能联合会议成立。

以上早期成果充分表明了人工智能作为一门新兴学科在当时有蓬勃发展的态势。然而，进入20世纪70年代，由于早期计算机性能的瓶颈、计算复杂性指数级增长、数据量缺失、机器学习的单一性等问题，使得人工智能研究者们对项目难度评估不足，导致无法兑现承诺，人们当初的乐观期望遭到严重打击，向AI提供资助的机构对无方向的AI研究逐渐停止了资助，其中美国国家科学研究委员会（National Research Council，NRC）在拨款两千万美元后停止了资助。

1.2.3 人工智能的初级应用阶段（1980—1993年）

在1956—1970年，人工智能经历了发展的第一次浪潮，虽然确立了"人工智能"这一术语，但最终因为时机的不成熟而遭受抨击。在20世纪80年代，人工智能的第二次浪潮，随着霍普菲尔德（Hopfield）神经网络和比特流（BitTorrent，BT）算法的提出而再次被掀起。在这一时期，机器学习取代逻辑计算，"知识处理"成为主流 AI 研究的焦点。知识工程、专家系统、语义网同步兴起，其中专家系统的研究和应用最为突出，它主要模拟人类专家的知识和经验来解决特定领域的问题，实现了人工智能从理论研究走向实际应用、从一般推理策略探讨转向运用专门知识的重大突破。

◆ 1980 年，美国数据设备公司开发了 XCON 专家系统用于根据用户需求配置 VAX 机器系统。人类专家做这项工作一般需要 3 个小时，而该系统只需要半分钟。

◆ 1981 年，斯坦福研究所的杜达完成地质勘探专家系统 PROSPECTOR。

◆ 1982 年，第一个商用专家系统 R1 在数据设备公司成功运行。

◆ 1982 年，美国匹兹堡大学的米勒（Randolph A. Miller）等人发明了著名的 Internist-I 内科计算机辅助诊断系统，其知识库包括了 572 种疾病，约 4 500 种症状，以及 10 万种疾病与疾病表现之间的联系，是当时最大的知识库。

◆ 1985 年，美国加利福尼亚州放射医学中心成功研制出能自主定位的手术机器人（Puma 560），协助外科医生完成脑组织活检。

◆ 1985 年，美国转型研究公司研制出世界首个服务机器人"护士助手"，不仅能运送医疗器材、药品等，还能为患者提供送饭和送病历、报表及信件等服务，目前已在全球几十家医院投入使用。

◆ 1986 年，美国科学家鲁姆哈特（David Rumelhart）和维伯斯（Paul Werbos）研制出被称为"反向传播"神经网络（back propagation，BP）的多层感知机，解决了非线性感知与复杂模式识别的问题，为机器学习带来了新的希望，掀起了基于统计模型的机器学习热潮。

◆ 1990 年，美国计算机科学家夏皮雷（Robert E. Schapire）最先构造出一种多项式级的 Boosting 框架算法。

◆ 1993 年，美国哈佛医学院的研究人员构建了动态影像图的实时系统，用于诊断急性腹痛疾病。

然而，从 20 世纪 80 年代末至 90 年代初，人工智能又遭遇了第二次低谷，其发展面临了一系列财政问题。1987 年，AI 硬件的市场需求突然下跌，Apple 和 IBM 公司生产的电脑台式机性能不断提升，而最初大获成功的专家系统维护费用居高不下，难以升级，失去了存在的理由，一夜之间这个价值 5 亿美元的产业土崩瓦解。此外，随着人工智能的应用规模不断扩大，专家系统存在的应用领域狭窄、缺乏常识性知识、知识获取困难、推理方法单一、缺乏分布式功能、难以与现有数据库兼容等问题逐渐暴露出来，人工智能又一次陷入低谷。

1.2.4 人工智能的稳步发展阶段（1993—2006 年）

这一阶段的主流是机器学习。另外，互联网技术的发展，加速了人工智能的创新研究，促使人工智能技术进一步走向实用化。

1995 年，瓦普尼克等人正式提出统计学习理论。1997 年超级计算机"深蓝"战胜了国际象棋世界冠军卡斯帕罗夫。"深蓝"超级计算机是由美国 IBM 公司研制，其运算速度可达每秒 2 亿次，当时在全球超级计算机中居第 259 位。在人机对抗前，"深蓝"收集了上百位国际象棋大师的对弈棋谱并进行学习，利用其优越的运算速度，"深蓝"团队将机器智能问题转化为大数据分析和大量计算的问题——显然，"深蓝"是凭借暴力计算来做出最佳策略的，因为在当时，只要提前预判 12 步，就已经超越了人类棋手的水平。虽然"深蓝"远远没有达到"智能"的水准，但这却是人工智能发展史上的一个里程碑。

1.2.5　人工智能的蓬勃兴起阶段（2006 年至今）

进入 21 世纪，人工智能在机器学习、数据挖掘和人工神经网络方面取得了长足的进步。随着多核处理器、图形处理器（graphics processing unit，GPU）等硬件计算性能的飞速提升，高性能计算机处理数据的能力上升了一个新台阶，大数据、云计算等技术相继登场，掀起一次又一次科技变革的热潮。

2006 年，杰弗里·辛顿教授等人在《科学》杂志上发表了文章，提出了深度学习（deep learning）概念，突破了人工神经网络解决模式识别问题的瓶颈，就此开启了深度学习发展的时代。在深度学习提出后，卷积神经网络（convolutional neural network）的表征学习能力得到了关注，并随着数值计算设备的更新得到发展，以人脸识别、语音识别为代表的模式识别的精度由 80%～90% 提高至 95% 以上。

- 2011 年，IBM 公司的"沃森"系统在问答节目《危险》中最终战胜了人类，计算智能在这时达到了历史顶峰。
- 2012 年，辛顿教授利用深度人工神经网络在图像分类竞赛 ImageNet 上以绝对优势战胜巨头谷歌公司，引起轩然大波。自此，沉寂几十年的人工神经网络方法再次出现在人们的视野中，并迅速掀起了认知智能浪潮，连接主义再度兴起。
- 2015 年以后，由于"端到端"技术兴起，语音识别进入了百花齐放时代，研究人员都在训练更深、更复杂的网络，同时利用"端到端"技术进一步大幅提升了语音识别的性能，直到 2017 年微软公司在 Switchboard 语音数据集上取得词错误率仅为 5.1% 的成绩，从而让语音识别的准确性首次超越了人类。
- 2016 年，谷歌公司的阿尔法狗（AlphaGo）首次应用了强化学习，使得机器可以和自己对弈学习，战胜了人类棋手李世石。通过不断地训练和算法的改进，AlphaGo Master 版本战胜了多名世界顶尖的围棋选手，而升级版的 AlphaGo Zero 经过 40 天的自我训练，打败了 AlphaGo Master。
- 2017 年 5 月 27 日，AlphaGo 2.0 版本以 3：0 的比分战胜世界排名第一的中国围棋九段棋手柯洁，从此在 AlphaGo 面前已无人类对手。
- 2018 年，百度公司语音识别的准确率接近 98%，并支持多种方言输入。多国语言翻译技术得到了广泛应用。
- 2019 年，Dacty 机械手成功解决魔方问题。

随着互联网、大数据、云计算、物联网等信息技术的发展，泛在感知和图形处理等平台为以机器学习为核心的人工智能技术插上了腾飞的翅膀。例如，人脸识别、语音识别、知识问答、人机对抗、智慧教育、智能家居、无人驾驶等人工智能应用领域迎来井喷式增长的新高潮，人工智能领域蓬勃发展。

1.3 人工智能应用场景

1.3.1 智能机器人

从 20 世纪 60 年代初至今，机器人已经发展了三代，分别是第一代工业机器人、第二代基于传感器信息工作的机器人、第三代即是智能机器人。智能机器人的研发成功让机器人已经具备一定的自主能力，本身能够感知处于什么样的工作环境以及自身的工作状态，能够理解和接受操作人给予的指令。如今，智能机器人已经应用于农业、工业、医疗、旅游业、服务业、海洋等各个领域，如在农业上，智能机器人可以施肥、除草、采摘果实；在工业上，智能机器人可以基本代替仓库工人，完成一系列拣货、装货等活动；在医学上，它们可以对人体进行检查甚至完成一些复杂手术；在旅游业上，它们可以完美胜任导游的工作，并且储备的知识及信息量非常大；在服务业上，我们可以看到有些饭店已经出现机器人点单、传菜等现象，也极大地节省了人力；在海洋领域，智能机器人可以深入海底进行探矿、采矿和海地隧道建设等任务，代替人类克服恶劣的工作环境。

1.3.2 自然语言处理

自然语言处理即让计算机能够理解人类语言，实质上是研究人与机器的对话且机器又给出准确的答案。比如，应用在手机上的智能助手，能够清晰地听清机主的指令并且迅速完成任务。另外，人工智能在这方面更重要的应用是机器翻译甚至实时字幕和同声传译，目前大家使用较多的机器翻译包括谷歌翻译、百度翻译等，可以实现不同语种之间的相互转化，为人们带来了很大的便利，而实时字幕也被应用于一些电视直播等场景，同声传译更是在一些不同语种的国家会议场合被应用，大大提高了效率。自然语言处理还被应用于其他的包括新闻推荐、报告整理等场景。

1.3.3 神经网络

在众多学者以及计算机领域专家的不懈努力下，神经网络已经得到广泛应用，如图像处理、信息处理、自动控制等。对神经网络的研究使得计算机极大地提高了信息处理能力，比起传统计算机优势明显。比如图神经网络，主要是应用于图嵌入的技术，该技术是把大量的传统的图分析导入计算机，拓展深度学习对于非欧几里得数据的处理能力，让计算机对这些非规则的数据提取特征。这种技术也被广泛应用于一些社交网络、金融风控、知识图谱、交通预测等领域。神经网络虽然发展迅速，也被越来越重视，但是在取得进步的同时，还是存在一定缺陷。例如，就目前来看，一些模型算法的训练速度还不够高，算法结果还不够精确，算法集成度也不够高，所以在神经网络的研究中，还有很长的路要走，需要不断丰富人们对人脑神经的认识。

1.3.4 智能搜索

智能搜索，顾名思义就是能够在计算机上搜索问题的答案，并且计算机根据问题在数据库中寻找对应的知识并组织出一条最具说服力且代价较少的推理路线来解决问题。对于智能搜索的应用，可以说大多数的搜索引擎和 APP 应用都必须具备搜索功能，这样以便于用户快速找到自己需要的信息，提高效率。以购物 APP 为例，除了能提供传统的快速检索、相关度排序等功能之外，还能提供用户角色登记、用户兴趣自动识别、内容的语义理解、智能信息化过滤和推送等功能，帮助用户快速筛选和查找，做到需求细化、探索未知、提高整体效率以及智能导购。此外，智能搜索引擎具有信息服务的智能化、人性化特征，允许网民采用自然语言进行信息的检索，为他们提供更方便、更确切的搜索服务。搜索引擎的国内代表有：百度、搜狗、必应等；国外代表有：谷歌、维基等。

1.3.5 模式识别

模式识别即计算机对于一些表征事物或现象的数据进行信息处理和分析之后进行辨认、分析、描述的过程，是信息和人工智能的合成。目前，人工智能在模式识别中的研究较为成熟，也已经应用于许多领域，包括人脸识别、图像识别、温度识别、语音识别、信号识别等领域。人脸识别已经在各大企业、车站乃至学校等区域均有应用，方便快捷；图像识别在指纹、车牌、手写印刷、遥感等方面也起很大的作用；温度识别更是在疫情期间大大节省了人力、物力；语音识别主要应用于翻译及语音信号的识别方面，语音转文字、线上实时翻译等功能为人类的工作带来便利；信号识别在雷达、声呐、脑电波等方面均有所应用，对军事、医学方面帮助巨大。

1.3.6 智能控制与无人驾驶

智能控制主要是由智能机器自主实现目标的过程，具有接收信息、处理信息、反馈信息以及信息决策的功能。智能控制是控制理论的高级阶段，用以解决那些用传统方法难以解决的复杂系统的控制问题。近些年，智能控制技术日趋快速发展，逐渐延伸至各个领域应用。目前的宇宙飞船、火箭均应用了智能控制的技术，还有比较典型的就属无人驾驶技术，在对汽车产业的研究中，人们除了研究出新能源汽车，在驾驶上也开始尝试研究无人驾驶技术，让汽车可以自主处理所有驾驶操作，为生活带来了很大便利。

1.3.7 云端人工智能

云端人工智能就是将云计算的运作模式与人工智能深度融合,目前,云端智能大致有公有云、私有云和混合云。公有云主要是用户在不需要购买软件和硬件的条件下可以使用云端服务,因为所有服务都存放在云端服务器上。私有云则是提供给特定客户的服务,由客户自己管理,需要保证数据的安全性,加强对系统的管理。混合云即将公开数据放在公有云服务器上,保密数据放在私有云服务器上,这样就能比较全面地储存数据。现如今在大数据时代,很多企业都争相获取更多的数据,掌握数据就掌握了趋势。国内目前比较著名的云服务商主要包括阿里云、华为云、腾讯云、百度云等。

人工智能这一新兴的科技浪潮正在深刻地改变着我们的世界并影响着我们的生活,但这仅仅是一个开始,我们的生产、生活、社交、娱乐等方方面面可以通过人工智能技术的应用得到进一步的提升。人工智能为我们呈现了一幅美丽的画卷,与此同时,人工智能的发展带来的信息安全、社会伦理等问题也是人类社会不可回避的挑战,需要前瞻性的关注和研究。

案例1-1:智能家居

智能家居是指将建筑设备信息化、整合化,用计算机控制家居。智能家居是智慧家庭的应用场景之一,我国的智能家具行业的发展经历了很长的时期,主要还是受整体的产业环境、消费者对产品价格的接受度、消费者满意度等因素的影响。随着物联网技术发展起来,有些学者提出了智慧家庭的概念,智能家居作为必备条件也逐步有了清晰的定义,一些科技工作者开始着手生产相关产品,相应的软件系统也进行多次更新升级。智能家居的具体的发展历程大概经历了下面五个时期。

◆ 概念的提出期

在20世纪末至21世纪初,有一个标志性事件就是微软公司比尔·盖茨到中国推广"维纳斯计划"(即向中国广大的消费者提供一种廉价个人电脑替代品——嵌入式Windows CE操作系统简化版本的顶置盒机),之后"数字家庭"的理念被推出,国内出现了第一家智能家居企业。

◆ 萌芽期

21世纪初,很多IT产品供应商组成了e家联盟等形式,在一些大城市商场中开始出现智能家居产品,主要集中在深圳、上海、天津、北京等地,主要产品是关于安防、灯光和多媒体的。智能家居的市场营销和技术培训也逐渐完善,在这个阶段,主要以国内的智能家居产品为主,国外的智能家居产品基本还未开始进入内地市场。

◆ 发展期

2005年以后,由于智能家居企业忽视市场规则,野蛮生长,企业之间进行恶性竞争,带来很多恶劣影响,其中包括一些不良商家过分夸大产品功能、企业对代理商的培训不足、产品性能不稳定。一系列问题的出现让智能家居行业受到打击,一些行业专家甚至消费者都对市场上的智能家居开始出现不满，相关产品的销售额开始出现增长缓慢、部分区域甚至下降的现象。2005—2007年，多家智能家居生产企业退出该行业市场，国内智能家居企业陷入了挣扎的处境。在这个时期，国外的一些智能家居品牌趁机而入，打开了中国市场，如施耐德等。在这样的情况刺激下，国内的智能家居企业逐渐清醒并找到自己的发展方向，发展较好的如海尔、天津瑞郎等。

◆ 演变期

2011年后，智能家居市场出现了明显的增长态势，主要是房地产受调控，智能家居徘徊进入新一轮的演变期。接下来，协议和技术标准开始主动互通融合，行业出现并购现象，智能家居行业发展越来越迅速，由于大家对于住宅的刚需也就带动了对智能家居的需求增大，使得此阶段国内诞生多家年销售额上百亿元的智能家居企业。

◆ 爆发期

2020年以后，各大智能家居厂商看到了未来的发展前景，纷纷开始在市场上密集布局，抢夺市场，智能家居也越来越被消费者所接受，为家庭生活带来巨大方便。

智能家居首先是在有住宅的基础上，在物联网技术的条件下，由硬件（家电、家具等）和软件系统（利用先进的计算机技术、智能云端技术等技术手段设置的智能家居系统）组成的整体居住环境。这种环境的家居设备大多融合了个性需求，包括室内的灯光控制、窗帘控制、安防、健康与卫生等多方面。目前，智能家居的产品能为家庭带来如下的便利：

∨ 安全性显著提高

在以前，门禁基本是钥匙、卡片等，家中也无任何监督的设备，但是智能家居引入了密码解锁、指纹解锁等手段，减少了丢失钥匙带来的一系列安全问题，室内可直接安装监控，设备直接与个人手机绑定，可以实时看到家中情况，这也大大降低了家庭被盗窃等犯罪行为的发生。

∨ 便利性大大加强

智能家居中多个产品都为生活带来了很大便利，如扫地机器人可以让其自行在室内进行清洁工作，智能电饭煲可以直接预约时间煮饭，智能灯光设备可以调节灯光的强弱来保护视力。还有很多类似的家居设备在节省时间的同时提高了效率，此外，智能家居的发展还在继续。

∨ 整体性尤其明显

所有的智能家居大多需要通过计算机技术、微电子技术、通信技术等将家庭的智能化的所有功能集成起来，建立在一个统一的平台之上。家庭智能终端是家庭信息的交通枢纽，实现家庭内外网络的数据交互，保护内部网络不受非法入侵，把握整个家庭智能家居的整体性。

在未来，随着房地产市场的发展和人们对于生活质量要求的提高，智能家居的市场前景还将进一步扩大，期待着智能家居的发展，甚至促进智慧家庭、智慧城市的发展。

案例1-2：自动驾驶汽车

第一章 扩展阅读

思考题

1. 什么是人工智能？
2. 人工智能如何改变我们的生活？
3. 人工智能对工商管理领域带来哪些改变？
4. 简述人工智能发展中的重要人物及其主要思想或贡献。

即测即练

第二章 变化中的市场营销

学习目标

通过本章学习,学员应该能够:

- 掌握什么是市场营销,对传统市场营销理论框架及其演进有一个全景式的认识;
- 掌握市场营销过程及用户购买决策;
- 了解市场营销的发展趋势及智能营销框架。

2.1 什么是市场营销

作为企业管理的三大核心职能之一,市场营销管理在企业经营中承担着重要的角色。与企业其他职能相比,它主要是面向市场,为目标客户创造价值,最终赢得客户的信赖与购买。市场营销的主要目的:一是通过为客户创造价值来使消费者产生购买行为;二是通过提升客户满意度来增强客户黏性、巩固发展客户关系。

市场营销渗透在我们生活的方方面面,在附近商圈的购物中心、在电脑屏幕上、在手机终端上……实体商店、网上直播间等许多地方都可以追寻到市场营销的踪迹。伴随着人工智能技术带来的新一轮科技革命,自动创意、无人销售、动态定价、精准营销和智能制造等技术的出现,市场营销管理正迎来一次全新的变革与升级。在人工智能时代,新的分析工具和营销手段的出现使企业能够深入洞察用户需求,更精准地为客户创造和传递价值,更有效地提升客户满意程度。

2.1.1 市场营销的起源

人类早期的交换行为,可以追溯至我国原始社会末期的商部落。早期农牧业的发展使得一些部落出现了农牧产品过剩的现象,商部落的首领就带着多余的粮食和牲畜,去相邻部落进行交易活动。由于农牧产品的卖方来自商部落,所以人们以"商人"来称呼他们,他们带来进行交易的农牧产品也被称作"商品"。

此外,近年来人类学家通过考察一些亚文明从原始社会走向解体的过程,总结出了大量人类进行原始交换行为的特征——原发性互惠的交换。例如,早期的凉山彝族用农牧品家具等物品来"援助"那些刚发生过灾难的家庭,受帮助的家庭在其他家庭遭遇困难时也要进行"回礼";我国早期的独龙族,还存在着"布嫩牟"关系,存在这种关系的家庭之间,每隔一段时间就要进行农产品的交换,并宴请对方。

事实上,这种原发性的互助关系,在其他国家也很常见。早期的新西兰土著就通过送人某种物品来谋取回礼。澳洲的原始部落居民们,世代都保持着主客之间互换礼物的传统。这种人类原始的互惠性的交换行为还发生在印第安人、毛利人等部落居民。

这些早期自发的互惠性交换行为的出现，与人类社会早期生产力水平和社会分工水平有直接关系。在这个时期，由于生产力低下，只有通过交换行为，交换双方的需要才能得到满足，并且这一时期的交换物大多以生活必需品为主。

2.1.2 市场营销的内涵

市场营销，英文为"marketing"，是指个人或企业通过交易产生的产品或服务，从而实现一定预期价值的活动。在实践中，市场营销是指企业在销售产品时所实施的具体行为与活动；在理论上，市场营销是一门研究企业营销活动的学科。

（一）市场营销的定义

关于市场营销的定义，国内外学者从各个角度进行了阐释。
- 美国市场营销协会对于市场营销的定义是：市场营销是在生产、沟通、传送交换产品的过程中，为消费者、合作伙伴以及社会所带来价值的一系列的活动、流程与程序。
- 美国著名营销学家菲利普·科特勒对于市场营销的定义是：在广义上，营销是个人或组织通过创造价值并与他人交换价值，以获得其所需、所欲之物的社交和管理过程；在狭义上，营销涉及与顾客建立可获利的、价值导向的交换关系。
- 格隆罗斯将市场营销定义为：企业在特定利益的引导下，通过相互之间交换与许诺的形式来构建、保持、发展与客户之间的关系并实现交易双方目的的过程。
- 中国学者纪宝成对于市场营销的定义为：企业在变化的市场现状下，为满足顾客需求、实现企业发展目标的一系列活动流程。
- 中国人民大学郭国庆教授将市场营销定义为：市场营销是一种企业部门职能，也是一种企业管理顾客关系的过程，该过程的目的在于维护企业成员利益并创造、传送、传输客户价值。

本书以科特勒的定义为主要依据，将市场营销定义为：一种社会交换和管理过程，在该过程中，个人和组织通过创造和与他人交换产品或价值来获得他们需要和想要的东西。

（二）对市场营销定义的理解

对于市场营销的定义，可以从以下几个方面理解：

第一，市场营销的核心活动是交换，交换活动不仅仅包括商品在流通过程中的交换，还包括商品生产前后的交换。因此，商品的市场营销活动过程要比商品的流通过程长。随着互联网的发展，商品的交换突破了传统市场交易的时间和空间的界限，交换范围变得更加广泛。

第二，市场营销可以体现在宏观和微观两个方面。在宏观方面，市场营销体现的是社会的经济活动，旨在满足社会需求，实现社会价值目标。在微观方面，市场需求反映的是企业的经济活动，该活动的目的是针对企业目标顾客的需求，生产最适合销售的产品，以实现企业价值的最大化。

第三，要区分市场营销与推销、销售。市场营销包括市场研究，市场选择与开发、产品的生产、定价、促销策略等一系列经营活动。而推销和销售只是市场营销众多活动中的一小部分，表 2-1 列出了市场营销与推销之间的主要区别。

表 2-1 营销与推销的比较

指　标	营　销	推　销
起点	目标市场	生产厂商
指导思想	满足顾客需求	销售完所有产品
目标	提升顾客满意并获利	只通过销售获利
方法	进行整合营销	促销、推销

第四，市场营销活动贯穿企业经营活动的始终，市场营销不只是企业在市场方面的活动，也不只是企业市场营销部门的事情，而是整个企业的事情。

第五，人工智能时代的来临使企业的市场营销决策越来越依赖数据分析，使市场营销活动更加有针对性、有效率，能够使企业在正确的市场定位与产品定位下，精准地进行产品、广告等营销手段的投放。

（三）市场营销的职能与特点

1. 市场营销的职能

根据现代市场营销环境，可以将市场营销的职能划分为市场调查与研究、商品销售、生产与供应、引导市场需求、协调平衡公共关系。

- 市场调查与研究。为了有效地销售商品，企业首先要通过市场调查与研究解决消费者的具体需求、市场细分、目标市场选择等问题，研究即将面临的销售过程中可能存在哪些困难，针对上述问题制定具体的市场营销策略。
- 商品销售。商品的销售对企业来说是从消费者手中获取货币，以便对生产商品的劳动进行补偿。对于社会来说，商品的销售使产品由企业流通至消费领域。
- 生产与供应。生产与供应的基本内容是生产部门在规定时间内生产出足量的、满足顾客需求的产品，由销售部门拿到产品后，采用最有效的渠道和促销方式销售给有需求的消费者。生产与供应职能可以有效地让企业的生产部门、销售部门、财务管理部门、技术开发部门等形成联动。
- 引导市场需求。企业不但要满足市场上出现的现实性顾客需求，让每一个有需求的顾客都能够购买到产品或服务，还要去开发、引导具有潜在性需求的顾客，提供优惠的价格、优质的服务，从而让他们的潜在性需求变成现实性需求。
- 协调平衡公共关系是指正确处理获取利润与满足顾客需要的关系、满足个别顾客需要和增进社会福利的关系，以及商品生产经营与企业"社会化"的关系。

2. 市场营销的特点

市场营销学是建立在经济学、管理学、行为科学、心理学等学科之上的一门交叉学科。

从科学性质的角度去分析，它具有以下几个方面的特点。

（1）集成性与交叉性。市场营销学的研究内容涉及社会学、心理学、管理学、商品学、经济学、决策学、统计学、审计学、消费者行为学等众多学科，因此，它具有强烈的集成性与交叉性。

（2）管理性与经营性。从广义上讲，市场营销学属于管理学中的经济学范畴。它与偏重于企业内部管理的狭义上的管理学之间的最根本区别是其具有市场经营性的特点。

（3）实践性与应用性。市场营销学是一门可以直接指导企业进行市场营销实践的学科，其具有极强的应用性与可操作性。

（4）基础性与原理性。市场营销学所涉及的知识，主要是反映一般规律、解决一般问题、具有普遍指导意义的基本概念、知识和方法。可以说，只要产生交换行为，就会有市场营销学知识的应用。市场营销学的应用领域也十分广阔，在不同的领域，又在市场营销学的基础上建立了许多分支学科，如服务营销、品牌营销、新媒体营销、人工智能营销等。因此，当使用市场营销学解决一些具体问题时，需要进一步深入学习和掌握市场营销学的基础理论知识。

2.1.3　市场营销管理理论的形成与发展阶段

（一）主要的市场营销管理理论

随着目标市场环境的变化，市场营销的管理理论也随之发生改变，主要有三种典型的营销管理理论，即以满足市场需求为导向的 4P 理论，以提升顾客满意度为导向的 4C 理论，以巩固顾客忠诚度为导向的 4R 理论。下面，本书将简要介绍这三种营销管理理论。

1. 4P 理论

4P 理论最早是由杰罗姆·麦卡锡在 1960 年于《基础营销》一书中提出。4P 分别指的是产品（product）、价格（price）、渠道（place）、促销（promotion）。

产品是指企业可以提供给消费者并且满足他们需求的任何物质，包括产品、服务、组织、观念、人员或者是它们的组合。

价格是指消费者购买商品的实际价格，企业可以通过折扣、延长支付期限等形式来降低价格进而吸引消费者。企业的价格策略会影响企业的成本补偿、利润、产品促销、分销等问题。

渠道，从市场营销学的角度来看，是指产品从企业传递给消费者的过程中所经历的各个环节和推动力的总和。

促销是指营销者通过目标市场向消费者传递企业产品、观念、服务的各种信息，说服并吸引消费者去购买产品，从而扩大销量的各种活动形式。

科特勒指出，许多企业的产品或服务的碰壁现象，很大原因在于他们把 4P 简略成了 1P——促销。每一个产品或服务的成功，不能只依靠促销手段或价格优势，而是要做好 4P 营销理论的每一个环节。

2. 4C 理论

随着消费者的购买决策趋于个性化，营销媒体分化加速、信息过量装载，传统的 4P 理论受到 4C 理论的挑战。4C 分别指的是顾客（customer）、成本（cost）、便利（convenience）、沟通（communication）。以顾客为中心进行企业的营销策略规划是 4C 营销理论的基本原则。

4C 营销理论强调将提升顾客满意度放在首位，在此基础上降低消费者的购买成本，然后充分考虑顾客在购买过程中的便利性，最后还要经常与顾客进行营销沟通。4C 理论以实现顾客满意为中心，就必须要充分理解目标客户的需求水平和时机。优秀的企业必须厘清客户现有需求和潜在需求之间的联系，能够通过满足客户现有需求来迎合市场，通过预测客户的潜在需求来引导市场。

3. 4R 理论

随着时代发展，当社会原则与顾客需求发生冲突时，4C 理论的局限性也随之凸显。例如，当社会上倡导勤俭节约风气时，个别消费者奢侈的消费需求能否被满足，这不仅是企业营销需要思考的问题，更是在社会原则上需要思考的问题。此时，4R 理论应运而生。4R 分别指的是关联（relevance）、反应（reaction）、关系（relationship）、回报（reward）。该营销理论以关系营销为核心，重点关注企业与消费者的长期关系互动，它既从消费者利益出发也兼顾企业利益，旨在追求各方利益的最大化。

当今，营销管理理论仍处于随市场环境变化而改变的过程中，表 2-2 对上述三种理论进行了比较。

表 2-2 三种主要营销理论的比较

	4P 理论	4C 理论	4R 理论
核心	生产者	消费者	竞争者
动因	推动式	拉动式	供应链式
需求	相同或相似	个性化	感知
目标	满足已知的客户需求，建立盈利性客户关系	满足现有的和潜在的客户个性化需求，提高客户满意度	顺应市场需求变化，在创造新需求的基础上，实现最大化的互利关系
沟通	单向沟通	双向沟通	双向或多向沟通
生产方式	规模式	差异化	整合式
投资回报	短期低，长期高	短期较低，长期较高	短期高，长期低

（二）市场营销学的发展阶段

关于市场营销的研究，最早可追溯至西方早期工厂制的萌芽，后于 20 世纪初在美国哈佛大学等高等学校与企业市场实践中形成理论系统，并传入日本、西欧等地。随着经济社会及市场的发展，市场营销学发生了根本性的变化，传统营销学主要应用在本土企业和营利性组织，而现代营销学的应用领域已经扩展至跨国企业以及非营利性的组织。当前，市场营销学已成为企业管理中不可或缺的重要部分，并与行为科学、经济学、心理学、人类学、统计数学等学科相结合的应用边缘管理科学。市场营销的发展与商品经济和企业管理的演变密不可分，发展过程大致可分为三个阶段，如图 2-1 所示。

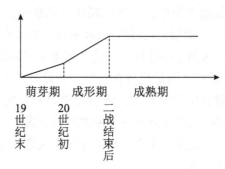

图 2-1　市场营销学的发展阶段

1. 萌芽期（19 世纪末至 20 世纪初）

随着第一次工业革命的发展，企业生产力水平大幅提升，消费者的消费水平也迅速提升，出现了供不应求的卖方市场，市场营销学开始显露。

彼得·德鲁克曾在《管理实践》一书中指出："关于企业的目的只有一个有效定义：创造消费者。"他指出，"市场是由商人创造的，而消费者的需求只是理论上的。"德鲁克的管理思想推进了市场营销理论与实践的结合，使市场营销管理从以企业为核心向以消费者为核心转变。

这一时期的市场营销主要是以消费者为研究对象，因而社会科学、行为科学、心理学成为了传统市场营销学的基础。与此同时，这一时期已经形成了基本的市场营销原理以及市场研究方法。

2. 成形期（20 世纪 30 年代至二战结束）

20 世纪 30 年代，资本主义世界出现严重危机。工厂倒闭、企业破产、失业率陡增，居民消费能力严重下降。经济危机对资本主义经济的发展造成了恶劣的影响。在这种环境下，社会公众逐步开始重视市场营销学对调节市场资源配置的作用。工商企业将市场营销学的理论带入实践领域，用以指导企业活动，以解决商品销售困难的问题。美国众多高等院校也逐渐开设研究市场营销学的机构。

但是，这一时期的市场营销还没有脱离狭隘的推销概念。企业虽然开始研究市场营销学的理论，仍限于商品流通与销售领域。

3. 成熟期（20 世纪 50 年代至今）

在二战结束后，各国经济发展较为迅速，居民购买力提升，商品种类与数量增长迅速，从而形成了以消费者为核心的买方市场。在企业之间的竞争加剧和消费者对商品的购买选择性更加强烈的情况下，形成了以满足目标客户需要为中心的现代市场营销观念。现代市场营销学的理论体系也开始逐步形成。

在这一时期，市场营销领域出现了大量新概念，如"内部营销""关系营销""协商营销""全球市场营销"等。这些观点的出现扩大了市场营销这门学科的应用范围。在这一时期，市场营销学逐渐从经济学中独立出来，与管理学、心理学等相结合，使得市场营销管理学的理论基础更加完善。

进入21世纪以来，互联网的迅速发展、人工智能时代的来临、物联网、大数据、云计算、区块链、超级计算等科学技术的日趋成熟都为企业市场营销提供了新的机遇和挑战。如何在市场营销管理的过程中利用云计算、大数据等技术，研究营销过程的智能化与社会化，成为市场营销学界研究的热点和难点。近年来，学术界和企业界都在围绕市场营销科学与工程领域进行研究。研究的目的在于用全新的模式来研究目标客户的需求变化、消费行为，尤其是对消费者的消费需求进行动态预测，对数字化消费者行为进行数据抓捕、分析和模拟。人工智能技术的应用，使得营销学逐步向科学工程的方向转变，机器学习为传统的市场营销学注入了新的内涵。

2.2 市场营销过程及其管理

企业进行市场营销的意义不在于销售与广告，企业营销人员要了解市场和顾客需求，开发出最能提高客户满意度和客户价值的产品或服务，最后对产品或服务进行定价、促销及分销。根据市场营销的定义，我们可以得知市场营销的过程是一个以创造客户价值、巩固客户关系为目标，并从客户那里获取价值的过程。

图 2-2 为市场营销过程的简易模型。前四个步骤是企业理解客户需求，创造客户价值并巩固客户关系的过程。最后一个步骤是企业通过生产产品或服务来满足客户需求，进而从客户方获得价值回报。这些价值回报包括销量、销售额、销售利润、市场占有率等。

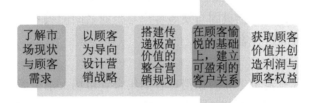

图 2-2 市场营销过程的简易模型

2.2.1 了解市场及顾客需求

作为市场营销人员，首先要了解客户对于产品的需求、愿望以及目标市场现状。
1）客户的需求、欲望与需求

人类的需求是进行营销的起点。需求就是人类身体或精神上的一种缺乏状态，如对保障衣食住行和自身安全的基本物质需求、对社会归属感和自身情感的需求、对于知识满足及自我价值实现的需求等。欲望是人类需求的表现形式，欲望常常受文化与个性的影响，还受个人社会背景的影响。例如,美国人对食物产生需求时,他会对汉堡薯条食物等产生欲望;日本人对食物产生需求时,他会对寿司等食物产生欲望。当人们的购买力足够支撑欲望时,欲望就转化成了需求。在既定欲望和固定资源的限制条件下,人们会选择使自身满意度最大,并且产生最大价值的消费组合。优秀的营销企业会通过市场调查研究来了解客户的欲望与需求。

2)市场供给物——产品、服务和体验

消费者的需求与欲望是通过市场供给物来得到满足的,企业提供给市场用来满足消费者欲望与需求的产品、服务、信息或体验的组合。许多市场营销者过于重视产品本身,而忽视了客户可能存在的潜在需求。企业不仅要通过市场供给物来满足客户的需求与欲望,更要关注市场供给物提升客户满意和客户价值的作用。优秀的营销人员会通过同时提供产品和服务的营销组合,来创造出卓越的客户价值。例如,消费者去海底捞既吃到了火锅美食,又享受了海底捞提供的优质服务。

3)客户价值与客户满意

客户在满足自身需求的过程中,将面临各种各样的产品或服务。他们会对各种市场供给物带给他们的满意和价值形成期望,并以此为依据选择其应该购买哪种市场供给物。对购买过程满意的客户,可能会形成重复购买行为,并将自己的满足感告知其他消费者。不满意的客户可能会转向购买其他竞争者的产品,并向其他消费者抱怨。客户价值和客户满意是建立并巩固客户关系的关键。

4)交换和关系

当人们选择用交换行为来实现需求和欲望的满足时,就产生了市场营销。交换是指通过提供某种物品作为回报,从他人那里获得需要的物品的行为。除了吸引客户购买或交易产品外,交换行为的目标还包括巩固与发展客户与企业之间的关系,营销人员主要通过传递客户价值来建立、巩固这种客户关系。

5)市场

市场是指产品、现有消费者和潜在消费者的集合。市场上消费者的需求与欲望可以通过交换关系来得以满足。图2-3为市场营销系统的构成模型。市场营销包括在与其他企业的竞争中为最终客户提供产品服务。企业首先通过市场调查来了解客户需求。随后,企业创造出市场供给物并直接或者通过市场中间商传递给目标客户。

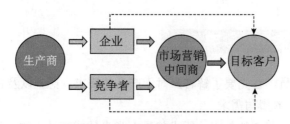

图2-3 市场营销系统模型

上述系统中的全部过程都受环境因素的影响,这些因素包括人口特征、经济水平、政治政策、技术水准、社会文化背景等。系统中的每一个环节到下一个环节都是价值增值的过程。因此，企业是否可以建立、巩固良好的客户可盈利性关系，不仅依赖于企业的市场营销决策，还依赖于整个系统能否充分满足目标客户的需求。

2.2.2 设计市场营销战略与规划

在充分了解市场现状和消费者需求的前提下，营销者就可以开始设计以客户为导向的市场营销战略。

首先，企业要选择服务的客户群体，这是划分不同的消费者市场的前提，然后企业选择要进入的目标市场。消费者个性化趋势日渐凸显，企业的营销战略不可能对所有消费者都适用，如果强行对所有客户提供相同的服务，可能会导致某一客户的服务质量不佳。相反，企业应倾向于服务那些能服务好并获得最大盈利的客户。例如，桔子酒店面向的是普通消费人群，桔子水晶酒店面向的则是高档消费人群。最后，营销管理者必须准确定位所要服务的目标客户，并准确理解目标客户的需求。简单来说，市场营销管理就是客户管理和需求管理的组合。

其次，企业定位目标客户后，还必须决定如何服务自己的目标客户，并且要与市场上竞争者的产品或服务存在差异。企业的产品定位要使企业的产品同竞争者存在明显差异，为客户带来特有的价值。要正面回答消费者的问题——我们为什么要购买你的品牌而不是其他品牌的产品？例如，米其林的轮胎是"引领进步之道"、小米的手机一直走在"为发烧而生"的路上，企业必须有独特的产品定位，才能在目标市场上获得先天优势。

最后，企业要进一步策划出整合后的市场营销规划，并向目标客户群体传输预期客户价值。市场营销规划是将市场营销策略转化为建立盈利性客户关系实践的关键步骤。企业最常用的执行市场营销策略的工具是4P（产品、定价、渠道、促销）市场营销组合。为了更好地通过市场营销组合来传递价值，企业必须做到以下四点：

- 创造出满足目标客户需求的市场供给物（产品）；
- 根据市场情况，决定市场供给品的收费标准（价格）；
- 决定通过哪些有效途径将市场供给物传递给消费者（渠道）；
- 与目标客户建立联系，以各种手段使其信任供给品的优点（促销）。

企业必须要用上述营销组合建立起一套完整的市场营销规划，用以向目标客户沟通并传递预期的价值。

2.2.3 创造可盈利性客户关系

市场营销过程中的前三个步骤：理解客户及市场需求、设计以客户为导向的营销战略和构建整合营销规划都是在为第四步奠定基础。在客户愉悦的基础上，建立可盈利的客户关系是整个市场营销过程中最为重要的一步。

1) 客户关系管理

客户关系管理（customer relationship management，CRM）是现代市场营销学中最重

要的概念之一，包括企业通过管理客户需求信息和客户"交接点"来提升客户忠诚，通过创造极大的客户价值和满意来保持并发展有价值的客户关系。企业的客户关系管理已经渗透客户开发、客户维持和客户发展的各个层次。

客户感知价值是指和其他竞争者产品相比较，消费者购买本企业产品时带来的总收益和总成本之间的差额预估值。客户的感知价值是客户在众多产品和服务中做出购买决策的依据。客户感知价值的形成过程如图 2-4 所示。

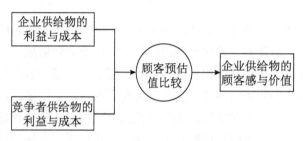

图 2-4　客户感知价值

客户满意是指客户在购买产品后感受到的实际效用与客户预期之间的比较。如果实际效用低于客户预期效用，则客户不会满意。如果实际效用与客户预期效用相符合，则客户会产生满意感。如果实际效用远远高于客户预期效用，那么客户将会产生满足与喜悦的情感。

大多数研究表明，良好的客户满意感会直接影响客户对于品牌的信任与忠诚程度，进而企业也能够占领更大的市场份额。优秀的企业首先会做好自己的产品与服务，并且会给予客户比承诺的更多的产品与服务体验，从而使客户形成满足感。企业总是可以通过提供更低的价格和更优质的服务水平来提升客户的满意度。很显然，这种做法会使企业的利润受损。因此，精明的企业会调节好企业利润和客户满意度之间的关系。

2）消费者关系层次与工具

企业以目标市场特性作为依据，可以在不同的层次分别建立客户关系。例如，对于那些边际利润很低的客户，企业可以与他们建立基本的关系。对于那些边际利润很高的少量客户，企业可以与他们建立紧密的合作关系。

目前，许多企业致力于与客户建立良好的忠诚关系。除了要向客户提供卓越的价值以提高客户满意度之外，还要通过使用具体的市场营销工具来巩固企业与客户之间的关系。例如，酒店会根据消费者在酒店的消费状况来提供延时退房、提前入住等服务。通过建立企业俱乐部来维持和发展会员关系。

3）客户关系变化的趋势

目前，企业与消费者之间的联系方式发生了很大变化。企业不再通过大众营销与所有客户建立联系，而是通过客户的盈利数据分析来挑选那些流失的、高价值的客户群体进而建立巩固的盈利关系。企业与客户之间网络环境的变化对客户关系变化的特点产生了很大影响，微博、视频分享平台、社交软件等社交工具的发展已经深刻改变了企业与客户之间的联系方式。企业通过这些交流工具与客户建立双向沟通关系，而不是以往的由企业到客户的单向联结关系。但是，企业不能通过这些联络工具进行骚扰式的营销信息传递。企业要做好诱导式营销——创造出极大的价值并通过向市场传递消息来吸引消费者而不是去骚扰客户。

消费者自主营销正在逐渐成为重要的营销力量。消费者可以在网上社区发布自己对品牌的意见与讨论。这种行为对企业的产品创新、品牌形象升级、产品宣传有着指导性的作用。除了发布关于企业品牌对话外，消费者在对企业产品与服务价格、销售渠道、产品包装、产品外观等方面的影响力也逐步加强。

2.2.4 获取价值回报

市场营销过程的最后环节是指企业要获取现在或未来的销量、销售额、销售利润、市场占有率等形式的价值回报。

1）建立与维持客户关系

处理好客户价值和客户满意是建立客户价值关系的基础。满意的消费者可能会对企业产生信任感，这些客户会逐渐对企业产生一定的忠诚度。企业抢占市场份额的关键就是拥有大量的忠诚客户。

2）扩充客户份额

客户份额是指客户购买该企业产品与服务的份额。优秀的营销管理人员会通过处理好与客户的关系来增加客户份额。增加客户份额的手段有很多。例如，企业可以生产出更多种类的产品，也可以采用产品组合销售和追加销售，还可以向消费者提供更优质的服务。

3）建立客户权益

客户权益是企业现有客户和潜在客户的终身价值的贴现总和。建立高额的客户权益是客户关系管理的最终目的。企业应当认真经营客户的权益，要甄别客户并将他们视为需要进行投资的资产。图 2-5 简要地展示了根据客户忠诚度预估值和潜在盈利性对客户关系分类的结果。

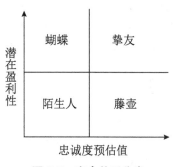

图 2-5　客户关系分类

- 第一象限："挚友"代表了那些盈利性高并且客户忠诚度也高的客户。对于这种类型的客户，企业要将他们转化为忠诚的"传教士"。
- 第二象限："蝴蝶"代表了那些盈利性高，但忠诚度低的消费者。企业的产品与服务和"蝴蝶"客户的需求十分契合。企业可以用促销手段来吸引这种类型的客户，但是不能对他们进行长期持久的投资。
- 第三象限："陌生人"代表了盈利性低，并且客户忠诚度低的客户。对于这类客户不需要进行任何投资。
- 第四象限："藤壶"代表了盈利性低，但客户忠诚度高的消费者。对于这类客户，企业可以在减少服务或增加产品价格并观察这类消费者的盈利性变化后，再决定是否对这类消费者投资。

人工智能时代的来临为了解客户需求和市场现状、定位客户以及设计独特产品提供了新的实现路径。例如，用户数据已经成为企业最重要的信息资源，企业可以通过大数据对客户进行价值评估。企业可以使用大数据技术了解客户信息，然后通过云计算架构，分析、处理用户数据信息，最终实现对客户满意度与忠诚度的准确预测。此外，大数据技术的发展，可以让企业精准捕捉消费者需求的变化，根据需求为消费者推送量身订制的产品。根据人类数据信息的统计识别，对不同的消费者群体投递不同类型的广告促销。还可以根据客户的身份信息和需求信息迅速将代言人切换成每个用户喜爱的人物形象，利用"粉丝效应"来吸引消费者购买，AI 广告将成为营销策略中内容生产的主要动力。

2.3 市场及购买行为

客户是市场中最重要的因素，市场营销管理者的首要任务就是理解客户复杂的购买行为以及影响消费者购买行为的因素。

2.3.1 消费者购买行为及决策

个人与家庭的最终消费者构成消费者市场。消费者购买行为指的是最终消费者为实现自身消费需要而产生的对产品或服务的购买行为。消费者年龄、性别、文化背景、收入和社会阶层等方面的差异，使他们在购买行为上存在很大差异。

（一）消费者购买行为模型

消费者每天都会做出大量的购买行为决策。企业的营销管理人员可以通过分析消费者的购买决策，剖析他们购买产品的种类、购买地点和产品质量与价格等信息。但是，影响消费者购买行为的因素通常是内心活动，这使分析存在许多障碍。

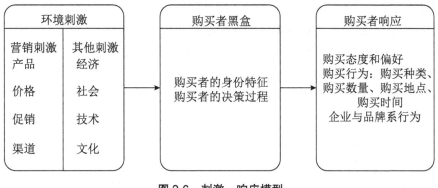

图 2-6 刺激—响应模型

消费者购买行为的简易模型——刺激—响应模型如图 2-6 所示。该模型说明，包括营销因素和其他因素在内的所有环境刺激因素都将进入购买者黑盒，随后会产生一系列可视化的购买者响应：购买态度与嗜好、购买行为信息、企业与品牌关系行为。

黑盒由两部分组成：第一是消费者的身份特征；第二是消费者的决策过程。企业营销管理人员必须要弄清购买者黑盒的内容——环境刺激是如何转化为购买者响应的。那么，企业的市场营销管理人员必须先了解影响消费者行为的因素，再去剖析消费者的决策过程。

（二）影响消费者行为的因素

如图 2-7 所示，文化、政治、经济、个人和技术等因素都会对消费者的购买行为产生巨大影响。很多情况下营销管理人员不能改变这些因素，他们必须在市场营销策略中考虑这些因素的影响。

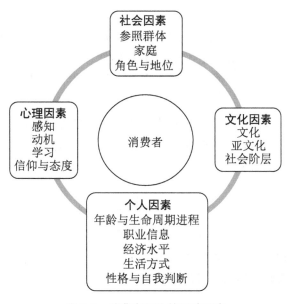

图 2-7 消费者行为的影响因素

1. 文化因素

文化（culture）是促使消费者形成需求和购买行为的基本原因。个人的文化水平是在不断学习中形成的，三观、价值取向、需求特点和行动方式都是个人文化的表现形式。国家的不同会导致文化对购买行为的影响存在差异。例如，日本的消费者将产品的外包装看作是产品质量的一部分。这是因为日本消费者将产品的外包装视作一种对艺术的追求。

亚文化是各种文化的细小分支。亚文化包括种族、民族、地理位置和宗教信仰等。汉服、二次元、街头文化等都是常见的亚文化。

社会阶层由有着相似的价值取向、行为方式和兴趣爱好的消费者组成。一定阶层的消费者的购买行为具有高度的相似性。例如，随着居民收入水平的提高，消费者逐渐认为空调是必需品而不是奢侈商品。

2. 社会因素

参照群体（reference group）的作用是为消费者的行为与立场提供直接或间接的比较作用。那些身处于参照群体中拥有专业知识、特殊能力和个性的、能够对其他消费者施加社会性影响的消费者被称为意见领袖（opinion leaders）。营销管理人员应重点关注意见领袖的需求并对他们进行直接营销。

家庭是企业最需要重视的社会消费者组织。家庭成员会极大地影响消费者的购买行为。营销管理人员需要了解不同家庭成员在购买产品或服务时所担任的角色。例如，家庭日用品、服装、食品等都是由妻子来购买。儿童也会对家庭的购买决策产生影响。例如，大多数家长都会购买儿童安全座椅和儿童感觉统合能力训练课程等。消费者对于不同的组织群体会表现出不同的身份与社会地位。消费者往往会选择适合自己身份与社会地位的产品或服务。

3. 个人因素

人在成长过程中的不同阶段会对不同的产品或服务产生需求。同理，家庭的生命周期阶段也会对消费者需求产生影响。生命周期理论是营销管理人员定义目标消费者群体的重要依据。优秀的营销组合策略会针对不同生命周期阶段提供不同的方案与规划。

消费者的职业也会对消费者的购买行为产生影响。定位目标消费者群体的根本目的就是找到对企业产品或服务感兴趣的职业群体。例如，厂房工作人员更青睐结实耐穿的衣物，企业高管则更倾向于购买商务西服。

4. 心理因素

动机也被称为消费者驱动力。它能够驱动消费者去获得那些能满足其需要的需求。著名社会心理学家马斯洛的需求层次理论指出，人的需求可以由满足需要的迫切程度来划分不同的层次，如图 2-8 所示。需要的层次由低到高依次为生理需要、安全需要、社会需要、自尊需要、自我实现需要。当消费者的低级别需要被满足后，就会追求实现下一个层次的需要。

图 2-8　马斯洛需求层次

- 感知（perception）是指消费者通过选择、处理和理解外界信息对这个世界形成一种深刻观点的过程。
- 学习（learning）是指消费者的后天经验对购买行为的影响。
- 信念（belief）是指消费者对某件事物所坚持的固有看法。
- 态度（attitude）是指消费者对于某种产品或观念所持有的相对稳定的感受、评价与嗜好。

消费者的信念和态度是消费者在购买过程中形成的，信念和态度又会反向作用于消费者的购买行为。

（三）购买决策行为的种类

消费者与购买参与者的思考投入越大，消费者的购买行为也就越复杂。根据品牌产品间的差异度与客户在购买过程中的介入度对购买行为进行分类，如图 2-9 所示。

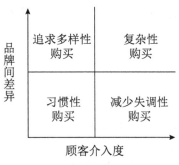

图 2-9　购买行为类型

消费者在购买价格昂贵、风险较高的优质产品时的购买行为可以被认作是复杂性购买行为。消费者的失调性购买是指在购买产品之后，了解了自己购买品牌产品的缺点或者了解了其他品牌产品的优点,所以消费者会高度介入价格昂贵但品牌间差异较小的产品的购买过程中,这就是减少失调性购买行为。习惯性购买行为主要体现在日用必需品的购买过程中。表 2-3 列出了习惯性购买行为的主要原因与特点。

表 2-3 习惯性购买的原因与特点

原 因	特 点
消费者介入度低	没有搜集品牌信息的过程
	消费者被动接受产品信息
品牌间差异小	产品缺失品牌个性化
	品牌态度较弱

(四)购买决策过程

消费者的购买决策过程早在实际购买行动开始前就发生了,并且在购买行为过后还会继续存在,如图 2-10 所示。

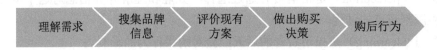

图 2-10 购买决策过程

购买决策过程也不是一成不变的。例如,忠诚于购买某品牌手机的消费者可能会跳过品牌信息收集阶段。

值得注意的是,基本上重大的购买行为都会伴随着消费者的认知失调——售后冲突导致消费者不愉快和不满意的情绪。消费者的满意度是企业与客户间建立可盈利性关系的基石。企业营销者一定要让消费者对购买企业产品的优点感到满意,最终达到使消费者对产品的实际效用感受远高于客户的预期效用。

(五)新产品的购买过程

新产品的购买过程也分为五个阶段:了解新产品的存在、搜集新产品的信息、判断购买新产品是否有意义、适用并评估新产品、决定是否持续采用这类新产品。

2.3.2 商业购买行为及决策

商业购买者行为是指企业通过购买其他企业的产品或服务来生产出新的产品或服务,并把这些新产品或新服务出售或出租给其他人的行为。

在商业购买过程中,企业要将商业购买者看作消费者,通过创造极大的客户价值和客户满意实现企业与商业购买者可盈利关系的建立与发展。

(一)商业市场

与消费者市场相比,商业购买者市场是很大的,它所涉及的商品种类与资金交易远超过消费者市场。商业购买者市场与消费者市场在市场的结构与需求、购买者的性质和决策的过程与类型方面都存在着较大差异。商业购买者市场特征如表2-4所示。

表2-4 商业购买者市场特征

	特征
市场结构与需求	购买者数量少但购买规模大 需求波动更加迅速频繁 价格变化对短期需求影响不大——需求价格弹性小 商业购买者的需求是由终端消费者的需求激发的
购买者性质	商业购买涉及更多的购买者 商业购买需要专业的采购策略进行指导
决策的过程与类型	购买决策更加复杂 在商业购买中,企业之间相互合作,建立更持久的关系 商业购买具有一定的模式

供应商发展计划是目前很多企业都在认真执行的规划。B2B的营销管理人员常常会根据商业购买者的需求来提供定制的产品或服务,并且通过与伙伴企业构建可盈利性的客户关系来传输卓越的价值进而间接地满足终端消费者的需求。例如,沃尔沃集团将企业的"采购部"改名为"供应商开发部";小米通过对电视、牙刷、电动车等产品的采购以实现广大客户群体的需求;卡特彼勒公司称呼自己的"采购代理"为"供应商关系维持发展"经理。

(二)商业购买者的行为

在商业购买者行为模型中,必须搞清楚从环境刺激到商业购买者响应,商业组织内部发生了什么样的反应,如图2-11所示。

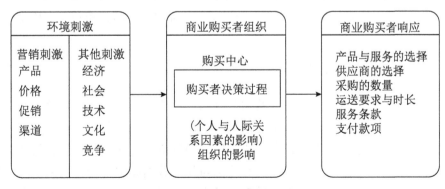

图2-11 商业购买者行为模型

该模型表明,商业购买者组织内部因素、个人因素、人际关系因素和环境因素都会对商业购买中心和商业购买者的决策过程产生影响。

商业购买者的购买情况主要分三种类型：直接重购、调节重购和新任务情况。直接重购是指采购部门根据常用的做法进行无调节的重复性购买。调节重购的情况发生在商业购买者想要调节采购产品的种类、数量和供应商时。新任务情况发生在商业组织第一次购买某种产品或服务时。在直接重购情况下，商业购买者需要做出较少的决策。相反，在新任务情况下，商业购买者需要做出较多复杂的购买决策。

采购中心参加商业购买过程的角色有使用者、影响者、购买者、决策者、守卫者。守卫者在购买决策过程中主要负责控制产品或服务信息的流向。营销管理人员必须了解哪些角色参与了决策，以及各个角色在商业购买决策中的作用。

一个完整的商业购买过程如图 2-12 所示。在实际采购过程中，商业购买者不一定按部就班地去执行购买流程中的每一阶段，有些时候可能会缩减某一阶段或增加一些阶段，甚至是重复进行某一阶段。此外，客户关系的不同也会导致商业购买类型的不同和购买流程的不同。营销管理者必须处理好每一次采购的商业客户关系。

图 2-12　商业购买流程

（三）公共机构与政府市场

公共机构是指向消费者提供公共产品或服务的机构，如学校、养老院、诊所等机构。针对不同的公共机构，企业最好可以设立独立的部门去分管这些公共机构的营销策略。政府机关是企业产品与服务的主要购买者，政府机关的需求变化将为企业发展提供机会。

2.3.3　人工智能对购买行为及决策的影响

人工智能时代的发展使得消费者的购买行为及决策过程变得更加透明。目前，大型企业都建立了自己的大数据信息库来对消费者需求及其行为过程进行精准定位。企业首先通过内外部数据的结合，再进行对消费者行为的预测。例如，企业将自己数据库中消费者的年龄、性别、嗜好、职业和评价等信息与外部数据库中消费者的购买产品种类、数量和浏览记录等信息相结合，再通过对市场未来发展趋势的预测来诱导消费者购买行为的转变。根据对消费者未来消费行为的预测，企业可以针对目标客户制定相应的市场营销策略。

（一）消费者的购买冲动性增加

企业通过机器学习对消费者数据进行处理后，能够准确地归纳出消费者的购买偏好、时间和地点等信息，从而在合适的场景下对消费者进行营销，如营销界神话——尿布与啤酒。商超通过对消费者购买物品组合数据的处理后发现，男性消费者在购买啤酒时，如果看到了尿布就会想到家里的儿童需求，即便并不急需也会顺便购买尿布。目前，很多零售企业都意识到了用户的数据资产就是企业的核心资产。例如，孩子王通过用户数据洞察来准确预测消费者的需求，在消费者每次进入门店后都会先通过人脸识别技术来识别消费者进而有针对性地推荐产品。

（二）消费者决策过程更加理性

B2C 电商平台的发展使得消费者更加重视产品或服务的评价。消费者会利用收集的各种信息对各种品牌商品进行比较和选择。在这种信息筛选与对比的过程中，消费者的思考过程将更加理性，同时，数据信息的专业化也将帮助消费者做出最理性的购买行为。

（三）数据疲惫与马太效应

在人工智能时代，大量的数据信息有利于客户决策理性化，但大量的信息除了能给予消费者巨大的选择权外，也会增加消费者的选择难度。消费者在选择一款产品或服务时，会受多种品牌信息的干扰。消费者有时也会受无关信息数据的干扰，这增加了消费者的数据疲惫感。马太效应在营销学中指的是企业通过先前消费者的优质评价来吸引新的消费者从而形成的滚雪球式效应。在人工智能时代，自然语言处理技术可以将消费者评论中所提及的产品优缺点、代言人、地点和时间等信息提取出来。企业根据这些信息可以定位目标消费群体并对目标消费者进行精准营销。

在人工智能时代背景下，企业可以通过自然文字提取和大数据处理技术来打开"消费者黑盒"，从而对消费者行为进行预测，如图 2-13 所示。

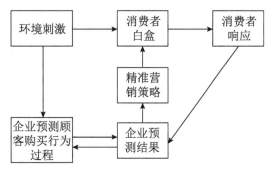

图 2-13 调节后的购买过程模型

人工智能技术的应用所体现出来的并不是数据分析和应用的过程，而是企业更好地创造出卓越客户价值并与客户建立可盈利性关系的过程。人工智能技术在市场营销领域应用的根本目的是以预测消费者行为与需求为核心的。真正优秀的营销管理人员会通过对客户数据的智能处理来总结客户的购买动机，预测并诱导消费者的购买行为，甚至预测出消费者未来的消费需求。

2.4 市场营销的演进及智能营销框架

随着社会环境的发展与变革，市场营销也出现了改革与创新。目前，消费者的消费理念和购物方式都发生了较大的变化。现阶段，企业的营销管理人员必须要考虑的问题是如何在新时期创新和发展市场营销管理策略以便于更好地适应市场发展情况。市场营销活动是经济生活中极为重要的一部分。

机器学习、计算机视觉、自然语言处理、生物信息识别技术等人工智能技术与现代市场营销方法的融合使得企业可以详细地了解消费者的需求和身份特征。利用人工智能技术，企业可以更快地抓住市场机遇，更准确地定位目标客户，更迅速地找到目标市场。人工智能技术在市场营销领域的应用前景十分广阔。

2.4.1 市场营销的演进过程

伴随着社会经济的发展和居民消费水平的提高，市场营销的演进过程大致可以分为三个阶段，如图2-14所示。

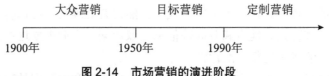

图2-14 市场营销的演进阶段

（一）大众营销阶段

第一次工业革命之后，企业的生产能力、消费者的消费能力、产品的种类与数量都有着很大的提升。在此期间，企业越来越重视客户市场的开拓与经营，市场营销学的实践方法在这个时期得到了很好的发展。

大众营销是以产品为指导的一种营销方式。这种营销方式对所有消费者一视同仁，企业通过大规模的生产、促销和渠道分销工作实现所有消费者的需求。在这一市场营销阶段，企业会受交通、社会政策、基础设施情况等多种因素的影响，从而不得不将市场看作一个单一的市场，这将导致品牌产品之间差异性小、种类稀缺、数量庞大、利润率低。

但是，企业以产品作为导向、以规模经济去指导生产方式会导致企业的竞争能力不足，很容易丢失原有的市场份额。另外，这个阶段企业对客户价值的理解还相对浅薄，他们只是单向地向消费者传输价值并没有把消费者作为个性化的客户资源去对待。企业生产出的产品销售目标单一化会导致消费者的购买选择性降低,企业与消费者之间也会逐渐出现信息不对称、道德风险和逆向选择等市场失衡现象。

(二)目标营销阶段

目标营销是以市场细分为导向的。在这一阶段,企业逐渐认识到大众营销模式的缺点,并意识到产品购买者作为独立的消费者,其需求是具有差异的。在这一时期,企业根据产品的特点以及消费者的需求水平等因素将全体市场细分为不同的市场,进而选择要进入哪个目标市场并制定相对应的市场营销战略。企业会将目标客户的需求同时渗透市场细分、市场定位和市场选择中去,以区分市场为目标导向来实现客户的个性化需求。

这一阶段的企业大都以明确的市场营销战略目标作为指导,企业产品的生产也克服了之前"重产量,轻种类"的缺点进而来满足客户的个性化的产品需求,为消费者提供了更大的选择空间。企业对于客户价值的理解越来越深,也更加重视通过建立与巩固客户盈利关系来提高企业利润率。消费者也逐渐成为企业利益的参加者,参与企业的市场营销决策的制定中去。

(三)定制营销阶段

第三阶段市场营销的演进主要与科学技术的发展有关。20世纪90年代以来,数字革命引发了市场环境的巨大变化,新材料、新技术、新服务等新兴因素与市场全球化进程的融合加快了企业结构重组和市场营销模式的改革创新。企业的市场营销模式已经逐渐转变为以客户为中心的定制营销阶段。

这一阶段,网络信息技术的飞速发展使得市场从线下扩展至线上,市场环境也变得更加多样与复杂。不稳定因素的增多使得企业必须要改变目标营销策略才能取得竞争优势,抢占市场份额。在此时期,企业必须要整合一切资源来构建可盈利性客户关系并根据客户需求来进行产品或服务的生产与设计。企业的产品与服务也不再大批量生产,而是针对每一位客户具体需求量身定制产品,进而创造出最大的消费者忠诚并树立良好的企业形象。在这一阶段,拥有优秀市场营销技能的营销管理人员将成为企业重要的人才资源,他们可以提升企业产品服务质量,实现生产模式的创新以增加企业利益。

大众营销阶段、目标营销阶段、定制营销阶段的比较如表2-5所示。

表2-5 三个市场营销阶段的比较

	大众营销	目标营销	定制营销
导向	产品	市场	客户
产品特征	种类少、产量大	种类多、产量较大	产品定制化

21世纪以来,随着人工智能技术的飞速发展,企业可以通过自然语言处理技术对消费者通过社交平台、电子邮件、手机短信等媒介传递上来的信息进行处理。

未来的市场营销唯一不变的就是变化。人工智能技术的发展为企业实现精准营销提供了可能。精准意味着企业的市场营销过程将更加高效,营销成本将变得更低。精准营销在如今消费者需求多变的市场中会使得企业取得巨大的先手优势。精准营销就是通过对消费者需求的精准判断来巩固发展盈利性客户关系并提高市场营销效率。目前,很多企业开始重视营销的技术化,如数据化营销、自动化营销和无人零售等。另外,企业的营销创新过程必须考虑企业的财务状况和投资回报率等。精准营销有利于企业取得竞争优势并且是未来营销方式的发展大趋势,更能够帮助企业在激烈的市场竞争中生存。

2.4.2 智能营销框架

智能营销是指企业将计算机视觉、自然语言文字处理和生物识别技术等人工智能技术赋能到企业市场营销的关键环节(市场调研与战略、营销策略与活动)中去,从而优化企业产品和促销等要素的投放策略,增强投放的有效性与针对性。企业进行智能营销的核心目的是帮助企业挖掘出更多的潜在消费者和分销渠道从而提高效率和利润率。智能营销的特征是高效与交互。第一,智能营销可以有效缩减企业营销的路径。第二,智能营销的核心就是可以像消费者一样进行思考,并且人工智能技术激发消费者需求潜能的过程就是与消费者交互的过程。

消费者和营销模式的蜕变使得企业在"压力"中转向智能营销。消费者与品牌之间的客户关系不再是由企业向消费者的单向传输与影响,而是价值的双向流动——提升客户价值成为人工智能时代营销增长的发动机。

智能营销的来临将对企业的营销框架造成冲击。根据人工智能技术在现代营销管理中的实践现状,人工智能营销的基本框架如图 2-15 所示。

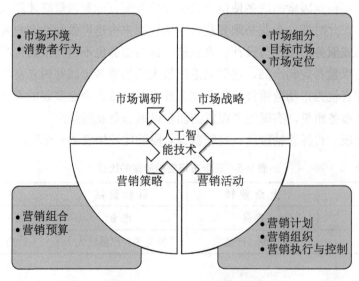

图 2-15 人工智能营销框架

（一）市场调研

1. 市场环境

在人工智能时代下，企业可以通过与其他企业以数据共享、爬虫爬取等方式来进行消费者和市场数据挖掘进而更精准地了解市场环境的变化。这样做有利于企业及时抓住市场中的需求并有效规避市场风险。

在宏观方面，企业可以使用大型计算机通过数据挖掘算法或者自然语言处理技术对市场的环境刺激因素（人口特征、经济水平、地理特征、社会政治、科技水平等因素）进行分析，并将其分析结果进行可视化处理进而制定合理有效的市场营销策略。在微观方面，企业可以通过深度学习和机器学习的算法对消费者、供应商、分销渠道和竞争者等指标进行动态检测。

2. 消费者行为

企业通过市场调查研究和行业现状分析，可以获取目标消费者的大量行为数据信息。另外，企业还可以寻求与淘宝、京东、拼多多等电商平台进行数据合作，并在此基础之上利用智能语言文字理解技术和机器学习技术对数据进行分析，总结归纳出消费者的购买行为模式，准确理解消费者现有需求和潜在需求并预测消费者未来需求。

（二）市场战略

1. 市场细分

企业通过数据挖掘技术和预测算法可以准确地对市场消费者进行分析并且确定好市场细分的标准，将消费者划分为不同客户消费群体。人工智能技术和市场营销的融合有效地节约了细分市场的成本，并且市场细分效果也更好。甚至，利用人工智能技术可以将市场中每一个消费者都视作一个单独的目标市场——实现完全地细分市场。企业可以根据每一位客户的不同需求提供不同的产品或服务。例如，百度作为人工智能的"领头羊"，已经在很多不同的目标市场投入使用人工智能技术，如表2-6所示。

表2-6 百度人工智能场景的市场应用

市 场 应 用	人工智能场景
地图导航市场	智能对话自动导航
家居市场	小度音箱智能化、可视化操控
医疗市场	AI 眼底筛查机诊断眼部疾病
古董市场	EasyDL 图像识别工具

2. 目标市场

在细分市场的基础之上，企业通过机器学习，从大量的市场和消费者数据中自动发现模式与规律，自动进行市场判断与识别，并将特定的产品或服务投入子市场中以满足对应的消费者需求。在理论上，企业可以应用人工智能中强大的数据分析处理技术，同步实现产品的个性定制化和市场的全方位覆盖以实现企业利益的最大化。

3. 市场定位

在人工智能时代，大数据分析手段在确定市场定位方面有很大的发挥空间。企业可以通过关联算法来掌握目标市场行情以及本企业产品或服务的独特属性，进而来确定市场定位以实现企业产品的差异化与特色化。与人工智能技术结合的市场定位会有利于企业快速确定自己的营销目标、增强产品或服务的针对性与生命力，并且会为消费者留下深刻的印象。例如，淘宝会根据消费者的购买记录等历史数据，向消费者推送不同的产品或服务。这使得淘宝推送的产品更加具有针对性，也更能激发消费者的消费欲望。事实上，阿里巴巴通过将人工智能技术渗透旗下各个市场领域中，实现了金融、零售、生活服务等多方面的智能营销体系。

（三）营销策略

1. 营销组合

通过机器学习和大数据算法，企业可以深化对营销数据的分析，做到对市场需求的精准把控。通过深度学习，企业可以确立出最终的市场营销组合策略模型，使得营销效果最优化，最终实现产品或服务的精准营销。例如，小米公布的以媒体联动与数据联动为核心的人工智能营销计划。该计划的主要目的就是通过智能算法和生物识别技术，更加精确地洞察消费者的需求从而实现更精准的营销广告投放。

2. 营销预算

企业的营销预算主要包括产品的开发、生产、运输、渠道和财务等方面。采用数据挖掘技术和计算机视觉技术将企业的各类资源按需分配给企业的各个部门。这样做有利于企业合理调节市场营销预算并改善企业的管理水平。预算效能的提高还有利于企业实现产出投入比的最大化。

（四）营销活动

1. 营销计划

智能营销的发展有利于企业根据外部市场环境的变化及时调节完善市场营销计划。企业在制订市场营销计划时可以先深入挖掘市场数据，然后使用自然语言处理和机器深度学习技术深入理解市场机遇与风险、产品销售现状、市场竞争环境以及宏观政策环境等信息。上述过程有利于帮助企业确定营销目标并规避市场风险从而实现全面的、闭环的营销控制。

2. 营销组织

人工智能技术与市场营销的融合发展使得营销组织的规模变得更小，但是营销组织的管理能力却显著提高。移动互联网、物联网、区块链、人工智能等技术的发展提高了企业营销组织的管理效能。消费者的购买信息和身份信息等有可能通过自然语言识别技术分析并"自下而上"地传递至企业的数据库中，这些数据影响着企业组织的行为，会以更卓越的产品或服务价值形式从企业"自上而下"地传递给消费者。

3. 营销的执行与控制

同样的营销策略被不同的企业执行，市场营销的效果也会不同，这是由企业的营销执行和控制能力所决定的。在智能营销环境下，企业可以对营销活动的各个环节进行实时监测与评估，并及时作出调节。大数据算法和自然语言识别处理技术还可以对企业的盈利能力、部门效率、成本管控和研发计划等数据进行筛选和标准化处理，最后形象地展现出来，从而加强营销管理人员对营销过程的执行与控制能力。

案例2-1：京东商智的数智化营销

小王是某品牌的电商运营负责人，他们刚在某平台上开了网店，但是却遇到了一系列的难题：商品上架之后无人问津，店铺流量门可罗雀，投放了广告效果也不好。他们不知道问题出在哪里，不知道竞争对手在干什么……

2021年3月31日，京东商智3.0全面上线发布会在京举行，这里藏着令无数小王们困扰的难题的解决方案。更重要的是，这里透露出营销的下一站：一个属于数智化营销的新时代。

京东作为国内大规模的零售企业，很早就开始布局大数据挖掘和应用，建立了从大数据基础平台、挖掘工具、知识画像体系到智能商业应用的完整体系。大数据不仅应用于京东业务的每个环节，全面推动成本、效率和用户体验的优化，更开始对外输出大数据分析和挖掘能力，帮助更多企业高效成长。

京东商智自从2017年上线，一直不断进化，目前已经成为全面、精准、专业的一站式运营数据开放平台。京东商智从电脑端、手机应用程序、微信、手机QQ、手机浏览器五大渠道，展示实时与历史两个视角下，店铺与行业两个范畴内的流量、销量、客户、商品等全维度的电商数据，同时提供购物车营销、精准客户营销等工具，基于数据帮助商家提升店铺销售。京东商智为商家提供专业、精准的店铺运营分析数据，帮助商家提升店铺运营效率、降低运营成本，是商户"精准营销、数据掘金"的强大工具。

京东商智的揽客计划目前包含两个核心子模块，分别为购物车营销和客户营销。

（1）购物车营销是针对将用户店铺商品加入购物车但未下单的客户推出的精准营销工具。商家只需对加购商品设置降价促销，系统通过购物车提醒和京东APP消息自动将降价信息告知客户，即可帮商家促成加购客户立即购买。京东APP的购物车降价消息推送不是推送每个商品的降价消息，而是会根据客户购物车里的商品的总体降价情况和降价的幅度来决定是否向客户集中推送购物车降价消息。

购物车营销本质上就是将加购的系列商品进行一定程度的降价促销处理，并告知客户的一种营销模式。所以，该促销创建成功后可在商家后台中查看，且在商家后台设置促销审核，需要商家后台进行操作，审核通过才可生效。当购物车营销活动创建完成时，就需要对活动效果进行统计分析。在活动开始后的第二天（最迟第三天），在活动列表单击详情可以查看购物车营销的效果如何，购物车营销效果包括下单金额、下单客户数、转化率以及成交商品的详细效果整体列表。

（2）客户营销。一站式的大数据智能营销解决方案打造商家营销闭环。系统会基于大数据智能挖掘技术，为每家店铺提供拉新、复购、留存三种场景的营销人群，可以对已选人群设置和发送专享优惠券，京东APP将通过发送消息告知客户领取使用，提升店铺的客户营销效果。

揽客计划客户营销方案根据京东客户在全站的行为数据得出客户在各个类目中的活跃程度，以及各个类目之间的相关程度。为店铺推荐对店铺经营类目或相关类目感兴趣的（活跃的）用户，包括未购买（新客）和已购买（老客）用户，供商家营销管理使用。

回顾营销管理的发展，经历经验化、数字化、数智化三个阶段。在经验化时代，做营销主要靠经验，"头脑风暴"本质上也还是人工经验的碰撞，这时候的营销很难保证成功率，就像在黑夜里赶路；在数字化时代，数据崭露头角，成为营销的支撑，但是囿于数据的支离破碎以及数据挖掘的能力不足，营销的智能化不高；数智化时代才是营销的未来，数据在底层打通，通过算法的不断迭代，营销也走向真正的精准化、智能化。

案例2-2：微信朋友圈广告

第二章扩展阅读

思考题

1. 什么是市场营销？
2. 简要回答市场营销系统的构成、市场营销的职能。
3. 简述4P理论的主要内容。
4. 请描述消费者购买决策过程。
5. 人工智能如何影响营销管理？

即测即练

第三章 用户画像

学习目标

通过本章学习,学员应该能够:

- 掌握什么是用户画像;
- 了解用户画像在用户行为分析中的应用;
- 掌握用户画像系统架构及主要分析模型。

3.1 画像简介

3.1.1 用户画像的缘起

用户画像这一概念最早源于交互设计/产品设计领域。交互设计之父艾伦·库珀(Alan Cooper)较早提出了用户画像(persona)的概念,并指出用户画像是真实用户的虚拟代表,是建立在真实数据之上的目标用户模型。

在交互设计/产品设计领域,通常将用户画像界定为针对产品或服务的目标群体真实特征的勾勒,是一种勾画目标客户、联系客户诉求与设计方向的有效工具,借助用户画像手段,设计师将头脑中的主观想象具化为目标用户的轮廓特征,进而构造出设计原型或产品原型。

近年来,随着互联网行业的蓬勃发展,为解决产品运营中的用户定位不精准、用户运营中的个性化服务不足问题,将用户画像引入用户行为分析。

用户画像最初的意义,是在用户行为分析中,帮助企业找寻目标用户,明确目标用户的偏好与厌恶,进而优化产品与服务质量,为企业创造更多的商业价值与社会价值。因此,可以将用户画像理解为企业对用户的认知,而建立认知的基础是通过概念抽象的方式,将用户特征简化为各类标签。

这里提到的用户特征主要包括以下两类:

- 基础特征:指的是用户的基础信息,即用户的属性信息,如年龄段、性别、消费水平等信息。
- 行为特征:指的是对用户线上与线下行为进行统计与分析,得出的用户行为偏好,如浏览行为、社交习惯、产品使用特征等信息。

基础特征与行为特征的组合,既是用户画像的基石,又是考验用户画像系统功底薄厚的瓶颈。传统用户画像在产品设计、运营推广与品牌建设中都有所使用,其使用方法是对用户的典型特征进行抽象描述,然后促使企业各团队更好地理解用户的行为动机与使用诉求。同时还会对"优质用户"进行单独的分析,以便企业从"广大用户"中找到与"优质用户"相似的"目标用户"。

从交互设计/产品设计转向用户行为分析，用户画像的内涵和外延一直在动态变化中。随着大数据技术的成长与数据中台数据体系的完善，用户画像的用户样本量得到了提升，数据类型与数据来源也得到了极大的丰富，这使得用户画像从传统的典型用户画像走向了如今的真实用户画像，并完成了从静态模型（人口统计特征、空间和地理特征等）到动态模型（消费行为、使用行为等）的进阶。

而且，用户画像的发展路径与互联网发展趋势是吻合的。随着流量红利的衰减，很多产品触碰了流量天花板，让当下的互联网战场从流量运营阶段，逐步演进到了精细化运营的阶段，所以千人千面的精准营销能力，成为互联网企业乃至传统企业的"新动力"。

3.1.2 用户画像的含义

对用户画像含义的理解包含两个层面：一种是用户角色（user persona）；另一种是用户轮廓（user profile）。

1. 用户角色（user persona）

首先以卓别林为例，帮助读者理解用户角色的含义。如图 3-1 所示，第一张图是卓别林的真实肖像，他是一个很帅气的小伙子；第二张图是卓别林扮演的典型角色；第三张图是卓别林的一些典型标签，如礼帽、小胡子、手杖等，看到这些标签，大多数人很快就能猜到是卓别林。

图 3-1 理解用户角色

用户角色是产品设计人员及运营人员从用户群体中抽象出来的典型用户。它本质上是一个用于描述用户需求的工具，能帮助不同的使用者在产品研发过程中站在客户的角度来思考问题。

例如，新浪微博最初的设计目标是满足一、二线城市白领的应用需求，此时用户角色可能是这样的：一、二线城市；20～30 岁；较高教育程度；白领；收入在 6 000 元以上等。因此，当时新浪微博所有的产品交互和流程设计可能是在这个基础上进行的。

然而，随着新浪微博的不断发展，它的用户群体已经发生了明显的"下沉"，越来越多三、四线城市的用户开始使用这一平台。如果这个时候再去分析定位，显然就滞后了，用户群体已经发生了很大的变化，这时用户轮廓的作用便开始显现了。

2. 用户轮廓（user profile）

企业都希望通过产品积累的用户行为数据为产品运营提供更好的数据支撑。例如，根据用户浏览记录向用户提供个性化服务，这时就要用到用户轮廓。具体来说，用户轮廓就是根据每个产品中的用户行为数据产出描述用户标签的集合。

随着企业产品被更多的人群使用，对核心目标、用户行为、消费习惯等的分析在这个阶段更加完善，这时企业迫切需要分析与理解现存用户（有时是客户）的建议，并了解这背后隐藏的问题，所以利用用户轮廓来描述用户行为显得尤为重要。

3. 用户角色与用户轮廓的区别与联系

用户角色与用户轮廓在信息来源和现实作用方面的区别如表 3-1 所示。

表 3-1　用户角色与用户轮廓的比较

	用户角色	用户轮廓
来源	产品与运营人员对用户的理解、调研与认知	真实积累的用户行为并结合具体业务场景产生的一系列标签，这些认知与标签共同构成了对一个用户的真实描述
作用	帮助人们更加形象地了解目标用户的行为特征，并将其作为判断用户需求的依据	从用户行为中构建出各种标签，在用户生命周期中不断刻画用户的意图，提升产品运营的效率

虽然来源和作用方面都有所区别，但在企业的用户识别应用中，用户角色和用户轮廓相辅相成，缺一不可。如果从产品生命周期理论的角度来认识用户画像，那么在产品开发阶段就需要借助用户角色对消费者进行分析定位。而许多公司市场的开拓、销量的提升，也需要根据用户轮廓变化（profiles）及时调整营销策略，甚至使产品衰退期延长或者改变产品生命周期，如图 3-2 所示。

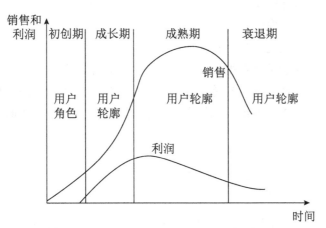

图 3-2　从产品生命周期理论认识用户画像

综合上述两个层面的关联性得出本书对用户画像的完整定义：用户画像，即用户信息标签化，是指通过收集用户的社会属性、消费习惯、偏好特征等各个维度的数据，进而对用户或者产品特征属性进行刻画，并对这些特征进行分析、统计，挖掘潜在价值信息，从而抽象出用户的信息全貌，如图 3-3 所示。用户画像可看作企业应用大数据的根基，是定向广告投放与个性化推送的前置条件，为数据驱动运营奠定了基础。

图 3-3　某用户标签化示意图

用户画像的内涵具有以下几个特点。

首先，用户画像强调以用户为中心，以用户需求为指引，用户画像需要收集用户的地位角色、个性行为等信息。在互联网时代，产品和服务的价值体现在用户的高频使用中，需要根据用户使用产品和服务的场景分析用户的需求，来设计或改进产品和服务。用户画像就是要通过定性、定量手段将用户需求"聚焦"——标签化，这些标签以可视化的形式描述了用户的目标、动机，以及与现有或待开发产品之间的联系和使用场景。

其次，用户画像是真实用户的虚拟代表。用户画像的对象不是单个用户，而是特定用户群体。具有相似文化、经济、教育等背景的用户群在使用产品和服务时呈现出相似的共同特征，这就构成了用户画像的基础。用户画像的目的是通过对特定行为群体特征的总结和提炼，为产品和服务的个性化设计、营销提供量化支撑。因此，用户画像对目标用户群体边界界定越明确，画像结果越具有针对性。

最后，用户画像结果是有显著特征的用户模型，这一模型是标签化的、具有典型特征的模型。用户画像关注的是"典型用户"，不是"平均用户"，其有效性体现在对目标用户群体的静态和动态属性特征的提炼与总结。用户画像提炼的群体用户特征具有明显辨识性和对象针对性，可以更精准地识别特定用户的动机及行为偏好，进而为新产品设计、已有产品改进指明方向。

3.1.3　用户画像的四种类型

鉴于用户画像的领域不同，画像的思路和方法有所差别。典型的用户画像思路可以归结为四类画像视角：基于目标导向的视角、基于角色的视角、基于参与的视角和基于虚构的视角。

1. 目标导向型

目标导向型用户画像是基于"交互设计之父"艾伦·库珀的观点形成的，他认为一个优良的设计，应当建立在对广泛的人类共通性和特殊群体的个别意向的深刻理解之上，因此它可以对适当的信息、过程和技术进行排序，从而可以使那些特殊群体达到他们的专业和个人的目的。

这类用户画像以最直接的问题为切入点，强调围绕用户使用产品或服务的目的（如使用产品的动机、产品功能需求等）来刻画用户原型，在这种"产品导向"的画像思路指引下，用户画像的目的是更好地了解特定用户群体的产品使用偏好和功能需求。

目标导向型用户画像适合用来检验用户更愿意使用产品的哪些流程，以便在交互时更好地实现用户的目标。这里要注意，目标导向型用户画像的应用必须以足够的用户研究为前提，因为它必须提前确认产品对用户有价值，才能进一步考虑如何优化产品交互流程。

2. 角色视角型

角色视角型用户画像也是以目标用户为导向的，同样也关注用户行为。它基于大量的定性和定量数据，关注用户在组织中的角色。一般来说，产品的设计要反映出目标用户在其各自的组织或生活中所扮演的角色。

当以产品为主要角色设计时，它最终会使主要角色满意，然而如果产品为每个人而设计，它最终不会使任何人满意，只能沦为一个平庸的产品。普鲁特认为设计角色应该遵从与人类的出生和生长相似的 5 个阶段——计划、构思与孕育、诞生与成熟、成年、终生成就与退休，以此形成角色的构建，最终对其作用进行评估；基于角色视角的用户画像结果能够更好地站在用户维度而非产品维度来描述用户的需求。

角色视角型用户画像通过研究用户在现实生活中扮演的角色，以用户的视角思考问题，从而帮助企业设计出用户认为有价值的产品。

3. 角色参与型

角色参与型用户画像结合目标导向型画像和角色视角型画像，它更能让使用者产生共鸣。其核心思想是，创建一个立体用户画像，让尽可能多的人参与这个画像的建立过程，参与的人越多，用户画像真实反映用户需求的概率就越大，企业为用户提供的产品也就越符合他们的需求。

这类画像参与视角的用户画像更多是站在用户而非设计人员的角度来构造，一方面画像人员事先规划好画像的维度及数据要求，另一方面采集目标用户群的相关数据（特别是行为数据）来量化支撑画像结果的有效性。因此，参与视角的用户画像是画像人员自主想象力与用户数据共同驱动的结果。不过，让尽可能多的参与者参与并使用，是角色参与型用户画像应用的一大难点。

4. 虚构型

虚构型用户画像不同于上述数据驱动的用户画像，虚构视角的用户画像主要建立在设计者的主观假设上。因此，画像结果在很大程度上取决于设计者对目标用户群的直觉判断。

用户画像不是一个用户的具体化描述，而是提炼用户共性，找出典型特征，虚拟出"用户"画像。它要求设计团队根据过去的经验形成用户画像。因此，用户画像很可能会存在重大缺陷，但画像上的用户需求可以作为初始草图，参与产品的早期设计，帮助产品搭建框架。但必须注意的是，虚构型用户画像不该在企业研发产品的过程中被视为指导性文件。

3.1.4 用户画像的八要素

用户画像需要具备基本性、同理性、真实性、独特性、目标性、数量性、应用性及长久性八要素。这八个要素共同协作，保证用户画像的准确性，从而使用户画像可以适用于各种市场分析。

1. 基本性（primary）

基本性针对的是场景，指用户画像在构建的时候是否是依据真实用户的情景访谈建立的。例如，用户的真实购买、注册时的真实信息等，在用于构建用户画像的时候都是可以使用的。这也是用户画像的基础，如果用户画像所采集的信息不准确，那么后续的整理分析也就都是建立在一个错误的用户画像上，致使最后结果出现偏差。

2. 同理性（empathy）

同理性即同理心，是用来判断用户是否具有换位思考、理解他人行为的一种方式。应用在用户画像中，企业就可以通过同理性分析用户行为，发现用户的动机和潜在需求，从而精准掌握用户需求。

3. 真实性（realistic）

用户画像勾勒出来的用户并非一个具体的用户，它代表的是一类用户。所以用户的真实性是指在构建完用户画像之后，要判断其是否真实存在。如果这类用户在现实中不存在，那么用户画像就无法起作用。

4. 独特性（singular）

用户画像一定要具备独特性，因为构建用户画像的目的是进行市场分析，需要对一类或几类与产品有关联的用户进行分析。在构建时，最重要的是为所有用户贴上相应的标签，再将这些用户区分开来。如果用户标签过于精细，就无法具有代表性；而用户标签过于粗糙，又会使用户大面积重合。这两种情况都会使用户画像失去代表性，从而无法形成具有针对性的用户分析。

5. 目标性（objectives）

目标性就是用户画像为用户贴上的标签。对于用户画像来说，每一个标签都具有一定的权重。标签代表了用户的需求，而权重是用户对各个需求的需求指数。企业可以根据用户的标签权重来分析产品与用户的相关程度。

6. 数量性（number）

用户画像的数量既要多，又要少。多是指用户画像的数据样本多，这样有利于企业对市场进行判断；少是指用户画像的角色少，即角色具有一定的代表性。这样绘制出来的用户画像特点鲜明，同时又具有较高的普遍性。

7. 应用性（applicable）

在绘制了用户画像之后，企业应该对这个用户画像进行分析。因为用户画像是对用户需求或产品进行分析的基本要素，所以用户画像必须具备一定的应用性，即企业可以通过用户画像进行某种决策。

8. 长久性（longevity）

长久性指向的是这个用户画像标签的保留时限问题，它要求用户画像同产品的长久契合。营销的整体概念和设计，需要围绕的是未来同产品长期契合的目标受众，而非临时性消费迷雾导致的过度乐观。

3.1.5 用户画像与精准营销

用户画像与产品的销售息息相关。用户属性决定了产品的发展方向，同时，它也能够提高产品销售的精准性，从而赢得更多的用户。

1. 按照用户画像分类投放广告

用户画像可以帮助企业在进行产品营销时制定相应的营销策略。例如，日用产品的广告投放渠道可以是流量较大的媒体平台，而专业设备的广告投放渠道则是侧重于专业领域的网页。例如，将登山或者是攀岩的装备投放 ARCTERYX（加拿大著名户外品牌）平台上要比投放亚马逊平台上更为精准。

2. 用户画像与销售转化率

本节的第二部分介绍过用户画像有两层含义：一是用户角色，即大量数据标签化的用户；二是更偏向于数据挖掘和分析的用户轮廓。不论是哪一种含义，用户画像都可以帮助企业实现精准营销，从而提高产品销售的转化率。例如，淘宝现在有一款功能是"猜你喜欢"，对用户已购买商品进行同质商品推荐，这可能导致当用户购买一款耐用品，短时间内不会重复购买同质产品的情况下，无法有效提高产品销售率。然而，如果将用户画像应用于"猜你喜欢"中，建立完善的用户画像架构，就可以根据用户在不同平台的搜索行为、购买行为、评论行为等对用户角色进行数据挖掘，这将大大增强推荐商品与用户的匹配度，从而提高商品销售的转化率。

3. 基于用户画像的精准营销

随着电子商务的普及，广告已经全面覆盖了线上和实体销售渠道。由于手机等移动智能设备已经逐渐成为人们日常生活中的必需品，线上广告同移动设备一样，以超高的比例渗透用户的日常生活。2020年初以来的影响全球的新冠肺炎疫情，迫使人们不得不保持社交距离，甚至必要的居家隔离，在客观上推动了实体销售转至线上交易。对于企业来说，它们希望所有的营销推广都能够切实地转化为销售。精准营销是企业不仅要知道产品的销售对象是谁，还要知道哪些人可能会购买产品（潜在客户）。通过分析目标群体，对这些群体进行用户画像分析，根据用户角色的心理特征制定相应的营销方案。例如，以999银饰为主要产品的电商企业"炙真银楼"在给年轻女性推送银饰品的时候，也对一小部分的男性用户进行了推送，并增加了男性限购两套的销售策略，考虑了生活中年轻恋人的心理需求，将产品变成"心意"，实现精准营销。

3.2 系统架构

3.2.1 系统架构概述

用户画像的本质是对用户数据进行筛选、分析、建模等，因此用户数据是形成用户画像的基石。在实际的画像系统工程方案中，系统依赖的基础设施包括 Spark、Hive、HBase、Airflow、MySQL、Redis、Elasticsearch。除去基础设施外，系统主体还包括 Spark Streaming、ETL、产品端三个重要组成部分。用户画像数据仓库架构图如图 3-4 所示。

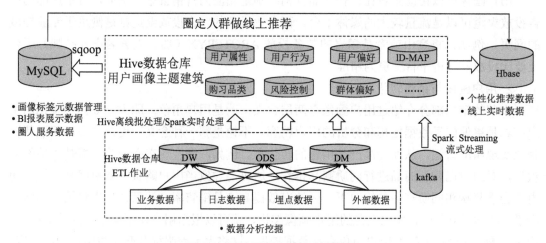

图 3-4　用户画像数据仓库架构图

首先通过 Hive 数据仓库 ETL 作业将每日的业务数据、日志数据、埋点数据、外部数据等经过抽取—转换—加载（extract-transform-load，ETL）过程加工至数据仓库对应的数据仓库（data warehouse，DW）、操作性数据（operational data store，ODS）、数据集市（data mart，DM）三个层级中；然后对相关数据进行二次建模加工，将用户标签计算结果写入 Hive 仓库；最后在二次加工完成后，部分标签通过 Sqoop 同步 MySQL 数据库中，提供用于商业智能（business intelligence，BI）报表展示的数据、多维透视分析数据、圈人服务数据；另一部分标签同步 HBase 数据库用于产品的线上个性化推荐。

1. 数据仓库 ETL 加工流程

图 3-5 展示了最常见的数据仓库 ETL 加工流程，也就是将每日的业务数据、日志数据、埋点数据等经过 ETL 过程，加工至数据仓库对应的 ODS 层、DW 层、DM 层中。

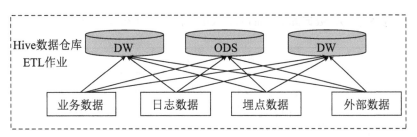

图 3-5　Hive 数据仓库 ETL 作业

- ETL 用来描述将数据从来源迁移至目标的几个过程：
  - Extract，即数据抽取，也就是把数据从数据源读出来。
  - Transform，即数据转换，把原始数据转换成期望的格式和维度。如果用在数据仓库的场景下，Transform 也包含数据清洗，清洗掉噪音数据。
  - Load，即数据加载，把处理后的数据加载至目标处，如数据仓库。
- DW，即数据仓库，是数据的归宿，这里保持着所有的从 ODS 到来的数据，并长期保存，而且这些数据不会被修改。
- ODS，即操作性数据，是作为数据库到数据仓库的一种过渡。ODS 的数据结构一般与数据来源保持一致，便于减少 ETL 的工作复杂性，而且 ODS 的数据周期一般比较短。ODS 的数据最终流入 DW。
- DM，即数据集市，为了特定的应用目的或应用范围，而从数据仓库中独立出来的一部分数据，也可称为部门数据或主题数据。

2. 用户画像主题建模

Hive[①] 数据仓库用户画像主题建模为用户画像建模的主要环节。用户画像不是产生数据的源头，而是对基于数据仓库 ODS 层、DW 层、DM 层中与用户相关数据的二次建模加工。在 ETL 过程中将用户标签计算结果写入 Hive，由于不同数据库有不同的应用场景，后续需要进一步将数据同步 MySQL、HBase、Elasticscarch 等数据库中。Hive 数据仓库用户画像主题建模如图 3-6 所示。

图 3-6　Hive 数据仓库用户画像主题建模

- Hive：存储用户标签计算结果、用户人群计算结果、用户特征库计算结果。

3. 画像产品端管理

如图 3-7 所示，用户标签数据在 Hive 中加工完成后，根据数据库的应用场景不同，

---

① Hive 是基于 Hadoop 的一个数据仓库工具，用来进行数据提取、转化、加载，这是一种可以存储、查询和分析存储在 Hadoop 中的大规模数据的机制。

标签分别同步至 MySQL 数据库、Elasticscarch 数据库、HBase 数据库以及 FTP 数据库中。

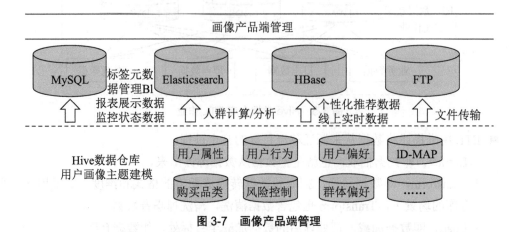

图 3-7　画像产品端管理

- MySQL：存储标签元数据，监控相关数据，导出业务系统的数据。
- HBase：存储线上接口，实时调用类数据。
- Elasticsearch：支持海量数据的实时查询分析，用于存储用户人群计算、用户群透视分析所需的用户标签数据（由于用户人群计算、用户群透视分析的条件转化成的 SQL 语句多条件嵌套较为复杂，使用 Impala 执行也需花费大量时间）。

3.2.2　系统开发上线流程

用户画像建设项目流程如图 3-8 所示。

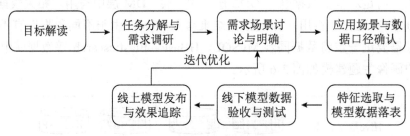

图 3-8　用户画像建设项目流程

➢ 第一阶段：目标解读。

在建立用户画像前，首先需要明确用户画像服务于企业的对象，根据业务方需求、未来产品建设目标和用户画像分析之后的预期效果。

一般而言，用户画像的服务对象包括运营人员、数据分析人员。不同业务方对用户画像的需求有不同的侧重点，就运营人员而言，他们需要分析用户的特征、定位用户行为偏好，做商品或内容的个性化推送以提高点击转化率，所以画像的侧重点落在用户个人行为偏好；就数据分析人员来说，他们需要分析用户行为特征，做好用户的流失预警工作，还可根据用户的消费偏好做更有针对性的精准营销。

➢ 第二阶段：任务分解与需求调研。

经过第一阶段的需求调研和目标解读，我们已经明确了用户画像的服务对象与应用场景，接下来需要针对服务对象需求的侧重点，结合产品现有业务体系和"数据字典"规约实体和标签之间的关系，明确分析维度，从用户属性画像、用户行为画像、用户偏好画像、用户群体偏好画像等角度进行业务建模。

➢ 第三阶段：需求场景讨论与明确。

在本阶段，数据运营人员需要根据前面与需求方沟通的结果，输出"产品用户画像需求文档"，在该文档中明确画像应用场景、最终开发出的标签内容与应用方式，并就该文档与需求方反复沟通确认无误。

➢ 第四阶段：应用场景与数据口径确认。

在经过第三个阶段明确需求场景与最终实现的标签维度、标签类型后，数据运营人员需要结合业务与数据仓库中已有的相关表，明确与各业务场景相关的数据口径。在该阶段中，数据运营方需要输出"产品用户画像开发文档"，该文档需要明确应用场景、标签开发的模型、涉及的数据库与表，以及应用实施流程。该份文档不需要再与运营方讨论，是面向数据运营团队内部就开发实施流程达成一致意见。

➢ 第五阶段：特征选取与模型数据落表。

本阶段中数据分析挖掘人员需要根据前面明确的需求场景进行业务建模，写好 Hibernate 查询语言逻辑，将相应的模型逻辑写入临时表中，抽取数据校验是否符合业务场景需求。

➢ 第六阶段：线下模型数据验收与测试。

数据仓库团队的人员将相关数据落表后，设置定时调度任务，进行定期增量更新数据。数据运营人员需要验收数据仓库加工的 HQL 逻辑是否符合需求，根据业务需求抽取查看表中数据是否在合理范围内，如果发现问题及时反馈给数据仓库人员调整代码逻辑和行为权重的数值。

➢ 第七阶段：线上模型发布与效果追踪。

经过第六阶段，数据通过验收之后，通过分布式版本控制系统（Git）进行版本管理，部署上线。使用 Git 进行版本管理，上线后通过持续追踪标签应用效果及业务方反馈，调整优化模型及相关权重配置。

3.3 画像标签

用户画像是根据用户社会属性、生活习惯和消费行为等信息或数据而抽象出的一个标签化的用户模型。构建用户画像的核心工作即为用户贴"标签"——用数据来描述人的行为和特征。如图3-9所示，用通过对用户信息分析而来的高度精练的特征标识（标签）从不同的维度来描述一个人，是对现实世界中用户的数学建模，是数据策略的基石。

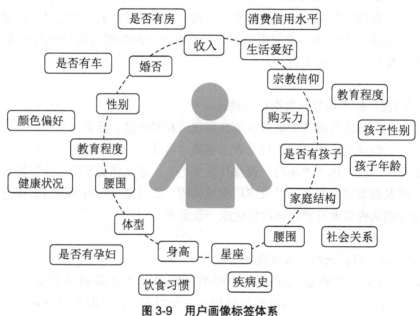

图3-9　用户画像标签体系

3.3.1 标签的分类

根据不同的分类标准，标签可以分为不同的类型：按照标签属性来分，可以分为结构化标签和非结构化标签；按照生产方式来分，标签则可以分为统计类标签和机器学习挖掘标签。

➢ 按照标签属性分类

这种分类方式更像是数据库的相关概念，结构化标签类似于关系型数据库中相互连接的二维表。

1. 结构化标签

结构化标签又称规则类标签，该类标签基于用户行为及确定的规则产生。例如，对平台上"消费活跃"用户这一口径的定义为"近30天交易次数不少于2次"。结构化标签存在明确的层级划分和父子关系，可以形成规整的树形结构。结构化标签包含下述四种类型。

■ 人口属性：性别、年龄、常住地、籍贯等。

- 社会属性：婚恋状态、教育程度、资产情况、职级等。
- 兴趣偏好：运动、旅游、摄影等。
- 意识认知：消费心理、消费动机、价值观、生活态度等。

常规认知中的结构化标签为文本标签，通过文本的可结构化构建结构化标签。另外，音视频等非结构化数据同样可以通过结构化标签来描述。比如抖音和快手的短视频，除了用户自行为短视频备注的名称、简介与分类信息，平台还会为该视频添加很多隐藏标签，这是短视频推荐的基础。

在实际开发画像的过程中，由于运营人员对业务更为熟悉，而数据人员对数据的结构、分布特征更为熟悉，因此规则类标签的规则由运营人员和数据人员共同协商确定。

2. 非结构化标签

非结构化标签只是标签体系中很小的一部分，因为它不便于使用，所以在实际应用时，会将非结构化标签处理成半结构化或结构化标签来使用。

以效果广告为例，计算机用户在使用计算机时，经常会看到一些广告弹窗，有时会发现广告内容和用户的浏览或者其他操作行为有关联。这种被人"窥探"的感觉，就是广告服务商的非结构化标签服务带来的结果。很多广告服务商无法获取用户过多的行为数据，只能获取当前设备某些指定操作下的信息。所以他们大多数是针对设备进行标签与画像建设的，而这种标签相对独立又相对粗糙，没有太多的关联信息。

> 按照标签生产方式分类

1. 统计型标签

统计型标签是最为基础，也最为常见的标签类型，主要通过对用户基础信息与行为日志聚合统计而来。

比如，用户的性别、年龄、城市等信息，可以从用户注册信息中获取；而用户的产品使用情况、兴趣偏好与消费习惯等标签，则需要通过用户的行为日志聚合统计而来，在此过程中还需要明确标签规则（即统计口径）。

以"活跃用户"为例，可以把统计口径定义为"近7天存在浏览行为的用户"，然后，开发人员按照上述规则，进行相关开发即可。

2. 机器学习挖掘类标签

该类标签的产生方式依赖于算法与机器学习，通过对已有数据的挖掘，完成对用户基本属性、意识认知或某些特定行为的预测判断，用于对统计型标签的补全，以及对用户的某些属性或某些行为进行预测判断。

比如用户性别预测，虽然很多产品会要求用户在个人信息中填写性别，但是我们无法确保用户所填写信息的真实性，而预判用户的意识认知、消费动机与消费心理时，性别因素又是很关键的参考信息。因此，我们可以根据用户的行为、习惯等信息，对用户性别进行预测判断。

另外，电商类产品的用户分析也是利用机器学习挖掘类标签。如果用户经常购买与浏览美妆、女性服饰等商品，那么该用户为女性用户的概率较大。

在项目工程时间中，上述两类标签中一般统计型标签即可满足应用需求，在开发中占有较大比例。机器学习挖掘类标签多应用于预测场景，如判断用户性别、用户流失意向等。一般情况下，机器学习标签开发周期较长，开发成本较高，因此其开发占比较小。不过随着算法的进步与计算能力的提高，该类标签会越来越多地应用于用户画像平台中，从而产生更多的智能服务。

3.2.2 标签的体系构建

标签体系建设与数据体系建设的思路类似，主要包括的步骤有：内容盘点、类目设计、标签设计与配置。

1. 内容盘点（对象是谁）

在进行标签体系建设前，我们要完成真实世界到数据世界的转换过程，明确本次建设的主体对象是谁。这里的"对象"简单来说，就是找到标签体系"族谱"的根节点。

以商品为例，我们可以围绕"商品"进行标签建设。如果标签体系下没有与"商品"属性相似且同等地位的类目，那么商品就是当下的根节点，就可以成为一个对象。如果标签体系下存在与"商品"属性相似且同等地位的类目，那么我们就可以再向上抽象一层，此时商品就成为二级节点。

通过盘点企业的业务现状，可以规划出当前企业的标签体系对象。通常情况下，标签体系对象包括人、物、关系。

- 人：标签体系的主要组成部分，包括以人为基础的用户个体与用户群体等多种类目。
- 物：标签体系的辅助组成部分，主要指的是被动接受"人"操作的各种类目，如资源、商品等。
- 关系：有别于人和物，关系是一种虚拟对象，作用是说明上述两类对象间的联系，包括人与人的关系、人与物的关系、物与物的关系。

明确了上述三类对象，我们就可以根据企业的业务现状与业务需求，进行标签体系的框架设计。

2. 类目设计（框架设计）

标签体系的类目设计，又称框架设计，类似于常规产品设计中的页面结构设计，根据已明确的人、物、关系三类对象进行内容扩充，由此形成类目树形结构，既便于查找，又便于使用。

我们以"物"这个根节点为例，在家电销售中对家电类别设有不同销售区域，其实就是对"物"这个对象下的"家电"进行分类，如图3-10所示。

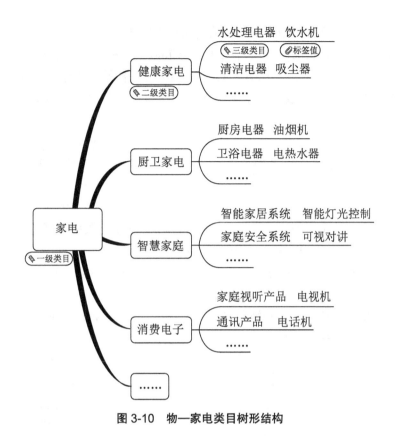

图 3-10 物—家电类目树形结构

如图 3-10 所示，家电作为"物"分类下的一级类目，可以衍生出健康家电、厨卫家电、智慧家庭、消费电子等多种二级类目。在二级类目的基础上，又可以再次进行分类，从而形成三级类目。需要注意的是，图中的末级节点不是类目，而是标签值，是可以直接"打"在不同家电上的"标签"。

类目设计可以理解为将业务所需标签进行分层汇总，需要注意的是，类目的层级通常不会超过三级。

3. 标签设计与配置（内容赋值）

类目结构设计完成后，除了需要进行内容赋值，还需要明确权限权重规则，只有这样才能输出有价值的标签体系。

例如，在销售电器的案例中，用户购买某商品的行为权重要比用户添加至购物车、收藏某商品、浏览某商品的行为权重依次要高。这就说明具体某个产品层面，需要用户画像建模人员与运营人员密切沟通，结合业务场景为不同的行为类型定权重，其基本思想是复杂程度越高的行为价值越大；同时需要考虑标签本身在全体标签类型中的权重属性。下面介绍主观权重打分结合 TF-IDF 算法的综合权重计算方法。

➢ TF-IDF 词空间向量

词频—逆向文本频率（term frequency - inverse document frequency，TF-IDF）是一种统计方法，用以评估一个字或词相对于一个文件集或一个语料库中的其他词语的重要程度。

字词的重要性随着它在文件集中出现的次数增加成正比增加。

（1）词频（term frequency，TF）表示标签（Tag，T）和用户（user，P）之间的关系：即某个标签在用户标签中所占的比重。其中 w（P，T）表示一个标签 T 被用于标记某个用户 P 的次数，TF（P，T）表示这个标记次数在所有标记用户 P 的标签中所占的比例，TF 计算公式如下：

$$TF(P, T) = \frac{w(P, T)}{\sum w(P, T_i)} \begin{array}{l} \longrightarrow \text{某用户身上某个标签的个数} \\ \longrightarrow \text{某用户身上全部标签个数} \end{array}$$

在一定程度上，这个比例反映了用户 P 被认为与标签 T 有关联的度量。这个比例越大说明在更多情况下用户 P 与标签 T 之间的关系越紧密。

（2）逆向文件频率（inverse document frequency，IDF）使用 IDF（P，T）表示标签 T 的稀缺程度，即这个标签在全体用户的所有标签中出现的概率。对一个标签 T 来说，如果它本身出现的概率就比较小，却被用来标记用户 P，这会使得用户 P 与标签 T 之间的关系更加紧密。IDF 的计算公式如下：

$$IDF(P, T) = \frac{\sum\sum w(P_i, T_i)}{\underset{P_i \in \text{全部用户}}{\sum w(P_i, T_i)}} \begin{array}{l} \longrightarrow \text{全部用户的全部标签之和} \\ \longrightarrow \text{所有打 T 标签的用户之和} \end{array}$$

（3）用户 P 和标签 T 之间的关系系数可以表示为 rel（P，T），数值为 TF（P，T）和 IDF（P，T）的乘积，计算公式为：

$$rel(P, T) = TF(P, T) \times IDF(P, T)$$

至此，通过 TF-IDF 算法求出了用户与标签之间的权重关系。但是此时计算用户标签的权重还没有结束，当前的标签权重是未考虑业务场景，仅考虑用户与标签之间关系的纯数学计算方式，缺乏实用性。

➢ 时间衰减系数

在权重计算的实际应用中，当用户数据达到一定的密集程度后，用户身上的标签对应的属性会表现出较高的稳定性，但这种稳定性可能导致无法灵活变化、适应性较弱的问题。

例如，某用户新房装修后期在电商网站上搜索、收藏、购买等行为主要集中在家用电器上，但装修结束后，对于家用电器，特别是大型家电的需求程度会显著下降。然而，将用户画像的属性描述从家电转向日用品不会立刻实现，仍需要长时间的用户行为积累，直至在其他日用品积累了比家电更多的子分类标签。这就导致在转换期间，系统仍然向用户推荐家电，这显然脱离了用户的真实关注内容。

为解决上述问题，需要引入时间衰减这个参数，根据发生时间的先后为用户行为数据分配权重。

时间衰减是指随着时间的推移，用户的历史行为和当前行为的相关性不断减弱。在建立与时间衰减相关的函数时，我们可套用牛顿冷却定律数学模型。

牛顿冷却定律描述的场景是：一个较热的物体在一个温度比其温度低的环境下，这个较热的物体的温度是要降低的，而周围物体的温度要上升，最后物体的温度和周围的温度达到平衡，在这个平衡的过程中，较热物体的温度 F（t） 随着时间 t 的增长而呈现指数型衰减，其温度衰减公式为：

$$F（t）= 初始温度 \times \exp（-α \times 间隔的时间）$$

其中，α 为衰减常数，可通过回归计算得出。例如，指定 45 分钟后物体温度为初始温度的 0.5 倍，即 $0.5=1\times\exp（-α\times45）$，求得 α =0.155 6。

在用户画像的应用中，用户的某些行为会随时间衰减，而某些行为不会随时间衰减。一般来说，用户操作的复杂程度越高，其行为随时间衰减的影响性越小，我们可视该类行为不随时间衰减（如下单、购买行为）。对于随时间衰减的行为，在计算行为权重时需考虑时间因素，衰减方式可套用牛顿冷却定律；对于不随时间衰减的行为则不必考虑时间的影响，如表 3-2 所示。

表 3-2 用户行为受时间影响的因素

行 为 名 称	是否受时间影响	行为权重值计算
用户搜索家电	是	行为标签权重 × 时间衰减函数
用户搜索家电对应品牌	是	行为标签权重 × 时间衰减函数
用户搜索品牌	是	行为标签权重 × 时间衰减函数
用户支付成果家电	否	行为标签权重
用户收藏家电	否	行为标签权重
用户支付成功家电对应品牌	是	行为标签权重 × 时间衰减函数
用户收藏图书对应品牌	是	行为标签权重 × 时间衰减函数

> 标签权重配置

用户标签的权重最终还是需要进一步结合标签所处的业务场景、距离当前时间、用户行为产生该标签的行为次数等因素，最终得到用户标签权重的综合打分公式：

行为类型权重及用户行为次数的参数释义如下。

- 行为类型权重：用户浏览、搜索、收藏、下单、购买等不同行为对用户而言有着不同的重要性。一般而言，操作复杂度越高的行为权重越大。该权重值一般由运营人员或数据分析人员给出。
- 行为次数：用户标签权重是按天统计的，用户某天与该标签产生的行为次数越多，则该标签对用户的影响越大。

除了 TF-IDF 算法，标签权重的计算方法还有流行排序算法（manifold ranking）、相关系数矩阵法等。但不管是哪种权限标记方式，都掺杂了执行人的主观因素，所以要求运用该算法的人切实了解业务场景，只有这样才能提炼出适用于业务的标签体系。

仓库会完成日志的清洗接入，以及轻度的汇总、预聚合，这样的工作恰好在数据中台能力覆盖范围内。而画像标签仓库会根据数据产品经理制定的标签体系，完成画像标签的提取，最终达成企业级的标签服务能力。

3.4 机器学习

3.4.1 机器学习概述

机器学习是人工智能的一个分支，作为人工智能的核心技术和实现手段，通过机器学习的方法可以解决人工智能面对的问题。

1. 机器学习的定义

关于"机器学习"的定义，社会学家、逻辑学家和心理学家都各有其不同的看法，学界尚未有统一的观点。下文列出了三种最为典型的定义。

（1）机器学习领域的创始人亚瑟·塞缪尔（Arthur Samuel）早在1959年就给机器学习（Machine Learning，ML）下了定义：

- 机器学习是这样的一个研究领域，它能让计算机不依赖确定的编码指令来自主地学习工作。

（2）在1997年出版的《机器学习》一书中，来自卡内基梅隆大学的汤姆·米切尔（Tom Mitchell）教授首次根据优化过程抽象定义提出"机器学习"的定义：

- 对于某类任务T和性能度量P，如果一个计算机程序在T上以P衡量的性能随着经验E而自我完善，那么我们称这个计算机程序在从经验E中学习。

上述定义引入了三个概念：经验Experience（E）、任务Task（T）以及任务完成效果的衡量指标Performance measure（P）。有了这三个概念，机器学习的定义更加易于理解：就是在有了经验E的帮助后，机器完成任务T的衡量指标P会变得更好，如图3-11所示。

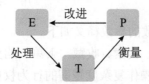

图3-11 汤姆·米切尔的机器学习定义

（3）第三种定义来自伊恩·古德费洛（Ian Goodfellow）、约书亚·本吉奥（Yoshua Bengio）、亚伦·库维尔（Aaron Courville）合著的《深度学习》一书，这一著作是深度学习领域奠基性的经典教材。书中对机器学习是这样定义的：
- 机器学习本质上属于应用统计学，更多地关注如何用计算机统计地估计复杂函数，不太关注为这些函数提供置信区间。

汤姆·米切尔对机器学习的定义侧重于优化过程的具体组成部分，这些组成部分通常与机器学习有关，但它没有规定应该如何在实践中接近它。《深度学习》中对机器学习的定义强调了对计算能力的使用，而不再强调传统的统计概念置信区间。

尽管学界未能统一对"机器学习"的定义，但从人工智能营销的角度出发，可以将其定义为：
- 机器学习是指计算机利用各种机制进行学习的过程，该过程中计算机可以从数据中自动学习并记住规律，并在数据中得到应用，从而不断改善性能，实现自我完善，最终达到服务人类的目的。

2. 机器学习的分类

机器学习根据不同的标准形成不同的分类。

➢ 按学习能力分类

按系统的学习能力，机器学习可以分为：有监督学习、无监督学习以及弱监督学习；其中，弱监督学习主要包含半监督学习、迁移学习、强化学习。
- 有监督学习：指根据教师提供的正确响应调整学习系统的参数和结构。
- 无监督学习：指系统完全按照环境提供的数据的某些统计规律调节自身的参数或结构，以表示外部输入的某种固有属性。
- 弱监督学习：更接近人的学习方式，它允许数据标签不完全，是一种以统计和动态规划技术为指导的一种学习方法。

➢ 按数据形式分类

按数据形式分类，机器学习可以分为结构化学习以及非结构化学习。
- 结构化学习：以结构化数据为输入，以数值计算或符号推演为方法。典型的结构化学习有神经网络学习、统计学习、决策树学习、规则学习。
- 非结构化学习：以非结构化数据为输入，典型的非结构化学习有类比学习、案例学习、解释学习、文本挖掘、图像挖掘、Web挖掘等。

➢ 按学习方法分类

1977年，温斯顿提出机器学习可以按学习方法分为：机械式学习、指导式学习、解释学习、示例学习等。

另外，按学习方法是否为符号学习，机器学习还可以分为：符号学习、非符号学习。

> 按学习目标分类

按学习目标分类，机器学习可以分为：概念学习、函数学习、规则学习、类别学习以及贝叶斯网络学习。
- **贝叶斯网络学习**：指学习的目标和结果是贝叶斯网络，或者说是为了获得贝叶斯网络的一种学习。其又可分为结构学习和多数学习。

> 按推理方式分类

按推理方式不同，机器学习可以分为：演绎学习和归纳学习。
- **演绎学习**：指以演绎为基础的学习。解释学习在其学习过程中主要使用演绎推理。
- **归纳学习**：指以归纳为基础的学习，示例学习、发现学习等在其学习过程中主要使用归纳推理方法。

3. 机器学习的发展

机器学习是一门不断发展的学科，虽然其只是在近些年才成为一个独立学科，但关于机器学习的研究可以追溯至 20 世纪 50 年代以来人工智能的符号演算、启发式搜索、模糊数学、专家系统等。虽然这些技术当时并没有被冠以机器学习之名，但可以作为如今机器学习的理论基石。以机器学习的研究方法来分，其发展过程可以分为如下三个阶段。

> 知识推理期

这一阶段起始于 20 世纪 50 年代中期，其研究方法主要是通过专家系统赋予计算机逻辑推理能力。其基本思想为：如果给系统一组刺激、一个反馈源和修改自身组织的自由度，那么系统就可以自适应地趋向最优组织。这实际上是希望构造一个神经网络和自组织系统。这一阶段的主要研究成果如表 3-3 所示。

表 3-3 知识推理期主要研究成果

年 份	主 要 成 果	代 表 人 物
1958	LISP	约翰·麦卡锡（John McCarthy）
1962	感知器收敛理论	弗兰克·罗森勃拉特（Frank Rosenblatt）
1965	进化策略	英格·雷森伯格（Ingo Rechenberg）
1965	模糊逻辑、模糊集	杜特飞·扎德（Lotfi Zadeh）

> 知识工程期

从 20 世纪 70 年代开始，人工智能就进入知识工程期。当时对专家系统的研究已经取得了很大成功，迫切要求解决知识获取问题。这一需求刺激了机器学习的发展，研究者力图在高层知识符号表示的基础上建立人类的学习模型，用逻辑的演绎及归纳推理代替数值或统计的方法。这一阶段的主要研究成果如表 3-4 所示。

表 3-4 知识工程期主要研究成果

年　　份	主 要 成 果	代 表 人 物
1972	通用问题求解	西蒙、纽厄尔
1975	框架知识表示	明斯基
1975	遗传算法	霍兰德
1979	探矿者	杜达

➢ 连接学习期

20 世纪 80 年代起，机器学习的发展进入连接学习期。连接学习包括浅层学习（shallow learning）和深度学习（deep learning）。当时由于人工智能的发展与需求以及超大规模集成电路技术、超导技术、生物技术、光学技术的发展与支持，使机器学习的研究进入了更高层次的发展时期。当年从事神经元模型研究的学者经过 10 多年的潜心研究，克服了神经元模型的局限性，提出了多层网络的学习算法，使机器学习进入了连接学习的研究阶段。连接学习是一种以非线性大规模并行处理为主流技术的神经网络的研究，特别是深度学习，目前仍在继续研究之中。这一阶段的主要研究成果如表 3-5 所示。

表 3-5 连接学习期主要研究成果

学习阶段	年代	主 要 成 果	代 表 人 物
神经网络	1982	Hopfield 网络	霍普菲尔德
神经网络	1982	自组织网络	图沃·科霍宁
神经网络	1986	BP 算法	鲁姆哈特、麦克利兰
神经网络	1989	卷积神经网络	乐肯
分类算法	1986	决策树 ID3 算法	罗斯·昆兰
分类算法	1995	AdaBoost 算法	弗罗因德、罗伯特·夏普
分类算法	1995	支持向量机	科林纳·科尔特斯、万普尼克
分类算法	2001	随机森林	里奥·布雷曼、阿黛勒·卡特勒
深度学习	2006	深度信念网络	杰弗里·希尔顿
深度学习	2012	谷歌大脑	吴恩达
深度学习	2014	生成对抗网络 GAN	伊恩·古德菲洛

新的机器学习算法面临的主要问题更加复杂，机器学习的应用领域从广度向深度发展，这对模型训练和应用都提出了更高的要求。随着人工智能的发展，冯·诺依曼式的有限状态机的理论基础越来越难以应对目前神经网络中层数的要求，这些都对机器学习提出了挑战。

3.4.2　机器学习在用户画像构建中的应用

机器学习作为人工智能的重要分支，其应用十分广泛。例如，标签分类中涉及机器学习挖掘类标签，其产生方式就是依赖于算法与机器学习。下面详细介绍机器学习在"猜你喜欢"功能中，对用户画像进行数据整理及分析的应用。

1. 离线计算方式的猜你喜欢

离线计算简单来说就是每天定时计算。该机器学习的基本思路为：前期粗筛选过程匹配后期的细筛选过程。

粗筛选一般在夜间某个时间点触发，全量计算出所有用户的画像；全量计算完成后即可利用 Spark 处理程序分布式地为每个用户计算最可能感兴趣的商品，并将该用户属性对应的商品 MySQL 表或者搜索引擎里去筛选前几个分值最高的商品作为推荐结果保存在 Hadoop 分布式文件系统上；最后重新利用 Spark 处理并把结果更新至 Redis 缓存中。当前端网站需要推荐结果的时候直接从 Redis 缓存获取提前计算好的用户推荐结果即可。

细筛选将会使用 Rerank 二次重排序。例如，用逻辑回归、随机森林等来预测商品被点击或购买的概率，把概率值最高的商品排在前面。

经过粗筛选和细筛选，就完成了整体的离线计算，形成最终的推荐。

当然，上述方式存在两个弊端：一是当用户数量众多时，会占用大量的空间和内存；二是离线计算每天只进行一次，这样当天的推荐结果在一天内是一成不变的，这对用户来讲就缺乏新鲜感，用户最新的行为及兴趣偏好得不到实时跟踪和反馈。

2. 在线计算方式的猜你喜欢

在线的方式是按需计算的，它不需要提前计算。也就是说，如果用户今天没有访问网站，就不会触发计算，这样会大大减少计算量，节省服务器资源。

一种简单有效地识别用户画像的方式，是在某个用户访问网站的时候，触发实时获取用户最近的商品浏览、加入购物车、购买等行为，不同行为以不同权重，加上时间衰竭因子，每个用户得到一个带权重的用户兴趣种子商品集合，然后用这些种子商品去关联 Redis 缓存计算好的商品数据，再进行商品的融合，从而得到一个商品的推荐结果并进行推荐。另外如果是新用户，还没有足够的行为或者推荐结果数量不够，可以用离线计算好的用户画像标签实时地去搜索引擎里搜索并匹配出更多的商品，以此补充候选集合。

这种在线计算的好处是推荐结果会根据用户最新的行为变化而实时变化，反馈更为及时，推荐结果更新鲜，这样解决了离线方式为所有用户批量计算一次推荐结果的不灵活问题。

3.5 定性刻画

上述三节主要涉及大数据定量刻画用户画像，除该维度外，还有定性刻画方法。定性刻画方法主要包括调研问卷表、深入访谈、第三方权威数据等。

3.5.1 定性刻画方法简介

1. 调研问卷表

通过设计发放调研问卷表，可以收集用户基本信息以及设置一个或多个场景，专访用户或网络回收调研问卷,在分析问卷数据后获取用户的画像特征。目前市场上"问卷星"等第三方问卷调查平台可提供用户问卷设计、链接发放、采集数据和信息、调研结果分析等一系列功能。调研问卷示例如图 3-12 所示。

大润发家电销售情况调研

1. 您的年龄是
   - 25~35
   - 35~45
   - 45~55
   - 55 以上
2. 您比较喜欢哪种品牌的家电?
   - 美的
   - 格力
   - 小天鹅
   - 奥克斯
   - 松下
3. 购买家电时,您一般都会选择去哪购买?
   - 京东、淘宝等
   - 专卖店
   - 大润发等商场
   - 其他

4. 在同等的价格水平上,您更倾向于网购还是在大润发购买?
   - 网购
   - 大润发
5. 您认为线上购买和线下购买的产品质量有差别吗?
   - 无差别
   - 差别不大
   - 差别明显
6. 在您的印象中,大润发的家电价位如何?
   - 价格偏高
   - 价格适中
   - 价格便宜

图 3-12 调研问卷示例

问卷调研是一项有目的的研究实践活动,无论一份调研问卷设计的水平高或低,其背后必然存在着特定的研究目的。因此,调研问卷表是为特定研究目的服务的,这是设计调研问卷表之前必须植根于脑海中的一个观念。

既然问卷调研是一项有目的的研究实践活动,那么必须以理论指导实践,即设计调研问卷表前必须要做好充足的理论准备,在宏观层面上应做到以下两点:

- 明确研究的主题是什么。
- 通过问卷调研想要获取的信息有哪些。

从调研问卷表获取的信息来看,一定是不确定性的用户信息或者无法通过后台数据或者文献资料查阅到的信息。对于已经确定的信息或者可以通过后台及文献资料获取的信息就无须再通过问卷进行调查。因为问卷调查需要用有限的问题来获取有价值的信息,因此调研问卷表的设计需要特定的思路、方法和技巧。

2. 深入访谈

深入访谈是真正了解用户核心需求的好方法,一方面访谈者可以从受访者的对话中获得信息,另一方面还能从肢体语言中,看出他们对产品的使用感受。从而对访谈信息进行整理,应用于用户画像的构建中。

有效的用户访谈需要访问者的同理心、社交技巧和自我意识。最重要的是做到让受访者放松,这样他们的分享才足够真实有效。如果访谈者能够和受访者相处融洽,那么受访者很容易说出真实感受。

从广义上讲，用户访谈分为两类。
- 结构化访谈：访问者提问一系列的结构化问题，然后比较不同受访者的回答。
- 半结构化访谈：访问者采用更松散的访谈方式，更类似普通的聊天。

事实上，任何访谈的话题和内容是有系统性的。即使采用结构化访谈，也需要在交流过程中穿插些其他话题，以避免受访者感到压迫感。在提问之前先预想一下受访者的答案，但也要允许受访者给出意料之外的回答。访谈是验证和挑战产品构想的有效方式，受访者往往能拓宽你的视野和思维，给你意想不到的启发。

3. 第三方权威数据

第三方数据是从外部来源购买的数据，这里的外部来源可能包含大型数据整合者。数据整合者向发布者和其他数据所有者支付第一方数据的费用，将大量数据进行提取并下载。然后，将其收集在一个大型数据集中，并将其作为第三方数据出售。

第三方权威数据大多来源于大型数据整合机构，该类整合机构收集的数据范围更广、准确性更高，且其对数据的敏感度更高，整理数据的专业度能力更强。因此，其成果的可信度一般高于其他数据整合者。企业获得权威的第三方数据，可以便捷且清晰地了解大数据背景下的用户信息，从而更好地将其运用于用户画像的构建中。

3.5.2 定性刻画用户画像的构建流程

为了让整个用户画像的工作有秩序、有节奏地进行，可以将用户画像的构建流程分为三步：首先是基础数据的收集，包括用户数据信息分类、静态用户数据收集和动态用户数据收集等；其次是分析建模，包括用户数据分析建模和构建用户画像等；最后是用户画像的呈现，包括用户画像输入展现和用户画像输出展现等。

下面将详细介绍用户画像构建的流程。

➢ 步骤一：基础数据的收集阶段

用户画像的建立需要对以上数据进行收集和处理，并通过对以上数据的挖掘、记录及分析，实现对用户更加深入的了解。数据是构建用户画像的核心依据，一切不建立在客观数据基础上的用户画像都是空中楼阁。

1. 用户数据信息分类

（1）静态用户数据。一般包括以下数据：
- 个人属性数据（性别、出生日期、年龄、地域、婚姻状况等）。
- 社会属性数据（职业、收入、社交信息等）。
- 消费属性数据（消费水平、已购商品、购物频次、购买渠道等）。

（2）动态用户数据。一般包括以下数据：
- 用户浏览数据（用户浏览的页面及时间等）。
- 用户行为数据（点击、发表、评论、点赞、搜索、下单、购买等行为的数据）。

2. 静态用户数据收集

静态用户数据大部分是用户的各种属性数据，这类数据一般可以通过以下渠道来获取。

（1）通过用户注册数获取。通过属性的标签化，以及对文本的挖掘获取相关数据，并存入用户数据库。

（2）通过用户事件获取。这部分数据不一定都是在用户注册行为中发生的，但又是相对静态的数据。例如，用户的相关社会属性或者购物偏好可以在用户使用产品的过程中通过文本挖掘，以及对自然语言的处理来获取相关数据。

3. 动态用户数据收集

动态用户数据收集主要是对用户浏览数据和用户行为数据进行收集与统计。

（1）用户浏览数据。一般通过页面浏览统计工具进行这类数据的收集与统计。例如，若要统计不同用户浏览不同页面的偏好，通常是通过自建数据后台或者借助第三方工具来完成，如百度统计等。

（2）用户行为数据。一般通过在产品上设置相关埋点来进行此类数据的收集与统计。例如，若要统计用户点赞、收藏、评论等行为，可以通过自建数据后台或者借助第三方工具（如 Growing IO、神策数据等）来完成。

> 步骤二：分析建模阶段

数据建模是一项技术性较强的工作，通常需要采用 Hadoop 等大数据的相关技术。下面将举例说明数据分析建模在用户画像中的作用和实现方式。

1. 用户文本标签的处理

用户文本标签包括性别属性的标签、年龄属性的标签、职业属性的标签和已购商品的标签等。用户画像通过相关技术统一获取这几类标签的文本内容，然后对其进行处理，并通过聚类算法将具有同一类属性的用户分为一类，同时把不同的用户区分开来，从而实现对用户属性的分群处理，这会在产品运营中起重要的参考作用。

2. 用户偏好数据的处理

除了通过上一种方式进行处理之外，也可以通过对用户的行为数据进行计算分析。例如，若要计算某一用户对某个电商平台的忠诚度指标，可以通过以下几个方面的指标来统计、分析和判断。

- 用户入口（APP、官网、淘宝、微信号、第三方渠道等）。
- 用户购买行为（购买频次、购买单价等）。
- 用户其他行为（分享商品、收藏、评价等）。

在对上述指标进行统计与分析以后，就要对这三种不同的指标赋予不同的权重，然后加上相关环境因素（如时间衰减因子、热度干扰因素等），根据相关模型进行计算。

例如，用户忠诚度=[用户入口权重（30%）+用户购买行为权（50%）+用户产品其他行为权重（20%）]×时间衰减因子。

> 步骤三：用户画像呈现阶段

1. 构建用户画像

根据以上步骤对数据的收集获取及处理计算，并结合相关的用户模型，就可以进行用户画像的构建了。用户画像构建通常有以下三种。

- 用户标签画像：展现用户的标签属性数据。
- 用户数据画像：展现用户相关行为数据。
- 用户偏好画像：展现用户的行为偏好数据。

2. 用户画像输入展现

用户画像的输入展现是指在产品设计上应保证让用户能够很自然地输入自己的用户数据，这样的设计不会让用户觉得产品是在纯粹地获取自己的数据信息，而是让用户主动、愉悦地输入自己的数据信息。例如，今日头条让读者主动对当前内容进行反馈，并根据这些反馈来更新用户数据。

3. 用户画像输出展现

用户画像输出展现是指在产品设计上应保证让用户更加了解自己，并知悉自己使用产品的数据。例如，滴滴出行软件就是通过以往的用户数据来展现用户的轨迹记录。

3.5.3 定性刻画的优缺点

定性刻画的目的在于说明、解释或者预测真实用户的偏好或行为。在研究方法上，定性研究常常使用的是归纳法，而不是演绎法。定性研究的重点不在操作变量，或是用验证假设来回答问题，更多的是强调要带着描述和理解的意图去观察，然后将研究结果变成用户的观点、感受和体会，从而进行有效的用户画像构建。

> 定性刻画的优点

（1）获得的资料比较丰富，可以更加精确地了解用户偏好、感受、态度以及动机。

（2）研究结果更加真实，给研究者较大的诠释空间；发挥创造力，弥补定量研究的不足；有效配合定量调查。为了使搜集的资料在广度和深度上扩展范围，每次正规的定量调查的前后阶段，定性调查既是准备又是补充。

> 定性刻画的缺点

（1）研究的人力成本比较高，因为要通过直接观察或访谈来收集数据。从收集数据的性价比来看，定性刻画确实不如定量研究的价值。

（2）由于收集数据是基于研究人员的个人观察，同时被研究对象又是一个特定的群体在特定场合下的态度或动机，得到的结论就很难推广至更广泛的场合，同时结论的客观性也会受主观判断的限制。

案例 3-1：腾讯云的企业画像产品

2021年，IDC国际数据公司发布《中国公有云服务市场（2020第四季度）跟踪》报告，显示2020年第四季度中国基础设施即服务市场规模为34.9亿美元，华为与腾讯并列第二。2021年6月3日，腾讯云宣布在泰国曼谷、德国法兰克福、日本东京以及中国香港新增的四个国际数据中心同步开服，正式对外提供云计算技术和产业数字化解决方案。自此，腾讯云在曼谷、法兰克福以及东京构建了区域内双可用区格局，在中国香港则实现了区域内三可用区部署。多年来，腾讯云基于QQ、QQ空间、微信、腾讯游戏真正业务的技术锤炼，从基础架构到精细化运营，从平台实力到生态能力建设，腾讯云将之整合并面向市场，使之能够为企业和创业者提供集云计算、云数据、云运营于一体的云端服务体验。开发者通过接入腾讯云平台，可降低初期创业的成本，能更轻松地应对来自服务器、存储以及带宽的压力。腾讯云的架构如图3-13所示。

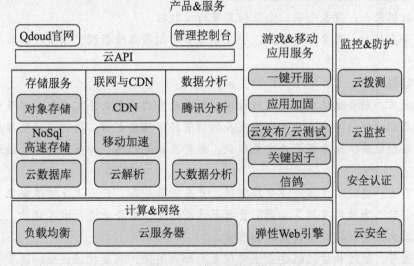

图 3-13 腾讯云的架构

2021年进入内测阶段的企业画像（enterprise profile，EP），是腾讯云推出的面向智慧城市、金融监管、企业情报、企业评估等场景的企业大数据综合服务平台。通过构建亿级企业知识图谱，深度挖掘企业、高管、法定代表人、产品、产业链间的复杂网络关系，提供城市、区域宏观经济分析、招商引资推荐服务，引导地方产业发展；针对监管机构，监控目标企业发展态势，第一时间进行风险预警；针对实体企业内部，提供企业情报、供应商评估管理等多项综合服务。

产品功能

企业图谱：对目标企业进行全息洞察，提供企业基础信息查询，同时从企业发展、风险、活跃度等方面，综合量化企业指标，对地方企业准入、已入驻企业监管进行评估。

产业分析：以产业链和多维度产业大数据为核心，进行产业现状分析以及趋势预测。

通过数据具化产业画像，从产业、企业、技术、资源等多角度、多层次剖析产业优势及症结所在，为政府、园区、企业、投资机构等用户提供产业洞察、产业链分析及招商引资推荐等创新服务。

企业舆情：基于全网舆情信息搜集，结合大数据处理能力，利用自然语言处理技术，以企业实体为维度进行舆论热点发现、事件分析与监控、企业负面或敏感信息预警推送等舆情服务。

产品优势

产品模块组件化：提供组件化产品能力，针对不同行业、不同细分场景自由打造解决方案。

交付方式灵活：支持公有云软件即服务、应用程序接口、私有化等多种交付方式，根据客户需求自由选择。

核心算法强大：拥有31种核心自然语言处理算法、亿级标注、102类知识图谱，强大的智能AI分析能力打破四项世界纪录。

多源数据聚合：覆盖全面的企业信息及行业数据。

深耕垂直行业：在金融、政务、企业领域多年积累舆情数据，深度理解各领域客户诉求。

应用场景

智慧城市：融合腾讯数据与政府数据，帮助政府构建企业法定代表人库及企业关系图谱，为各职能部门对企业及法定代表人的监管提供信息支撑。提供当地支撑产业的产业分析，帮助政府快速掌握产业发展现状、趋势及相关动态，为当地的产业链培育提供数据支撑。

招商引资：通过对区域产业发展状况、产业资源分布、产业上下游及企业自身发展风险情况评估，为政府及园区招商引资推荐优质企业。对企业进行准入评估、企业风险监测，帮助客户有效提升招商效率和质量。

金融监管：通过构建亿级企业法定代表人知识图谱，深度挖掘企业、高管、法定代表人、品牌、产品、地域、产业链间的复杂网络关系，智能识别企业间隐蔽关联关系，有助于金融监管机构发现关联交易非关联化、虚构交易、虚假宣传等违法违规线索，对金融市场风险进行有效管控。

企业情报：从企业自身、竞争对手、产业上下游等多个维度构建企业情报系统，为企业提供突发事件舆情、热点话题分析、行业资讯、竞争对手资讯等功能，提高企业对外界情报信息的敏感程度和分析处理能力，有效提升企业信息化程度及企业竞争力。

企业评估：针对企业供应商，为其提供企业名称标准化、企业信息校验及企业准入评估等能力，帮助企业深度了解供应商的营运情况，提升对供应商的准入评估的能力。

底层技术

企业画像基于腾讯云大数据生态，综合运用弹性MapReduce、Elasticsearch Service、图数据库等基础组件，依托深度学习、自然语言处理以及知识图谱等技术，贴合用户场景深入挖掘数据价值。

多源数据集成

全国企业信息，包括企业工商、高管、股东、实际控制人、税务评级、产品、招聘、著作专利、行政、司法处罚等。全国产业数据，包括产业头部企业、产业地域分布、产业政策、产业上下游等。企业画像支持融合企业或政府侧数据，同时对数据进行更深入的分析及挖掘。整合企业基础信息、产业信息、舆情、主流站点、微信公众号等多维的海量信息，覆盖产业分析、舆情、营销、金融监管、企业评估等多样化应用场景。

企业指数

通过企业工商、舆情、财务、经营等多维度数据，对企业进行发展指数模型评估、风险指数模型评估、活跃指数模型评估。每个指数均有对应的量化维度及逻辑，具备良好的可解释性。

交付方式

企业画像提供软件即服务、平台即服务层能力，支持公有云和私有化部署多种交付方式，满足不同客户的业务需求。客户可根据需求自由选择，一键对接工作流，有效提高工作效率，加速企业运作。

案例 3-2：基于画像系统的短信营销

第三章 扩展阅读

思考题

1. 什么是用户画像？
2. 简要回答用户画像在用户行为分析中的应用，举例说明用户画像的步骤。
3. 列举常用的定性刻画方法。
4. 简要说明定性刻画下用户画像的构建流程。

即测即练

第四章 社交化客户关系管理

学习目标

通过本章学习,学员应该能够:

- 了解什么是社交化客户关系管理;
- 掌握社交化客户关系管理数据源与技术体系架构;
- 了解人工智能技术对社交化客户关系管理的影响及应用。

4.1 社交化客户关系管理概述

4.1.1 社交媒体

1. 社交媒体概述

美国讽刺小说家马克·吐温在《竞选州长》中写道,候选人"马克·吐温先生"在短短几天内,被几份报纸贴上了不同的罪名,有"酒疯子""盗尸犯""小偷""讹诈专家""舞弊分子"等。郁闷之余,"马克·吐温先生"只好选择主动请辞。虽然马克·吐温的本意是揭露当时的报纸肆意传播流言,以吸引读者眼球。但是我们可以从中看到报纸作为一种社交媒体,在当时人们生活中的影响力不容小觑。

在传统概念里,报纸是印刷时代的产物,而在英国学者汤姆·斯丹迪奇看来,报纸的雏形早在古罗马时代就已经出现。古罗马的广场上会张贴《每日纪事》,向公民们告知政令、新闻等内容。如果再往前追溯,古埃及文明中的莎草纸、美索不达米亚文明中刻有文字的黏土板,都是传播信息的媒介。到了现代社会,无线电、电视、互联网的普及,让人与人之间的沟通交流变得更加迅捷。

本书所说的社交媒体是指在互联网上基于用户关系的内容生产与交换平台,是人们彼此之间用来分享意见、见解、经验和观点的工具和平台,现阶段主要包括社交网站、微博、微信、博客、论坛、播客等。社交媒体的萌芽可追溯到1969年美国高级研究计划署(Advanced Research Project Agency,APRA)网络的发展。1980年,开放度更高的Netnews(后更名为Usenet)分散性讨论系统建立,用户可以阅读并传播电子新闻组上的内容,可以发帖或者回帖,形成社群雏形。1991年,伯纳斯·李创建了万维网,互联网上的资源可以在网页中以超链接的形式共享。最早的BBS系统是1978年美国芝加哥开发出的CBBS/Chicago(Computerized Bulletin Board System/Chicago),早期BBS为商业网站论坛所使用,用来公布股市价格等信息。1993年,最早的博客——美国国家超级计算机应用中心(National Center for Supercomputer Applications,NCSA)的"What's New Page"网页诞生,该网页罗列了当时新兴的网站索引。个人博客网站的出现是1994年1月,贾斯汀·霍尔(Justin Hall)开办了"Justin's Home Page"。1996年11月ICQ

上线，远程在线的即时沟通模式受到大众欢迎。2003年3月，以六度空间理论为基础搭建的社交网站 Friendster 成立。2004年，马克·扎克伯格创建了 Facebook，2006年 Twitter 诞生。在我国，1994年接入互联网后，曙光 BBS 站创建，1998年后各类 BBS（论坛）——新浪论坛、搜狐社区、网易论坛、天涯、猫扑、西祠胡同开始涌现，1999年腾讯推出 QQ，2000年方兴东等人开通博客中国，2012年8月微信投入使用，2016年9月抖音上线，线下的交往关系开始逐步延伸至线上。

社交媒体的概念源于 2007 年安东尼·梅菲尔德的电子书《什么是社会化媒体》，并将社交媒体定义为一种给予用户极大参与空间的新型在线媒体。随后，德国学者安德烈·开普勒和迈克尔·亨莱因基于产生机制的视角，对社交媒体进行了界定，即社交媒体是以 Web 2.0 的思想和技术为基础，允许用户对其生成的内容进行创造、交换和分享的应用；芬兰学者 Ahlqvistden 等人在此基础上，提出社交媒体概念还应该包括人际关系网这一核心要素。其中，人际关系网强调用户生成内容的交换和传播依赖于用户自身的关系网络。在这一过程中，原有的关系网络可以得到进一步的扩大和巩固。随着网络应用形态的不断更迭，有学者通过对社交媒体表现形式的深度思考，提出了"社交化"平台的概念，平台的平等性、多边性和开放性，呈现出社交媒体回归互联网本质的演化趋势。由此，可以将社交媒体定义为以互动为核心，以个人或组织进行内容生产和交换为主要内容、用户之间彼此相互依存，并能够创建、延伸和巩固人际关织网络的一种开放性的网络平台组织形态。

2. 社交媒体的基础

实际上，社交网络是社交媒体的重要基础，具体表现为由微博、微信、短视频等众多应用构建起来的以通信和关系为核心的社交化网络服务平台。由于通信基础设施的持续改善、终端设备以及应用平台的不断优化，尤其是以 Web 2.0 技术和移动互联网技术为典型代表的新一代技术的迅猛发展，移动终端用户的基数在不断扩大，从而形成了更加庞大的社交网络，并由此催生了广泛应用的社交媒体。

与 Web 1.0 相比，Web 2.0 是对全新时代互联网应用的统一称谓，指的是一个利用 Web 的平台，由用户主导而生成的内容互联网产品模式，为了区别传统由网站雇员主导生成的内容而定义为第二代互联网，Web 2.0 是一个新的时代。抛开纷繁芜杂的 Web 2.0 现象，进而将其放在科技发展与社会变革的大视野下来看，Web 2.0 可以说是信息技术发展引发网络革命所带来的面向未来、以人为本的创新 2.0 模式在互联网领域的典型体现，是由专业人员织网到所有用户参与织网的创新民主化进程的生动注释。Web 2.0 是以网络日志、网页标签、订阅、点对点等社会软件的应用为核心，依据 XML 等技术实现的新型互联网模式。它改变了用户以前单纯、被动地通过浏览网页获取信息的方式（即 Web 1.0 模式），转而由用户主导内容和信息的产生与传播，更加注重用户的交互作用。Web 2.0 技术的出现和发展，在很大程度上推动了由用户自身创造和生成内容这一模式的发展，连通了从内容创造供应到内容发布分享的网络环境——网络用户对内容的集成生产、交互和共享——创建新型社交的人际关系网络，从而大大丰富和改善了用户的使用体验。

3. 社交媒体的特征

如表 4-1 所示，社交媒体与传统媒体的区别在于社交媒体具有用户高度参与性、用户自己生产和传播并公开分享内容以及社群化等典型特征;传统媒体则以媒介为中心,采用单点对多点的传播模式,信息流动是单向、非互动的;而社交媒体则以单独的个体为中心,拥有多点对多点的、高度自由互动的共享空间,而且信息流动是双向的、能够交叉重叠。

表4-1 社交媒体与传统媒体的主要区别

媒体类型	社交媒体	传统媒体
传播结构	信息的生产者、发布者以及传播者甚至接受者均为大众	一般由专家负责生产信息,经过多层级加工过滤后传播给受众
传播内容	极具个性化,用户以其特定方式创造和分享生成内容	内容生产收到一定的约束,内容多具有较强的权威性、公信力和影响力
传播模式	多对多、双向、交互式传播	一对多、单向传播,交互性不强
用户间的关系	形成了社交网络关系	受众规模大,但相互关系并不明显或没有关系

综上所述,社交媒体的具体特征主要包括以下几个方面。

(1)高度参与性。社交媒体创新了内容的生成和传播方式,激发越来越多感兴趣的用户参与其中,自发生产、交换和传播信息与内容。

(2)开放共享性。大多数社交媒体,如微博、微信等,均免费向用户开放,鼓励用户对生成内容进行分享和传播。

(3)交流互动性。社交媒体强调双向、交互式传播,为用户提供交流互动以及构建关系网络的平台是其核心功能。

(4)社区化。社交媒体的共享、互动以及高度参与性等特征,将无数具有相同或相似兴趣和爱好的用户聚集起来,催生了不同主题的虚拟社区。

(5)连通性。社交媒体具有强大的连通性,能够通过链接等方式将多种不同类型的媒体快速连接起来,如用户可以在微信上浏览来自微博、抖音或知乎等媒体分享的内容,图4-1展示了用户在新浪微博浏览知乎内容。

图4-1 在新浪微博浏览知乎内容

4. 社交媒体时代客户购买行为模式的演变

消费者的行为在社交媒体时代也会呈现出差异,企业需要持续地重新思考消费者的实际购买过程，了解购买过程中的每一个阶段，调研消费者了解企业信息的渠道和过程，探索消费者进行购买决策的关键要素。

在传统环境下，消费者的购买行为模式通常都遵循着 AIDMA 法则，即消费者从触达企业的相关营销信息到发生实际购买行为，一般会经历以下五个阶段：相关营销信息引起消费者的注意（attention）、消费者对其产生兴趣（interest）、激发购买需求和欲望（desire）、形成记忆（memory）和产生实际购买行动（action）。比较而言，在互联网出现并作为全新的媒体工具融入人们的日常生活以后，社交媒体的新特征正在重塑消费者的购买习惯，消费者开始遵循 AISAS 模式。与 AIDMA 模式相比，AISAS 模式中出现了两个全新的阶段，分别为搜索（search）和分享（share）。此时，消费者会开启这样一个互联网情境下的消费购买过程：由于受某些产品或服务的宣传信息所吸引，消费者开始关注（attention）并对其产生兴趣（interest），接着会使用搜索引擎主动、精准地搜寻（search）相关的产品或服务信息，并在获得充分信息和进行综合比较之后，做出是否购买的决策（action）。当购买行为完成之后，消费者会借助社交平台将整个购买过程中的体验、心得等，分享给更多的消费者（share）。

随着 5G 通信网络、手机支付等相关技术的日臻成熟，移动互联网促使消费者的行为习惯发生了革命性的变化。丰富多元的媒体终端导致消费者的注意力越来越分散，移动应用对日常生活需要的全覆盖也极大地提高了消费者的主动性和选择空间，AISAS 行为模型已经不足以有效地解释并应对这些改变。此时，针对移动互联网消费市场的 ISMAS 模式得到了企业的关注。与 AISAS 不同，ISMAS 增加了口碑（mouth）阶段，即消费者在做出购买决策前会参考相关商品或服务的口碑。例如，一项针对 6 500 名美国消费者进行的调查研究显示，至少有 3/4 的消费者会参考脸书上相关产品或服务的评论之后再决定是否购买，这也是社交媒体的影响力的初步体现。需要指出的是，有 1/2 的消费者会受社交媒体中新产品推荐的影响，然后做出尝试购买的举动。社交媒体已成为当代消费者购买决策的核心要素之一，而消费者的购买行为则进一步演变为 SAISAS 模式，即消费者接触有关产品或服务的信息是来自社交媒体上朋友或其他网友的分享（share），之后消费者对其产生关注（attention），继而引发兴趣（interest），然后在社交媒体或搜索引擎中搜寻品牌相关的信息（search），在进行对比之后做出是否采取购买行动的决策（action）。最后，以整个购物过程中的体验以及看法等作为素材，在社交媒体上进行内容创造、传播或分享（share）。通过这一模型，企业有机会深入洞察并精确掌握当前消费行为的趋势，并为后续客户关系管理以及客户价值的创造奠定基础。

4.1.2　客户关系管理

客户关系管理（customer relationship management，CRM）是基于关系营销的观点，而关系营销有许多相似的名词，如数据库营销（database marketing）、直复营销（direct marketing）、客户定制化营销（customized marketing）、大量客户定制化（mass customization）和一对一营销（one-to-one marketing）等。虽然名词不一，但其观念和实质内涵却是相近的，即均围绕在"将个别客户视为焦点"与"利用各种营销努力来维持与现有客户的关系以获取客户终身价值"两大重要焦点。

1. 关系营销与客户关系管理

格罗鲁斯针对关系营销提出互动关系为营销核心的观点：客户不是单纯的交易对象，而是关系伙伴。通过双方关系的管理，达到促进交易机会、持续购买的效益，这种营销方式称为关系营销。也有学者认为关系营销是全面性的管理网络，市场通过合理管理可以创造出消费者和企业双赢的关系共同成长。

综合相关学者的观点，可以得出客户关系管理的发展可回溯至关系营销的理论基础。随着信息科技的进步与发展，可以将客户关系管理定义为企业通过与客户合作和互动来发展长期关系，并运用信息技术将客户数据仓储、整合、分析和共享，以便用于制定更有效率的营销整合策略，达到维系客户忠诚和提升企业利润的目的。客户关系管理首次把客户和客户的关系作为研究的核心对象，从而将客户资源管理理论向前推进了一大步。

2. 从交易营销到关系营销

1949年，直复营销之父——莱斯特·伟门在与客户的交流中最早使用了"关系营销"这一术语，一种新的营销范式——关系营销逐渐成为主流的营销观念。在营销的发展历程中，每一个进化阶段都是对环境适应的结果。当产品本身日益同质化，很难形成差别化竞争的来源时，关系营销开始引起学术界和产业界的高度重视。相应地，企业也纷纷调整自身的战略导向，开始关注对客户关系的培养和强化，产生了关系营销的理念。在环境变化的"挤压"下，这无疑是一种革命性的进展。

3. 从关系营销到客户关系管理

客户关系管理是通过开发和维持与关键客户与细分客户群体之间的关系，提升企业价值的战略。客户关系管理把信息技术与关系营销战略整合在一起构建和维持有利可图的长期关系，包括客户终身价值、多市场和跨职能三个关键要素。同时，作为实施关系营销的一种有效平台，客户关系管理并不是关系营销的终结。事实上我们可以把客户关系管理视作关系营销发展的一个特定阶段，图4-2描述了营销理论从20世纪50年代的消费者营销、60年代的产业营销、70年代的非营利组织与社会营销发展和80年代之后的服务营销、关系营销和客户关系管理的不同发展阶段以及客户关系管理的定位。

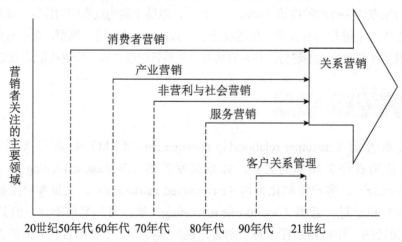

图4-2 关系营销的演进：客户关系管理的定位

4.1.3　SCRM 与 CRM 的区别

社交化客户关系管理（social customer relationship management，SCRM），是所有营销技术中应用最为广泛的客户关系管理途径。根据咨询公司 eMarketer 的研究，每个消费者每天花费在手机上的时间超过 4 个小时，而在中国每个消费者的手机使用时间掌握在 B（百度）A（阿里）T（腾讯）T（头条）M（美团）D（滴滴）六大互联网巨头手中。基于社交媒体衍生出现了公众号、H5、小程序、微商、意见领袖等多种营销手段，帮助企业实现了获客、维系、销售转换等全场景闭环营销管理，图 4-3 显示了微信小程序营销的界面。SCRM 正是社交媒体营销中广告主私有流量池的技术基础。

图 4-3　微信小程序营销

1. SCRM 的内涵

随着市场上社交媒体数量的增多及客户对其体验、品牌忠诚度等企业关键绩效指标产生越来越重要的影响，基于社交媒体的 SCRM 逐渐发展成为新的热门主题。客户关系管理之父保罗·格林伯格在 2009 年对 SCRM 进行了定义，他指出，SCRM 是处于充满信任、透明的商业环境中，基于商业规则、社交化、技术平台以及工作流程的特征，旨在使消费者参与合作性互动当中，从而为双方创造价值的一种商业战略或客户经营哲学。

SCRM 将社交媒体与客户关系管理结合在一起，体现了企业对客户主导权的一种认同。凭借社交媒体，企业能够在网络上公开发声、塑造网络形象和声誉，通过沟通互动与客户建立起紧密联系，以个性化服务来吸引和挽留更多客户。SCRM 的核心在于参与的个体和交互。具体地，企业通过 SCRM 对客户的社会关系网络进行智能化管理，甄别并衡量网络中每一位个体客户的需求和价值，对这些个体所构成的社会化网络结构形成一定的认知并进行管理，尽可能地选择最合适的社交媒体。通过不断地创造新颖且有趣的话题，凝聚众多的客户跟企业进行互动，最终通过满足个体的个性化需求，实现社会关系的转变和忠诚度的提升。

2. SCRM 的特点

传统的客户关系管理往往以交易为导向，主要对客户的相关资料进行整理，并持续跟踪记录后续的消费情况，而对客户和企业之间或客户与客户之间的关系和互动却重视不足。与传统的客户关系管理相比，SCRM 具有明显的优势，主要表现在以下几个方面。

1）系统开放且规则透明

由于 SCRM 是基于网络的社交媒体，因此要求其必须保持系统的开放性。通过打通与尽可能多的社交媒体渠道的连接，企业能够更加广泛、更加有效地接触客户，并与客户进行及时、高效的互动，从而有助于形成良好的口碑，培养并发展长期忠实的客户。与此同时，SCRM 中所形成的复杂社会网结构，必须依靠透明的规则来保障和约束。只有这样，企业和客户之间才能建立起相互信赖的、长期的、稳定的良好关系。

2）互动的双边和网状沟通更加深入

借助社交媒体工具或平台，实施 SCRM 的企业与客户甚至是客户与客户之间的实时的、真实的个性化互动日渐增多，进而逐渐交织成复杂的网状结构。相应地，客户也由品牌的关注者开始向品牌的共同创造者这一角色转变；由 SCRM 搭建起的品牌社群，融合了信任、依赖、关系、共享热情、价值和支持，使客户产生了更加强烈的归属感和成就感，使企业品牌的定位与发展始终贴近客户的需求，从而极大地提升了客户对特定品牌和企业的忠诚度。

3）社群的跨渠道管理更精准

社交媒体的出现，使越来越多的客户在对产品做出评价之前，会选择以各种社交媒体平台中的评价作为决策参考，这些评价在很大程度上会影响客户的实际购买决策。同时，客户在搜寻上述相关信息时，也无形中增加了其与企业在多个接触渠道上的联系。SCRM 需要对多个渠道的客户数据进行整合，并结合大数据技术和特定算法对客户数据进行挖掘和分享，对多渠道中的同一客户进行细致的分析，以便勾勒出更为清晰的客户画像。此外，通过对客户打标签、形成画像并细分为不同社群，企业还可以根据所属群组的特征进行资源的最优配置，通过精准的个性化沟通和服务，充分挖掘客户的价值。

4）实现客户大规模定制和个性化定制的需求

社会化网络在聚集客户的同时，也形成了具有强大购买力的消费互动平台。SCRM 的实施，有助于企业更好地了解客户的个性化需求。通过有效管理客户资源的相关信息，再加上基于 Web 的产品协同设计工具，客户能够真正参与企业产品的设计和制造，从而真正高效地实现由客户驱动的大规模定制和个性化定制。

3. SCRM 与传统客户关系管理的比较

作为一种新型客户关系管理，SCRM 与传统的客户关系管理并非一般意义上的替代关系，而是对传统的客户关系管理的补充和拓展。如表 4-2 所示，SCRM 和传统客户关系管理在管理目标、参与人员、企业与客户关系、客户关系维护、沟通渠道、沟通方式、使用工具和客户数据和增长等方面都存在明显的差别。

表 4-2　SCRM 与传统客户关系管理的区别

核心指标	SCRM	传统客户关系管理
管理目标	以客户互动为中心，客户需求就是企业的目标	以企业利益和营销管理为导向，客户需求仅为其中的一部分
参与人员	全员参与	特定部门
企业与客户关系	合作且互动	多为主从关系
客户关系维护	着重于所有互动关系	着重于企业和客户的关系
沟通渠道	基于客户的全渠道	基于业务的定制渠道
沟通方式	企业与客户双向、互动式沟通，客户之间密切互动并形成关联	单项沟通，客户之间相互独立
使用工具	整合社群媒体工具	内部系统
客户数据和增长	动态且持续丰富；可自发扩散	静态；无自发性增长

4.2　数据源

4.2.1　客户信息

1. 客户信息概述

对企业而言，通过与客户进行有效互动来获取客户数据、搜集有效信息是开展客户互动的重要目的。定量的数据、定性的判断及客户的情绪和情感等都是客户信息的组成部分，这些都在企业接触的海量客户数据之中。面对海量客户数据，企业必须挖掘出数据背后的规律，提炼出对企业有用的信息，否则就会白白耗费时间和人力物力。

知识型客户关系管理提出了更高的要求。无论是简单的客户关系管理，还是任何形式的变化，缺乏对客户知识的了解都会为企业管理带来灾难性后果。单纯地收集客户信息是不够的，企业必须学会分析信息，并把这种信息转化为客户知识，进而依据这些知识制订有效的行动方案，以便对客户行为和购买意向产生重要影响。把知识管理（knowledge management，KM）和客户关系管理整合一起，能够增加企业对客户信息进行分析和理解的深度。

2. 客户信息的类型

在客户关系管理中，按照客户信息来源的不同，可以将客户信息分为以下三种类型：①客户特征信息。以客户特征为代表的这类描述信息大多是表单型数据，也就是每个客户信息表中不同数据的字段，主要包括人口和地域等统计特征数据，并具有一定的稳定性。②营销或者促销活动信息，主要包括市场活动的类型、预算或描述等。③客户与企业交易的信息，主要是过程信息与结果信息结合，往往按照时间进行标识。

这些客户信息可能是客户直接告诉给服务人员的，也可能是企业从信息服务提供商收集的,还有可能是企业员工利用 Web 技术从网络中获取的。这些客户信息形成客户画像,为未来进行客户细分、客户价值的确定、客户生命周期的管理和客户忠诚计划提供了保证。

3. 客户信息对其他管理活动的影响

客户信息可以使企业以更快的速度识别市场中的变化,制订相应的计划,以便及时调整经营战略。在某个市场中占优势的企业,通常会率先感知市场特性的微妙变化,这类变化包括客户行为、价格敏感度、市场份额和物流等问题。企业如果能够比竞争对手更快地理解并处理这些微妙的变化,既能够增加盈利机会,也能够大幅降低运营成本,从这个角度来讲,企业与竞争对手之间的市场争夺,实际上就是客户信息的竞争。

另外,企业在成功建立了自己的客户数据库之后,最终向其他企业采购信息的需求减少了。当企业对更高水平的客户信息内涵形成了更深入的理解时,花费大量资金向其他企业购买的信息就会变成企业自身的一种能力。

4. 客户数据—客户信息—客户知识的过程

把获取客户数据、生成客户信息和提升客户知识的过程连接一起,如图 4-4 所示,企业通过呼叫中心、网站、论坛、电子邮件、传真和直接接触等多种整合渠道与客户进行互动并收集各种客户数据,构建和更新客户数据仓库,然后再以数据仓库为基础,通过联机信息分析处理和数据挖掘两种方式生成客户信息和提升客户知识,并用于运营分析和市场分析等经营活动。

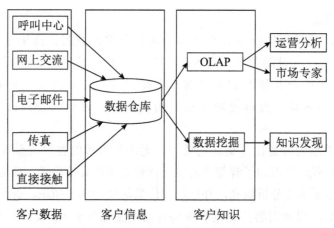

图 4-4 客户数据—客户信息—客户知识的过程

从理论上来说,可以将客户关系管理理念视为关系营销的延续。但真正让这一理念能够在企业营销实践中得到运用的,却是信息技术的飞速发展。数据挖掘、数据仓库、大数据、云计算、人工智能等技术为客户关系管理提供了强有力的支撑。

4.2.2 数据仓库

1. 数据仓库的定义

自从数据仓库的概念出现以来,不同学者从不同的角度对数据仓库进行了定义。"数据仓库之父"——因曼认为，数据仓库是面向主题的、集成的，是随时间推移而发生变化的数据集合，可用来支持管理决策。Infomix 公司负责研究与开发的公司副总裁蒂姆·谢尔特（Tim Shelter）认为，数据仓库把分布在企业网络中的不同"信息孤岛"中的业务数据集成在一起，存储在单一的集成关系型数据库中；利用这种集成信息，可方便用户对信息的访问，更可使决策人员对一段时间内的历史数据进行分析，研究事物发展趋势。统计分析系统（statistical analysis system，SAS）软件研究所把数据仓库界定为一种管理技术，旨在通过通畅、合理、全面的信息管理，达到有效的决策支持。也有人认为数据仓库是一种对不同数据进行过滤和处理而形成的单一的、完整的、一致的数据存储，从而可以在业务范畴内以一种最终用户能够理解和使用的方式向他们提供有效信息。同时，数据仓库也是一套查询、分析和表达信息的工具，是发布所用数据的场所，其数据质量是业务效率提升的原动力。因此，数据仓库能够满足把信息分发给最终用户以支持决策和管理报告的需要。

2. 数据仓库的特征

综合以上有关数据仓库的定义，数据仓库具有如下特征。

（1）主题性。传统数据库最大的特点是面向应用进行数据的组织，各个业务系统可能是相互分离的，而数据仓库则是面向主题的。主题是一个抽象的概念，是较高层次上企业信息系统中的数据综合、归类并进行分析利用的抽象。在逻辑意义上，它是对应企业中某一宏观分析领域所涉及的分析对象，如客户、产品、事务或活动、保险单、索赔和账目。

（2）集成性。通过对分散、独立、异构的数据库数据进行抽取、清理、转换和汇总便得到了数据仓库的数据，这样保证了数据仓库内的数据关于整个企业的一致性。数据仓库中的综合数据不能从原有的数据库系统直接得到。因此在数据进入数据仓库之前，必然要经过统一与综合，这一步是数据仓库建设中最关键、最复杂的一步。例如，不同操作数据库可能采用"男/女"或"X/Y"对客户"性别"进行编码，而当这些数据进入数据仓库时，需要对编码方式进行统一转换，消除各种不一致性。

（3）时变性。数据仓库包含各种粒度的历史数据。数据仓库中的数据可能与某个特定日期、星期、月份、季度或者年份有关。数据仓库的目的是通过分析企业过去一段时间业务的经营状况，挖掘其中隐藏的模式。虽然数据仓库的用户不能修改数据，但并不是说数据仓库的数据是永远不变的。分析的结果只能反映过去的情况，当业务变化后，挖掘出的模式会失去时效性。因此数据仓库的数据需要更新，以适应决策的需要。

（4）非易失性。数据仓库的数据反映的是一段相当长的时间内历史数据的内容，是不同时点的数据库快照的集合，以及基于这些快照进行统计、综合和重组的导出数据。数据的非易失性主要是针对应用而言。数据仓库的用户对数据的操作大多是数据查询或比较复杂的挖掘，一旦数据进入数据仓库以后，一般情况下被较长时间保留。数据仓库中一般有大量的查询操作，但很少进行修改和删除操作。因此，数据经加工和集成进入数据仓库后是极少更新的，通常只需要定期的加载和更新。

3. 数据仓库的类型

根据数据仓库所解决的企业问题的范围，一般可将数据仓库分为下列三种类型。

（1）企业数据仓库。企业数据仓库是一种集中式仓库，用于提供决策支持服务。企业数据仓库以统一的方法来组织和表示数据，同时提供根据主题对数据进行分类和访问的功能。

（2）操作数据存储。当数据仓库和联机分析处理系统都不支持组织报告需求时，操作数据存储只需要数据存储。ODS可以实时刷新数据仓库，因此可广泛用于日常活动的数据存储，如存储员工记录。

（3）数据集市。数据集市是数据仓库的子集，主要针对特定业务或功能单元，如销售、财务、人力等。每个独立的数据集市均基于数据仓库的主题数据建立，仅包含与特定业务或功能单元相关的源数据。

4.2.3　SCRM数据源

SCRM中使用的数据按照消费者识别ID分为两类，分别是社交媒体消费者识别ID和手机号码。社交媒体消费者识别ID，是社交媒体给出的消费者唯一识别ID，但是针对不同企业进行了算法加密隔离，不同企业之间的数据无法打通。以微信为例，消费者张三的微信ID是ZHANGSAN，同时关注企业甲的公众号A和B（同一个广告主拥有多个公众号）和企业乙的公众号C，企业甲在申请公众号时只需要告诉腾讯公司，公众号A和B都是属于自己的（同一个营业执照号），从微信API接口拿到公众号A和B的数据中，张三的微信OpenID都是加密后的"zhangsanABC"，数据可以互相打通。但是企业乙从微信API拿到的数据中，张三的微信OpenID是加密后的"zhangsanDEF"，和企业甲收集的数据不一样而无法打通使用。手机号码，是企业客户关系管理数据中的常规消费者识别ID。

SCRM数据源包括5大类：社交媒体为企业提供的两种数据（API接口数据、支付数据）以及非社交媒体提供但可以和社交媒体数据对接的3种数据（社交媒体监测数据、电商数据和线下会员数据）。这些数据帮助企业完成用户画像。

1. API接口数据

社交媒体为企业提供的标准数据接口。企业可以获得用户的主要信息如：注册信息（性别、所在国家、所在城市等，考虑很多消费者不会填写真实信息，数据可用度并不高）、互动行为（打开公众号、浏览和转发图文推送、留言、点赞等行为）、地理位置（当关注者打开公众号时，可以设置自动询问是否分享地址位置信息，大部分关注者都会拒绝，因此数据可用度也并不高）。

2. 社交媒体监测数据

社交媒体并不允许企业对公众号主界面以及常规的图文推送埋设监测代码，但是可以监测小程序、H5、浏览记录、关注用户的部分行为数据。

3. 电商数据

消费者在任何电商平台进行购买的时候，企业都可以获得手机号（邮寄信息），但是社交媒体为企业提供的数据中并不包括手机号。在常规情况下，电商数据和社交媒体数据无法打通,从理论上来讲,企业无法知道公众号关注者经过长期互动后是否产生购买行为。

例如,曾经有企业通过"提供手机号免费赠送手机流量""输入手机号测星座和运程"等营销方式来获取关注者的手机号,界面如图4-5所示,但当腾讯发现这种行为后,在公众号使用政策上进行了限制,一旦发现,按照"诱导行为"进行处罚,最严重的情况是直接关闭企业的公众号。

现在普遍使用的方式是企业在公众号中使用SCRM的会员模块,引导消费者成为会员来享受积分、优惠券等权利,换取消费者输入手机号成为会员。通过会员手机号就可以打通电商数据,但是从关注到会员的转化率并不高。

图4-5 通过输入手机号测运势的营销方式

4. 线下会员数据

很多零售、美妆等企业在过去十年已经构建了以手机号为消费者识别码的会员管理体系。为了更好地使用社交媒体流量,这些企业都选择把已有会员系统迁移至微信、微博等社交媒体上来打通与线下的销售数据。星巴克、GAP、优衣库等需要和消费者进行高频互动的企业都已经完成了会员体系向SCRM的迁移。

5. 支付数据

以微信支付为例,当消费者在电商或者线下平台使用微信支付进行购买的时候,微信提供给企业的支付数据中包括消费者识别ID(微信Open ID),从而使企业了解微信营销中覆盖的消费者是否最终使用微信支付完成购买。

4.3 SCRM 体系

4.3.1 应用体系

SCRM体系分为数据源、数据库、应用体系、会员管理体系、消费者互动体系和外部对接系统六大部分多个模块,这些模块大多可以单独分割使用,虽然搭建所有模块需要上百万投资，但是不同行业不同体量企业可以根据自己的实际需求，选择适合自己的模块来构建自己的 SCRM 体系。SCRM 体系架构如图 4-6 所示。

客户服务模块：消费者可以使用"在线客服"或者人工客服、智能聊天机器人与企业实现互动。有些企业已经拥有基于呼叫中心的客户服务系统，可以考虑将 SCRM 的客户服务模块直接和现有系统进行对接。

账号管理模块：企业通过一套界面管理所有账号的运营。

数据分析模块：基于社交媒体消费者数据库中的各种数据，经过分析后可以对消费者个体级别打上不同的标签。在营销接口中使用这些标签，就能实现"千人千面"的营销。

内容管理模块：企业在营销中涉及大量的营销内容，在内容管理模块中可以把这些内容也贴上标签，方便企业快速查找和使用。同时在实现"千人千面"营销中，需要把消费者的标签和内容的标签进行匹配。

数据可视化模块：在 SCRM 的日常运营过程中，企业希望更及时地看到关注者数量、营销活动中的转发、互动数量等运营情况。在消费者数据库上构建一套商业智能系统（business intelligence，BI），可以帮助企业及时地看到各种图片，了解社交媒体账号的运营情况。

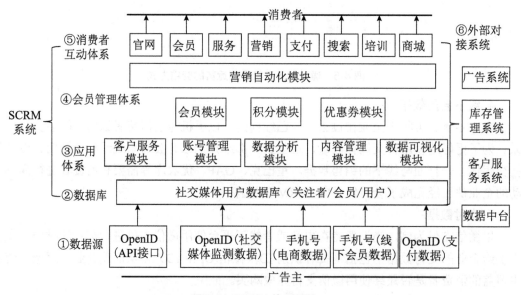

图 4-6　SCRM 体系架构

4.3.2　会员关系管理体系

会员关系管理是 SCRM 的核心，也是 SCRM 和社交媒体运营的最大差别。吸引消费者成为会员，渗透消费者的采购决策链以及售后等节点，是保持企业和消费者高频互动和更高忠诚度的关键因素，会员关系管理系统主要包括三个模块。

会员系统：会员注册流程、会员 ID 分配、会员等级管理。

积分系统：各种形式的积分获取和花费方式，多个企业的会员关系管理体系的积分互换等，这是会员管理体系中最复杂的模块。因为积分的定量需要和成本挂钩（即每个积分等同于多少钱的企业预算），往往需要企业市场部和财务部进行精算。基于固定的营销预算，企业每年能发出去多少积分，消费者不同的行为能获取多少积分的定量，这些都是极其复杂的数据科学。此外还需要考虑"薅羊毛党"的存在，避免被恶意套取积分。

优惠券系统：由于不同社交平台的后台体系不同，在不同平台领取优惠券后如何往京东、淘宝、天猫、拼多多等主流电商引流需要在技术层面将数据打通。如图 4-7 所示，在微博领取优惠券后，可以通过淘口令的方式在淘宝领取优惠券购物，原价 24.9 元的鼠标只需要花费 14.9 元即可购买到。

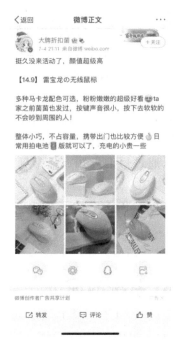 

图 4-7　在微博领取优惠券后前往淘宝购买鼠标

会员等级和积分是吸引消费者长期使用 SCRM 的重要因素，表 4-3 是常用的基于消费者分层的积分和会员等级政策。

表 4-3　消费者分层积分及会员等级政策

消费者阶段	积分来源	积分用途	特殊政策	会员等级
用户	购买	售后服务、线下活动、商品试用等	积分不过期	按照积分多少晋级，等级越高，积分获得速度将会翻倍
会员	手机号认证、营销活动、会员推荐等	抽取优惠券、抽奖获得商品小样等	积分过期	只能最低等级，无法晋级
关注者	会员推荐	不可用	无	无

4.3.3　外部对接系统

对于拥有复杂营销技术资源的大型企业，往往考虑打通 SCRM 和已有营销系统，常规的系统打通方式如下。

数据中台：社交媒体数据只是企业可获取数据的一部分，当企业还拥有大量广告、SCRM、线下数据，需要构建完整的数据中台时，就会抽取 SCRM 数据到数据中台使用。

客户服务系统：考虑在社交媒体中能实现的客户服务场景如在线问答、视频培训等相对有限，当企业拥有呼叫中心、线下售后等客服系统时，可以直接对接社交媒体。例如，在品牌手机的维修领域，消费者可以在微信公众号中查询最近的官方认证维修点，预约送修时间，查询维修进程，以及预约取回时间。

库存管理系统：SCRM 的会员功能中，避免"羊毛党"薅取积分的重要数据对接。"羊毛党"会先通过真实采购商品获得积分，之后按照售后政策进行退货，再利用时间差使用积分套取各种会员福利。为了避免这种情况的发生，需要 SCRM 会员体系和库存管理体系更实时的数据对接。

短信发送系统：当消费者在社交媒体中成为会员，留下手机号码，但是又因为各种原因取消关注公众号后，手机短信是召回消费者的最后一招。此外，当企业在公众号中发布了重要消息，但是消费者并没有浏览时，也可以通过短信告知。最常见的应用场景是"双 11""双 12"等电商购物节。

社交广告系统：在企业获取消费者的社交媒体 OpenID 后，除了在 SCRM 的闭环中使用之外，还可以直接对接社交广告系统，购买广告。

4.4　人工智能 SCRM 系统的演进

4.4.1　客户关系管理的发展历程

纵观客户关系管理的发展，主要经历了三个阶段，其研究重点从客户满意最大化向客户挽留最大化转变。第一阶段是 20 世纪 80 年代，识别和测度客户满意并谋求其最大化；第二阶段是 20 世纪 90 年代早期至中期，关注客户满意与主要客户行为（如再购买、口碑）的关系；第三阶段是 20 世纪 90 年代后期以来，关注客户满意、服务质量与利润的关系，企业把客户关系投资与客户盈利性联系在一起，以及客户关系管理信息系统的应用。相应地，企业营销与管理实践也经历了从直接销售到 20 世纪 60 年代的大量营销（mass-marketing）、20 世纪 80 年代的目标营销（target-marketing）、数据库营销、电话销售（tele-marketing）、直邮（direct-mail campaigns）、互动营销、直复营销、关系营销以及进入 21 世纪的大数据营销、智慧营销、数字营销，再到当前人工智能背景下新型客户关系管理的发展历程。

客户关系管理是营销管理演变的自然结果。在围绕客户进行的营销活动中，企业管理者发现传统的以 4P 为核心、由市场部门实现的营销方法越来越无法实现营销的目标，越来越多的企业开始采用 4C、4R 或 4V 的营销策略来代替传统 4P 或与之相结合，营销重点开始由满足客户需求向保持客户关系转变，这一过程也体现出传统营销向客户关系管理的过渡。对客户关系管理应用的重视来源于企业对客户长期管理的观念，这种观念认为客户是企业最重要的资产，并且企业的信息支持系统必须在给客户以信息自主权的要求下发展。成功的客户自主权将产生竞争优势，并提高客户忠诚度，最终提高企业的利润率。近年来，信息技术的快速发展催生了许多新的营销模式和营销方法。

1. 多元营销

企业、产品、客户三者间的利益相关，主要有功能利益、流程利益、关系利益。大多数客户较多关注功能利益，较少关注流程利益和关系利益，而这三种利益的价值取向分布并不完全相同。功能利益、流程利益和关系利益构成了多元营销中的三维。

2. 整合营销

整合营销与传统营销最大不同在于整合营销将整个计划的焦点置于现实的消费者和潜在的消费者身上，而不是放在公司的目标利润上，也就是始终坚持一切以客户为中心。研究消费者的需要，销售消费者想要购买的产品，而不只是出售自己所能制造的产品；了解消费者为满足其需要与欲望愿意付出的成本，而不是采用"一刀切"的产品定价策略；考虑如何为消费者购得商品提供方便，而放弃以往产品的销售渠道策略；与消费者建立良好关系的关键是沟通，而不仅仅是促销。在整合营销中，凡是与消费者相关的活动均纳入营销体系，扩大了传统营销的范围。

3. 伙伴营销

伙伴营销是一种建立在互联网基础之上的新型商业模式，这种模式克服了传统营销的缺点。简单地说，是在营销人员与客户进行促销交谈时，把客户作为平等的合伙人来看待。伙伴营销涵盖了互联网技术的两大特征。首先，互联网的发展使得企业和客户之间可以迅速沟通，同时又降低了成本；其次，互联网信息技术的发展弱化了企业和客户之间的信息不对称，而这也在一定程度上保证了客户在关系中的自主权和主动权，使得客户从传统营销关系中的被动消费转向主动决策，充分反映了客户中心时代的到来。

在伙伴营销模式中，不再是企业寻找目标客户，而是客户选择企业。老练的消费者会同时与几家同类公司保持联系。因此，企业应该通过设计满足客户需求的广告和促销活动来影响客户的行为，这样可以与客户保持更为紧密的关系；相反，没有采取有效行动的企业将与消费者更为疏远。

4. 网络营销

网络营销是伴随互联网的产生和发展而产生的新的营销方式。网络营销不同于传统的营销方式，并非简单的营销网络化。但它并未完全抛开传统营销理论，而是与传统营销的整合。简单地讲，网络营销是利用互联网等电子手段进行的营销活动。网络营销与传统的营销方式在营销的手段、方式、工具、渠道以及营销策略等方面都有本质的区别，但两者的目的都是销售、宣传商品及服务，加强与消费者的沟通和交流等。

5. 移动营销

移动营销早期称作手机互动营销或无线营销。随着互联网技术的发展和移动设备的普及，移动互联网市场迅速发展，手机已经成为网民最常用的上网渠道之一。因此，企业通过网络对持有移动设备的消费者进行移动营销，不仅即时有效、方便快捷，还有助于企业巩固与客户的关系，根据客户的动态信息建立一对一的定制化营销方案，提高营销活动的准确性和到达率。移动营销（mobile marketing）指面向移动终端（手机或平板电脑）用户，在移动终端上定向和精确地传递个性化即时信息，通过与消费者的信息互动达到市场营销目标的行为。在强大的云端服务支持下，利用移动终端获取云端营销内容，实现把个性化即时信息精确、有效地传递给消费者个人，达到"一对一"的互动营销目的。

6. 数字营销

大数据时代，消费者生活方式和消费习惯的变化使企业不得不做出调整，采用与之适应的营销手段。消费者花费在网络上的碎片化时间越来越多，这为数字营销的产生提供了契机。数字营销是借助互联网、电脑、手机等数字交互媒体来帮助企业实现营销目标的一种营销方式，企业通过数字化的传播渠道进行品牌传播、产品推广和营销交流，利用最有效、最省钱的方式实现新市场的开拓和新消费者的开发，并以即时、高效、快捷、廉价的方式与消费者保持沟通，在维护企业利益的同时实现最佳营销效果。

4.4.2　大数据与客户关系管理

大数据（big data），又称巨量资料，指的是在可接受的一段时间内无法利用现有常规数据库管理技术或数据处理工具进行获取、存储、分享、分析的、可视化的大型复杂数据集合。在维克托·迈尔-舍恩伯格及肯尼斯·库克耶编写的《大数据时代》中，大数据不用随机分析法（抽样调查），而采用所有数据进行分析处理。Gartner咨询公司把大数据定义为需要新处理模式才能具有更强的决策力、洞察发现力和流程优化能力来适应海量、高增长率和多样化的信息资产。麦肯锡全球研究所给出的定义是：一种规模在获取、存储、管理、分析方面大大超出了传统数据库软件工具能力范围的数据集合，具有海量的数据规模、快速的数据流转、多样的数据类型和价值密度低四大特征。IBM提出大数据的5V特点：volume（大量）、velocity（高速）、variety（多样）、value（低价值密度）、veracity（真实性）。

在移动互联网时代，客户无时无刻不在产生大量的数据信息。对企业而言，只有有效地分析和运用所获取的全部数据，通过对客户进行高效、精准的定位，才能为客户提供更好的产品或服务，以满足其个性化需求，进而实现企业和客户的双赢，而这也是大数据分析及其应用价值的根本所在。大数据技术的战略意义不在于掌握庞大的数据信息，而在于对这些含有意义的数据进行专业化处理。换而言之，如果把大数据比作一种产业，那么这种产业实现盈利的关键，在于提高对数据的"加工能力"，通过"加工"实现数据的"增值"。

大数据分析是揭示大数据本身中各种数据模式的过程，包括数据挖掘、预测分析以及数据管理等内容。在企业经营活动中，大数据分析的一种典型应用就是客户运营方面。通过对数据的处理和分析，可以在渠道开拓、客户活跃度提升、客户信息留存及客户分类等业务提供数据支持。具体来看，企业运用大数据分析进行客户运营时，一般需要注意以下几个方面。

（1）所有的数据都是有用的。企业在进行数据分析时，不能仅仅依赖小部分采样数据，而是要最大化地利用大数据，并从中分析和预测客户的行为趋势。

（2）不断扩大数据量，保障数据的及时更新。企业只有拥有足够多的数据信息并且能高效地面对这些多源、复杂的数据结构，才有可能准确地找到并分析目标用户。同时，企业需要根据自身发展的需要，创新数据的获取方式，不断补充数据的分析量，以确保数据分析结果对企业决策的有效性。

（3）打破"数据孤岛"，发掘数据之间的相关关系。随着数据量的增长，企业处理和分析数据的难度和成本也会相应增加，此时，企业应该尽可能去关注数据之间的相关关系，找出数据之间的内在逻辑，以期更好地为客户决策提供信息服务。

（4）提高数据处理能力。移动互联网和社交媒体等媒介催生了庞大的用户群体以及这些用户所生成的文本数据、图片数据、音频数据和视频数据等非结构化数据。企业要想更快、更准确地收集、处理和运用这些数据，就需要强大的数据处理能力作为支撑。

大数据对于客户关系管理转型升级也会有一定的影响。客户关系管理既是一种策略，也是一种工具，其目的是通过信息技术和自动化流程来管理与客户的互动，以实现可持续的绩效增长和长期稳定的客户关系。任何客户关系管理的成功，都离不开广泛且准确的数据分析来提供支撑，以帮助企业有效地实现客户的识别、获取、挽留和回请。随着大数据时代的到来，传统客户关系管理正面临海量数据所带来的挑战，客户关系管理亟待转型升级。大数据分析技术的发展，催生了新型客户关系管理战略，企业可以利用大数据分析技术为客户提高更好的体验，尤其是实现销售、服务以及客户服务方面的个性化和定制化。图 4-8 显示了大数据技术增强客户关系管理战略的基本框架。

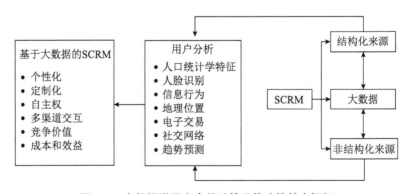

图 4-8　大数据增强客户关系管理战略的基本框架

4.4.3　区块链与客户关系管理

区块链（blockchain）是信息技术领域的术语。从本质上讲，区块链是一个共享数据库。

区块链的分布式数据存储、点对点传输、共识机制、加密算法等是计算机技术的新型应用模式。从科技层面来看，区块链涉及数学、密码学、互联网和计算机编程等很多科学技术问题。从应用视角来看，区块链是一个分布式的共享账本和数据库，具有去中心化、不可篡改、全程留痕、可以追溯、集体维护、公开透明等特点。这些特点保证了区块链的"诚实"与"透明"，为区块链创造信任奠定基础。而区块链丰富的应用场景，基本上都基于区块链能够解决信息不对称问题，实现多个主体之间的协作信任与一致行动。

区块链的基础架构主要由数据层、网络层、共识层、激励层、合约层和应用层组成，如图 4-9 所示。其中，数据层封装了底层数据区块以及相关的数据加密和时间戳等基础数据和基本算法；网络层则包括分布式组网机制、数据传播机制和数据验证机制等；共识层主要封装网络节点的各类共识算法；激励层将经济因素集成在区块链技术体系中，主要包括经济激励的发行机制和分配机制等；合约层主要封装各类脚本、算法和智能合约，是区块链可编程特性的基础；应用层则封装了区块链的各种应用场景和案例。在该模型中，基于时间戳的链式区块结构、分布式节点的共识机制、基于共识算力的经济激励和灵活可编程的智能合约是区块链技术最具代表性的创新点。

图 4-9　区块链的基础架构

与传统数据存储和处理技术相比，区块链技术具备了去中心化、不可篡改性、可追溯性、安全可信性和高灵活性等特征，这使得区块链技术具备改变企业所有应用程序设计方式的极大可能，其中包括对客户关系管理产生重要影响。

首先，从根本上打破企业内部的"数据孤岛"。客户关系管理的目的和意义在于收集、存储和分析企业与客户之间的互动信息，并以此为依据提升客户满意度和客户忠诚度，以便实现双方价值的最大化。随着互联网和社交媒体等信息技术的发展，企业需要处理的数据不论是在数量还是在类型上都呈现出日益增加的趋势。但由于企业内部不同部门之间存储和使用数据的方式不同，进而导致了所谓的"数据孤岛"现象——难以便捷地把数据收集起来为企业所用。因此，企业需要更加有效的数据处理方法，以满足基于多源数据的、全方位的立体客户画像的需求。区块链系统使企业内部各个部门都可以作为参与者，对这些数据块共同进行管理和维护。同时，区块链技术还可以通过改写脚本程序和算法机制等，实现架构的灵活调整，从而为客户关系管理提供丰富且灵活的数据基础。

其次，区块链增强了客户关系管理的安全性。通过特殊加密技术、时间戳以及分布式结构等功能模块，区块链技术使存储在系统内的数据无法被任何外部人员篡改。同时，区块链高冗余式的存储结构，能够将系统自建立之初的数据科学地存储起来，实现了数据的可追溯性，为企业在实施客户关系管理时提供了强有力的安全保障。

最后，区块链通过解决数据隐私问题改善客户关系管理。客户关系管理是围绕着客户信息和数据展开的，整个客户关系管理战略的实施过程中必然会涉及客户数据的保护问题。当客户感觉自己的个人信息被侵犯之后，客户关系管理的效果和意义将会大打折扣。区块链技术的应用，赋予了客户更多的自主权，客户可以自行决定是否将个人信息交付给企业使用。同时，这也在一定程度上约束了企业对客户数据的使用，从而为客户营造了安全可信的互动氛围，进而改善客户关系管理。

尽管区块链技术能够强化客户关系管理的效率和效果，但将区块链技术应用于客户关系管理中也存在着一定的障碍和挑战。首先，当企业试图授权合作伙伴或上游供应商，允许其对所收集和存储的数据进行访问和检索以改善客户服务时，还需要供应商或合作伙伴也规划和部署相应的区块链技术、构建区块链网络，这无疑加大了区块链应用的难度；再者，对一些提供基于区块链的客户关系管理软件的供应商来说，由于缺乏熟悉区块链技术开发和应用技术的人才，围绕客户关系管理实践推出区块链解决方案本身就是一项巨大的挑战；最后，尽管区块链技术能够保障数据的安全性，但该技术仍存在一定的隐私和安全问题。

4.4.4　人工智能与客户关系管理

人工智能是研究、开发用于模拟、延伸和扩展人的智能的理论、方法、技术及应用系统的一门新的技术科学，它试图了解智能的实质，并生产出一种新的能以人类智能相似的方式做出反应的智能机器，该领域的研究包括机器人、语言识别、图像识别、自然语言处理和专家系统等。人工智能从诞生以来，理论和技术日益成熟，应用领域也不断扩大，可以设想，未来人工智能带来的科技产品，将会是人类智慧的"容器"。

在计算机被发明以前，**繁重的科学和工程计算是要人脑来承担的**，如二战时期著名的曼哈顿计划，超过10万名科学家和工程技术人员参与了原子弹的研制。如今计算机不但能完成这种计算，而且能够比人做得更快、更准，因此当代人已不再把这种计算看作"需要人类智能才能完成的复杂任务",可见复杂工作的定义是随着时代的发展和技术的进步而变化的,人工智能这门科学的具体目标也随着时代的变化而变化。它一方面不断获得新的进展,另一方面又转向更有意义、更加困难的目标。通常,"机器学习"的数学基础是"统计学""信息论"和"控制论",还包括其他非数学学科。这类"机器学习"对"经验"的依赖性很强。计算机需要不断从解决一类问题的经验中获取知识、学习策略,在遇到类似的问题时,运用经验知识解决问题并积累新的经验。

客户关系管理系统功能主要是对销售、营销和客户服务三部分业务流程的信息化;与客户进行沟通所需手段(如电话、传真、网络、Email等)的集成和自动化处理;对前两部分功能产生的信息进行加工处理,产生客户智能,为企业的战略决策提供支持。与传统信息技术相比,人工智能技术在客户关系管理系统的应用,不仅可以帮助企业分析海量数据,发掘和理解这些数据之间的联系,还能够更好地理解客户,代替人与客户的沟通、服务等工作内容,实现精准营销。

随着互联网技术以及社交化媒体的发展,企业与客户以及客户与客户之间可以进行沟通互动的渠道也越来越丰富,而渠道的增加也在一定程度上带来了数据量的进一步增加。例如,一位红米手机用户可能会在小米公司的官方微博、微信公众号或者自己的微博、抖音、微信朋友圈以及微信群里,分享自己对红米手机的使用心得或者向周边朋友推荐红米手机,这些行为背后对应的是大量的、跨渠道的、非结构化的数据,有待企业加以收集和分析。

借助大数据、云计算、区块链、人工智能等新兴技术,企业不但可以获取传统的结构化数据,还能够高效地收集多源渠道的非结构化数据,包括人口统计特征、线上活动行为、线上交易的历史记录、社交媒体生成内容等,以便使企业能够更加全面、系统地分析数据、理解客户,更详尽地勾勒出不同客户的全方位立体画像。企业可以更加精准地对客户针对相关营销信息和产品的反应趋势进行预测,并以此为基础,加强与客户的互动,打通多元渠道的连接,进而针对客户的独特需求为其提供个性化的"千人千面"服务,实现客户体验的一致性,提升客户的满意度和忠诚度,强化双方之间的长期关系,最终在为客户创造价值的同时也为企业创造利润。基于人工智能的SCRM功能框架,如图4-10所示。

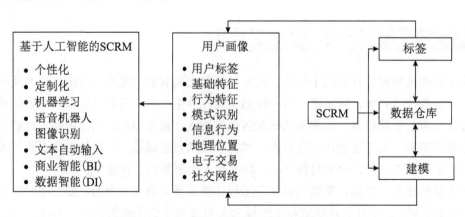

图4-10 基于人工智能的SCRM功能框架

案例 4-1：华为云 DWS 企业级数据仓库

华为公司企业级数据仓库（data warehouse service，DWS）是基于华为云的新型数据仓库解决方案。在近期权威 IT 咨询机构——Forrester 发布的"The Forrester Wave™：Cloud Data Warehouse Q4 2018"研究报告中，华为公司凭借该 DWS 荣登榜单。除此之外，华为云 DWS 还连续两次入选 Gartner 所发布的数据管理解决方案魔力象限。这些上榜和入选，都从侧面反映了业界对华为云 DWS 的认可。

早在 2017 和 2018 年初，Gartner 发布的数据管理解决方案魔力象限中，华为企业级数据仓库就已连续两年入选，并在国产品牌中排名第一。这代表业界权威机构对华为企业级数据仓库的一致肯定和高度评价。华为云 DWS 已使用在金融、车联网、政企、电商、能源、电信等多个领域，客户普遍表示 DWS 的查询分析性能优于 Oracle 等数据仓库，性价比提升数倍，同时具备大规模扩展能力和企业级可靠性，是企业数据仓库的最佳选择。华为云 DWS 的优势有如下几点。

（1）分布式架构、大规模并行引擎、支撑 $T+0$ 业务敏捷决策。

DWS 基于无共享分布式架构，具备大规模并行处理引擎，支持行列混合存储，具有智能代价模型、B-Tree 索引、延迟物化、低阶虚拟机等一系列技术，用户无需调优即可体验万亿数据分析毫秒级响应，性能异常强悍，可支撑企业 $T+0$ 数据分析和业务敏捷决策。DWS 架构图如图 4-11 所示。

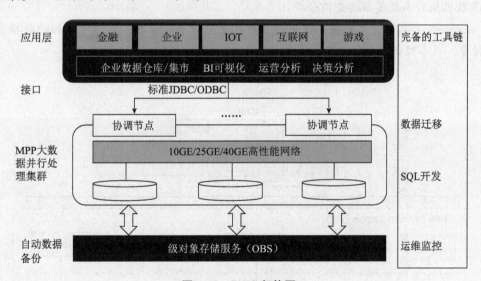

图 4-11　DWS 架构图

（2）强数据一致性和高可用设计，满足企业核心业务要求。

信息瞬息万变的今天，公司领导、分析师、业务人员等可能随时需要看到第一手最准确的报表数据，这就要求数据仓库在任意时刻都要保证数据的一致性、准确性和完整性，并且不间断运行。

DWS 具备分布式事务 ACID 特性，即原子性（atomicity）、一致性（consistency）、

隔离性（isolation，又称独立性）、持久性（durability），就是在任何时候、对任意数据量增删改均能100%保证数据的强一致性、准确性和完整性，不会让数据出现"毫厘之差"。

在可靠性方面，DWS所有组件采用多活或主备设计，结合黑科技SQL容错（Fault-tolerant）特性，在软硬件损坏情况下保障业务不中断。

随着数据不断增长，扩容成为企业数仓的常态，DWS支持在线扩容机制，扩容过程对客户业务无感知。DWS还具备独创的主备数据保护机制，并提供自动化增量备份功能，备份数据存储在对象存储（object based storage，OBS）中，保障业务数据不丢失。

（3）与数据湖无缝集成，挖掘云硬盘级数据金矿。

企业中一般存在着各种业务系统、运维系统以及物联网设备，每个系统或设备每天产生大量各式各样的数据，这些数据汇聚一起形成PB-EB级"数据湖"，越来越多的企业希望能将数据分析能力从数据仓库扩展至"数据湖"，进行更深层次的数据分析，发掘更多的规律和价值。

DWS的强大特性Express应运而生。如图4-12所示，通过Express可以直接查询分析云硬盘级OBS数据湖，而无须预先加载至DWS内部，从而帮助用户发掘数据湖中"暗数据"的价值。

Express全面兼容SQL 2003标准，现有的客户端或BI工具无需修改即可直接使用，其具备的CBO代价模型和算子智能加速能力，可以在数秒至数分钟内针对云硬盘级OBS数据执行高度复杂的查询分析。

Express不需要预先购买，使用过程中也无须配置或管理，只须对扫描的数据量进行付费，成本极低。

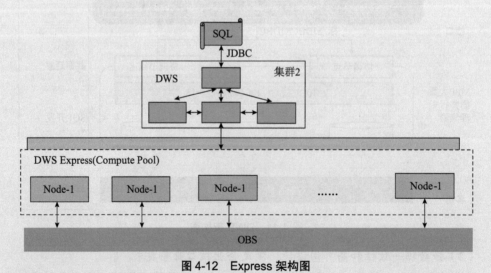

图4-12 Express架构图

（4）安全可信，让企业无后顾之忧。

DWS构建在华为云的基础软件设施之上，包括云主机和云存储，在2017年通过中国数据中心联盟的可信云认证。并且，DWS获得来自华为网络安全实验室ICSL的认证，该认证基于英国当局颁布的网络安全标准设立。

除此之外，DWS 在欧洲也提供云服务，已通过德国的隐私和安全管理当局的官方认证，满足欧盟对数据安全和隐私的要求。

（5）极简易用"零"学习成本。

相比于动辄耗时数天、需要专业人员才能搭建的传统数据仓库，使用 DWS 只需轻点几下鼠标，输入几项基本配置信息，几分钟即可完成创建，效率提升数百倍。

DWS 支持多种高、中、低规格配置，用户可根据业务需要选择合适的规格。也可以最初选择中等规格，随着业务发展需要，按需进行节点升降配置或横向扩展。同时，DWS 提供全面的运维管理功能，免去用户自行运维成本。

DWS 全面兼容 SQL 2003 标准，内置联机分析处理（online analytical processing, OLAP）函数，利用 DWS 内置丰富函数即可开始复杂的统计分析。

DWS 兼容 PostgreSQL 开源生态，支持与业界众多 IDE、ETL、BI 等开源工具无缝对接，如 SQL Workbench/J、DBeaver、Kettle、Superset 等；除此之外，DWS 与众多主流第三方商业软件完成兼容认证，用户可按需选择。

案例 4-2："蔚来汽车"客户关系管理创新

第四章 扩展阅读

思考题

1. 什么是客户关系管理？
2. 社交化客户关系管理和传统客户关系管理有哪些区别？
3. 试说明社交媒体时代客户购买行为模式是如何演变的。
4. 简述 SCRM 数据源的类型。
5. 绘图说明 SCRM 的体系架构。
6. 简述大数据、区块链、人工智能等技术赋予 SCRM 的新功能。

即测即练

第五章　客户体验管理

学习目标

通过本章学习，学员应该能够：

- 了解客户体验管理的主要内容；
- 了解网络社区与内容传播的基本原理和方法；
- 掌握客户旅程设计方法。

5.1　什么是客户体验管理

客户体验管理是近年兴起的一种客户管理方法和技术。根据伯尔尼.H.施密特（Bernd H·Schmitt）在《客户体验管理》一书中的定义，客户体验管理（customer experience management，CEM）是"战略性地管理客户对产品或公司全面体验的过程"。它以提高客户整体体验为出发点，注重与客户的每一次接触，通过协调整合售前、售中和售后等各个阶段，打通各种客户接触点或接触渠道，有目的地、无缝隙地为客户传递目标信息，创造匹配品牌承诺的正面感觉，以实现良性互动，进而创造差异化的客户体验，实现客户的忠诚，强化感知价值，从而增加企业收入与资产价值。

通过对客户体验加以有效把握和管理，可以提高客户对公司的满意度和忠诚度，并最终提升公司价值。所谓体验，就是企业以服务为舞台、以商品为道具进行的令消费者难忘的活动。产品、服务对消费者来说是外在的，体验是内在的，是个人在形体、情绪、知识上参与的所得。客户体验是客户根据自己与企业的互动产生的印象和感觉。厂商客户对厂商的印象和感觉是从他开始接触其广告、宣传品，或是第一次访问该公司就产生了，此后，从接触厂商的销售、产品，到使用厂商的产品，接受其服务，这种体验得到了延续，因此，客户体验是一个整体的过程。一个理想的客户体验必是由一系列舒适、欣赏、赞叹、回味等心理过程组成，它带给客户以获得价值的强烈心理感受；它由一系列附加于产品或服务之上的事件组成，鲜明地突出了产品或服务的全新价值；它强化了厂商的专业化形象，促使客户重复购买或提高客户对厂商的认可。服务接触（service encounter）指的是在服务体验过程中顾客与服务组织的服务提供者进行接触而发生的相互影响、相互作用。服务接触过程是顾客评价服务产品质量的关键所在，揭示了服务的真面目，所以在服务质量管理中又称为"关键时刻"，亦即"真实瞬间"。这个概念由斯堪的纳维亚航空公司的创始人简·卡尔森（Jan Carlzon）提出，指客户形成一个关于企业的印象或感觉的任何情绪。瑞典学者理查德·诺曼（Richard Normann）最早于1984年将其引进服务质量管理理论之中。诺曼认为"顾客心中的服务质量是由真实瞬间的相互影响来定义的"。一个顾客和服务提供者一起经历多次相遇之时，在这经常的、短暂相遇的瞬间中，顾客评价服务并形成对服务质量的看法。每一个真实瞬间就是一次影响顾客感知服务质量的机会。

客户体验管理的目标是在各个客户接触点上（如销售人员、呼叫中心、代理商、广告等）产生"真实瞬间"的良好感知，使客户关系最优化、客户价值最大化。

在人工智能时代，客户体验管理贯穿整个客户旅程。在整个客户旅程中，客户通过多个接触点、多个渠道与品牌进行互动，每一次互动都会产生大量的客户体验数据。客户体验管理，就是聚合并分析全触点、全渠道的客户体验数据，洞察客户喜好与诉求，帮助企业发现并解决问题，辅助企业各部门作决策。

与价格、销量等数值型的、结构化的数据不同，客户体验反馈大多是文本型的（很少一部分是音频、图片、视频等）、非结构化的数据。文本型数据具有多维、语义复杂的特点，很难直接进行分类和分析。以电商评论分析为例，这类评论由已购买、已使用的客户发出、数据量大、分布密度高、观点明确，是非常重要的客户体验文本。采用基于深度学习的自然语言处理技术，对评论文本中所提及的指标进行情感倾向分析（正面、负面、中性）和典型意见挖掘。进而帮助产品、运营、客服、市场、品牌等部门发现问题与智能决策，提升整个客户旅程的客户体验。

客户体验管理的评价指标主要包括以下几个方面。

（1）客户满意度指数（customer satisfaction index，CSI）是一个用来衡量客户对业务、购买或互动满意程度的指标，也是衡量客户满意度最直接的方法之一，可以通过一个简单的问题来获得。例如，"对自己体验的满意程度"一般使用五点量表，包括非常满意、满意、一般、不满意、非常不满意。通过计算选择 4 分和 5 分的用户所占比例得出 CSI 值。

（2）净推荐值（net promoter score，NPS）是 2003 年首次提出的、一种用于计量客户向他人推荐某企业产品或服务意愿的指数，计算公式为：

NPS=（推荐者数 / 总样本数）×100% -（贬损者数 / 总样本数）×100%

其核心理念是：每家公司的顾客群可以分为三类，每一类都有自己专属的行为模式。

推荐者：即铁杆粉丝，他们不仅自己反复光顾，还督促朋友也这样做。

被动者：即满意但不热心的顾客，可被竞争对手轻易拉拢。

贬损者：即不满意的顾客，出于某种原因被困在一段糟糕的关系中。

比如某品牌想了解客户是否满意，那么就可以在问卷中设置 NPS 题型——"你有多大可能把我们的产品推荐给朋友或同事？请从 0 ~ 10 分打分"。

NPS 是衡量产品与服务能否真正获得用户认可的必要标准，用它来预测重复购买、未来新增消费等更准确。

（3）顾客流失率（customer attrition rate，CAR）是顾客流失数量与全部消费产品或服务顾客数量的比例。它是顾客流失的定量表述，是判断顾客流失的主要指标，直接反映了企业经营与管理的现状。

（4）客户保持率（customer retention rate，CRR），指企业继续保持与老客户交易关系的比例，也可理解为顾客忠诚度，企业留住老顾客的能力是企业保持市场份额的关键。实际上，留住老顾客比开发新顾客要容易得多，成本也低得多。

（5）客户费力度（customer effort score，CES）是在 2010 年《哈佛商业评论》中被提出，

可理解为：让用户评价使用某产品或服务来解决问题的困难程度，该指标衡量消费者通过企业的产品来满足需求而要付出的努力程度。

（6）顾客全生命周期价值（customer lifetime value，CLV）是消费者在一个完整的生命周期当中，即客户获取、提升、成熟、衰退和流失各阶段中，为企业带来的当下收益和预期收益的总和。

（7）其他如购买范围等。

5.2 客户体验的要素

客户体验涉及企业的方方面面，包括产品设计、销售、服务、管理等，其中最重要的是企业内外部的工作人员、业务流程、相应的技术支撑、以及整个过程的一致性，构成了客户体验的四要素。

5.2.1 人（服务）

这里的人既是指企业和合作伙伴的员工，也代指他们提供的服务。在客户体验过程中，能够深刻影响客户服务感知的不是有形产品，而是员工提供的无形服务。员工，尤其是一线员工，在与客户接触的过程中，要有充分的授权去决策和沟通。当客户表达出自己的不满之处时，对接的员工能够直截了当地解决要远比"道歉和寻求领导指示"来得高效。从这个角度看，企业适时制定完善的服务准则，给予员工恰当的授权范围是提升客户体验的一个必要条件。

以海底捞为例，一线员工可以视情况赠送菜品给客户，还拥有免单权。如果就餐当天对客户是个特别的日子，如客户的生日，一线员工则可以自行决定为客户开设雅间，或者赠送果盘，在菜的价格上也可以给予一定的优惠。这种管理方式让客户对海底捞感到很亲切，客户体验的分值自然也就很高。

当商业企业进入人工智能时代，"人"的重要性更体现在服务定制上。移动互联网、物联网、人工智能等技术的迅猛发展，为"服务"提供了广阔的平台。再加上传统产业的升级转型以及人们消费体验及层次的不断提升，设计师们逐渐从行业的配角蜕变成主角，他们的方向也从传统的产品设计、平面设计，向服务设计转型。在互联网、科技、人工智能等与设计不断融合的背景下，掌握了整合创新设计的能力，就能占领这个时代消费升级和模式创新制高点。

如图 5-1 所示，以共享单车为例，在 2014—2015 年的智能硬件热潮中，凭借出色的产品设计崭露头角，获得诸多资本的青睐。前期，客户对此还比较认可，站桩停车、刷卡骑行等也能欣然接受，但当移动互联网和移动支付成为普遍现象的时候，这一切就改变了。客户认为早期的共享单车程序烦琐，不再为此买单。打开手机扫码注册，就可以使用一项服务；费用结算也不需要烦琐的流程，全部可以通过移动终端实现；通过互联设备，用户的手机便可驱动一切为客户特别定制的服务，让客户的体验跃升了一个台阶。由此可以看出，真正推动行业发展的核心技术并不是产品，而是基于移动互联网等信息技术的服务设计，这是共享时代带给我们的思考与启发。产品设计是企业的起点。在未来，设计如何与互联网技术、人工智能等深入融合，充分提升用户的产品使用与交互体验，将成为商业竞争中的重要环节。

图 5-1　共享单车的变迁

随着智能化、数据化逐步渗透所有的行业和领域，虚拟技术同实体产品的相互融合将是下一阶段主流趋势。在产品逐渐趋同的情形下，服务成为企业市场竞争的决胜要素，满足用户个性化需求的定制内容，将推动客户体验新模式的发展与落地。

5.2.2　流程

每个企业都有一系列的运营和管理流程，包括设计、研发、生产、财务、采购、销售、配送、服务、培训等日常的周期性工作。同时，还包括企业的管理制度、技术标准、服务规范、绩效考核指标等。客户的体验也不是仅仅存在于企业的销售环节，而是贯通在企业生产流程的各个环节。为了有效改善客户体验，就必须实现端到端的合理设计。

图 5-2　客户体验流程

图 5-2 为客户体验流程。传统的掌握客户体验信息的流程较为单调，以客户投诉为

线索，主要通过客户投诉、焦点小组和客户调查三种途径；而在数字化背景下，社群、一线员工甚至是用于描述客户的数据都可以作为信息的来源。凭借智能化的信息技术，流程能够针对客户体验形成可视化的服务全景视图，消除了单一信息源导致的信息局限、信息冲突等弊端。一个有效的流程不仅包括客户调查，还要涵盖营销过程中的接触点，以及能够描述公司为客户采取行动的相关内部指标（如担保请求权、未履行的约定、库存缺货报告、发票调整、滞纳金、发运延期等）。当产品交付可能会延迟时，前瞻的运营数据会在问题出现前给出预警通知。客户来电、电子邮件以及客户来信都可能为企业提供更多的行动性数据，比客户调查更加及时，而且在发现问题方面具有更强的预警性，能够告诉企业客户的期待是什么，以及是什么问题严重损害了客户对公司的忠诚度。来自一线员工们的反馈信息也很关键，因为除了能描述、纠正客户期待之外，这些信息还能对问题以及一些内部预警信号为何出现做出解释。在流程方面，线上社区和语言分析技术的出现，带来革命性的影响。线上社区能够提供反馈，以众意众决的方式决定各种问题的相对优先性，并收集众人的建议，如星巴克让线上客户社区来回答许多客户提出的问题，并让他们在互动中碰撞出思想火花，公司从中获益颇多；最初，语言分析技术应用于情报界，情报人员利用这项技术可以对人类的语言进行解读，识别人们在话语中蕴含的真正目的、主题，甚至感情，当这项技术用于对每天接到的数以千计的客户来电进行分析时，公司就能更准确地理解客户的想法，并有的放矢地解答客户的问题，有助于把客户的体验满意度保持在较高水平，其结果还可以用来进行员工培训和员工绩效评价。

5.2.3 技术

企业特有的，甚至是独有的领先技术，形成了企业核心竞争力，也为提升客户体验提供了相应的支撑能力。同时，"技术"可以理解为新的手段或者新的工具。在传统营销时代，连接客户的手段和工具很简单，要么产品连接，要么服务连接，要么产品和服务共同连接。进入移动互联网时代，连接客户的手段就变得更加多元化，产品、服务、场景、社群、VR、AI等手段的综合应用，实现线上线下多渠道整合，更丰富地满足客户个性化需求。在未来，80%的新兴技术将嵌入人工智能的基础技术，这些基础技术将覆盖众多行业，并为各种商业场景提供技术支持。这些领域包括客户参与、数字生产、智慧城市、无人驾驶汽车、风险管理、计算机视觉、语音和语音识别等。

（1）沉浸式体验。对于许多用户来说，图5-3呈现的沉浸式体验场景并不陌生，在5D电影院观看电影时，当鲨鱼要"出来"时，会有风往脸上吹，有水珠会喷射到脸上；在teamLab无边界美术馆观看展览时，身处镜子和变换的投影中，能感觉到花朵的生命在自己身体上流动。

图 5-3　沉浸式体验

　　沉浸式体验是消费者在装备了专业设备的特定场馆中体验的。近几年，增强现实（augmented reality，AR）和虚拟现实（virtual reality，VR）技术取得了长足的进步，混合现实（mixed reality，MR）的出现将成为主流，未来的设计趋势是"模糊现实"。新技术首先需要融入消费者已有的使用习惯和场景，越好的沉浸式体验越让消费者感受不到设备和技术的存在。例如，支付宝的高速缴费，从"扫码支付"到"车牌付"，正是顺应了消费者的驾驶习惯，无须掏出手机，扫描车牌即可付款，让体验更加顺畅。

　　当前，众多企业在设计 VR 硬件时，对消费者使用体验都有充分的考虑。如 3Glasses 针对中国家庭居住空间的特点，设计了新颖的空间定位 VR 硬件装置。和硕设计针对 VR 移动性设计了背包式 VR 设备。此外，新技术还能够帮助消费者将沉浸空间从自身向周围扩展。Pokemon Go 的体验设计，正是一种结合消费者个人体验和周围空间体验的积极思考，仅仅依靠手机屏幕，就将消费者可操控的空间无限扩大到真实世界中，形成"模糊现实"。

　　依靠 VR、AR、MR 个人设备的发展，虚拟世界和物理世界更加融合，达到"模糊现实"的状态。此时，企业如何在更广阔的空间中进行沉浸式设计是新的机遇和挑战。菜鸟网络的 MarsDesign 空间设计，其中"三层界面"的概念是像设计游戏一样设计 AR 交互。可以预见，在 VR、AR、MR 沉浸式体验设计的交互层面，借鉴游戏设计的经验已经形成了初步的设计标准，这些标准将结合传感器和硬件的发展而完善。丰富的设计标准将会降低沉浸式体验在交互层面的设计难度，此时，设计、创意、销售、生产等环节共同从更高层面对沉浸式体验进行规划，而不仅仅是进行交互设计。

　　（2）智能化的"模糊现实"客户体验。图 5-4 给出的场景是在日本一家咖啡店里，消费者借助 AR 技术和初音一起喝咖啡、合影。

图 5-4　模糊现实体验

无论是智慧家居还是收益更高的金融产品，人工智能使人类的生活变得更加智慧。当越来越聪明的机器不仅仅为我们的生活提供建议，而且在帮助我们进行决策时，我们与人工智能也需要更加深入的对话。在大多数应用场景下，人工智能技术是无形的，消费者很难与无形的事物建立信任和合作关系。在初音咖啡馆这种"模糊现实"中，逼真的虚拟人物可以作为人工智能拟人化的基础。同时，消费者在混合世界中实现无缝、自然的交互方式所依赖的图像识别、语音识别等技术又正是人工智能的应用领域，人工智能和 VR、AR、MR 将越来越紧密地协同发展，创造更多可能的应用。

从沉浸式体验到设计"模糊现实"体验，更加个性化的内容将成为混合世界的主角，为消费者带来更加丰富、难以忘怀的沉浸体验。通过与人工智能的结合，"模糊现实"将带来更加有意义和效率的世界。

虚拟现实、数字孪生、人工智能、区块链、新一代移动互联网、可穿戴设备等底层技术的应用日渐成熟，使得构建元宇宙成为可能。元宇宙是对现实世界的虚拟化、数字化过程，它基于扩展现实技术提供沉浸式体验，基于数字孪生技术生成现实世界的镜像，基于区块链技术搭建经济体系，将虚拟世界与现实世界在经济系统、社交系统、身份系统上密切融合，并且允许每个用户进行内容生产和世界编辑。元宇宙构建将经历数字孪生、虚拟原生以及虚实融生三个阶段，从不同维度实现立体视觉、深度沉浸、虚拟分身等应用，为客户体验带来全新的商业形态。

5.2.4　一致性

一致性包括对所有客户提供一致性的服务，也包括客户在不同场景、不同时间享受的服务是具有一致性的。一致性有两个层次：低层次的一致性是流程上的一致性，包括环境空间、着装用语、业务流程、客户习惯、交互逻辑等；高层次的一致性，则表现在品牌构建和客户认知层面，如为客户提供的核心体验。所有的设计、传播、销售和服务都要围绕品牌体验来展开，尽管企业各个部门的职能和分工不同，但都要保持一致性。

以银行为例，客户体验往往与银行业绩高度相关，如图 5-5 所示。

图 5-5 客户体验与银行业绩相关性

基于客户体验的重要性，银行提升客户体验势在必行。然而，银行想要提升客户体验却绝非易事。在银行进行客户体验管理转型过程中，往往会面临一些共性问题，典型问题之一便是渠道间没有打通，导致了客户获得不一致的服务体验。一方面，在独立的渠道背后，其运营团队往往也是独立的，这也就意味着可能会存在客户多渠道反馈问题后，不但需要在不同渠道重复地回答客服相同的问题，还可能会得到不相同的答复。因此，导致客户在不同的渠道平台，得到不一致的服务体验，进而由对比产生明显的优劣差异，使客户对体验不好的渠道平台留下更深的负面印象，降低客户体验的满意度，从而影响银行企业在客户心中整体的品牌形象。

另一方面，彼此独立的渠道会带来数据碎片化的问题，导致了各渠道之间的信息、数据不贯通，存在信息孤岛，使企业难以站在全局的角度上，对这些信息、数据进行统筹分析，对客户进行全面整体的了解也变得异常困难，无法帮助企业进行服务策略的迭代优化。

由此可见，打造客户体验的一致性尤为重要，借助人工智能技术结合大数据技术，将客户的体验可视化呈现，逐一消除不一致的触点，为客户提供统一一致的服务体验，传递统一的品牌形象；基于渠道的互联互通，进一步把散落在各渠道的信息、数据进行集成，将资料库的数据进行建模分析，完善客户画像。同时，通过汇总数据的反馈，让执行结果可量化评估，并为服务策略优化提供数据支撑，有针对性地进行精准营销、个性化运营，真正发挥服务的价值，提升用户体验。

5.3 互动内容管理

2020年第三季度,小米智能手机全球出货量4 660万台,市场份额达13.5%。在欧洲智能手机市场中的出货量连续两个季度保持第三,在西欧智能手机市场中的出货量首次进入前三名。在中国大陆市场,小米智能手机量价齐升,出货量同比增长18.9%,是前五大手机厂商中,唯一正增长的企业。那么小米是如何做到这些的呢?其中的关键,就是互动。例如,在开发MIUI手机系统时,让"米粉"参与其中,与工程师互动,提出建议和要求,工程师有针对性地加以改进;实施全员客服,小米的领导和员工都是客服,不断与粉丝互动,让他们感受自己的价值,并立即解决问题;通过爆米花BBS、米粉节、同城会等活动,增强自我认同感,让"米粉"固化"我是主角"的感觉。互动内容管理包括互动营销、互动创新、互动管理三个维度。

5.3.1 互动营销

互动营销,指参与销售的企业与消费者找到契合的某一利益点,企业从中获得销量,消费者获得满意的产品或服务,以此来达到双方互利的目的与效果。企业的目的是通过满足消费者需求而获取利益,而互动营销可以帮助企业与消费者进行充分的沟通交流,找到消费者的实际需求,实现商品的实用性。

互动营销是人工智能时代非常重要的一种营销方式,其特点主要表现在以下几个方面。

(1)互动性。企业与消费者之间的互动性,是互动营销发展的关键,在企业营销推广的同时,更多信息应该融入目标受众感兴趣的内容之中。认真回复客户的留言,用心感受客户的思想,唤起客户的情感认同。借助官网、企业微博、微信公众平台等媒介与消费者进行互动,以实现营销的目标。

(2)舆论性。互动营销通过客户之间的回复,直接或间接地对某个产品产生积极或消极的影响。其中,意见领袖的作用非常重要,如拥有众多粉丝的网络红人,往往也扮演着"带货之王"的角色,在抖音、淘宝直播等销售平台上给出购买链接,用户群体顿时一呼百应,足见意见领袖的重要性。

(3)眼球性。互动营销主要就是吸引消费者的眼球,假如一起互动营销事件无法吸引消费者,那么无疑这起互动营销事件是不成功的。在人工智能时代,要想吸引消费者的眼球,必须基于客户数据分析进行精准定位,有针对性地制定营销方案。

(4)热点性。互动营销有两种事件模式,一种是借助热点事件来炒作;另一种是自己制作事件来炒作。例如,在雀巢旗下的Contrex矿泉水产品宣传视频中,每辆自行车安装霓虹灯,汇集到大屏幕,所有人一起蹬动自行车就会出现一个健硕男性热舞,引起众多女性为之兴奋,不时地有人参与其中,这是一起非常成功的互动营销案例。

在人工智能时代,互动营销让众多企业从中受益,获得广大客户的好评,如小米的粉丝经济、"ALS冰桶挑战赛"(ALS Ice Bucket Challenge)、手机百度"刷脸吃饭"、茵曼创新互动营销等。在移动互联网时代，用户一天24小时随时保持在线，即使在吃饭、看电视时会经常关注手机，看视频要打开弹幕，看Kindle时喜欢分享批注。用户拥有的屏幕越来越多，时间和专注力也在不断分散。用户在上网时，一般会发生资料收集、获取信息和网络娱乐购物等行为，当用户搜索感兴趣的信息时，企业相应的推广内容就会出现，在充分考虑用户需求和目标方面，做到精准营销。例如，世界杯赛事期间，百度推出了"世界杯刷脸吃饭"活动，用户只要在手机百度上搜索"外卖"两个字，就会自动显示"世界杯刷脸吃饭"活动的入口，取得了很好的营销效果。用户只需在手机百度上自拍一张照片，系统获取照片后，将利用图像识别、人脸识别技术对用户的自拍照进行评分，并根据分数高低为用户发放优惠券，用户使用百度外卖下单的时候就可以使用获得的优惠券。"刷脸吃饭"活动将用户线上需求与线下服务实现精准对接，这次活动成为业界关注的焦点。百度"刷脸吃饭"活动的成功离不开智能技术，帮助营销人员获取了足够多的信息，然后对消费者进行了解、更新、判断和预测，这是一个不间断的动态洞察过程。此外，在营销中，通过一对一形式的沟通互动，为消费者提供专属优质的产品与服务，满足消费者个性化需求。

5.3.2 互动创新

互动创新，又称合作创新，通常以合作伙伴的共同利益为基础，以资源共享或优势互补为前提，有明确的合作目标、合作期限和合作规则。合作各方在技术创新的全过程或某些环节共同投入、共同参与，共享成果。

与用户一起创造体验也非常重要，用户也是创新战略联盟中最重要的合作方。下面是互动创新的四种主要方法。

1. 数字沙盒

美国西南航空公司有个叫作"西南航空大吐槽"的博客，也就是用户可以在这里吐槽西南航空的服务，包括他们喜欢和不喜欢的方面。西南航空是个以用户为中心的公司，公司的人事专员倾听博客上大家的对话，再把从中学到的东西应用于实践中。很多执行总监觉得设置数字沙盒让用户公开讨论对品牌的好恶所面临的风险太大，但往往不这么做的风险才是最大的：数字沙盒是获取实时、真实观点的最佳方式，用户可以为企业指出需要改进的领域，还会告诉企业如何进行改进，从而创造更出众、更加符合用户需求的体验。

2. 在线任务

在线任务是与用户合作的另一种方式。只要用户提出在不同触点改善自身用户体验的想法，公司就给予奖励。这种方式使用户从中获得参与感，能够感受到自己的需求有人倾听，为用户带来了更强的主人公意识和更大的授权，增强用户忠诚度。Brightidea、Jive和Spigit等提供了创意创新管理的软件平台。在线任务不仅可以由外部用户参与，也可以由企业员工参与。在全球500强企业中，有80%使用了局域的社交网络，鼓励员工围绕着企业需求、企业问题及机会进行合作。例如，汽车服务公司的一个挑战可能是提高用户注册和签单的速度，公司设置一个任务游戏，这个任务引发讨论和对话，而且可以持续更新。

这种方式一般被称作内部人群资源，也展示了合作的力量。

3. 创新历险

要想真正理解用户类型和用户体验，就必须亲自经历和感受用户在每个触点上的体验，称为"创新历险"。走出自己的办公室，离开工作台，每周花时间以用户的角度体验每个触点的经历，这就是创新历险的核心。确保每完成一次历险，都要产生新的以用户为中心的创新想法。每周一次，如果能够坚持一年，就会有50多个以用户为中心的创新想法可供选择和实施。

4. 头脑风暴

带着在全部线上和线下渠道创新的具体目标去邀请全部类型的用户参加正式的头脑风暴会议。听听用户的反馈和想法，挖掘新的创造领域。可贵之处在于这些想法出自产品的亲历者、一群最重要的人——用户。这不同于焦点小组的方式，可以就客户的体验提问，获得信息后与企业其他方式搜集的信息进行校对。在这样一个咨询客户具体意见的有序环境，方便挖掘客户提供给企业的创新内容。

在互动创新的应用方面，有个很重要的角色，称为首席体验官。例如，乐高积木目标客户不仅仅是儿童，更多的是成年人，他们活跃在社会化媒体的平台上，讲述他们和乐高的故事。乐高鼓励消费者提交自己设计的积木模型，并从这些设计中挑选出优秀的作品作为备选方案，然后让消费者投票选出最好的方案，而获奖者能从销量中获得5%的利润。沿着这个思路运作下去，乐高根本不知道下一代的积木产品是什么样的，一切由乐高的客户说了算，将支配权交给了消费者。这样不仅节约了设计成本，还可避免设计的产品不受市场欢迎的风险，从本质上调动了消费者的创造力。同时，当消费者参与了创造，他们就会卖力地推广产品，因为这个产品中有他们的一份努力。

5.3.3 互动管理

通过让员工参与管理来提高员工的士气，让客户参与企业的生产和运营过程可以极其有效地提高客户的体验。波音公司在研发777机型时，邀请世界各地的航空公司和飞行员参与设计方案的讨论，各地收集来的有价值意见超过一万项。

在企业进行重大的技术或者管理活动时，可以邀请客户参与和见证活动过程。一方面使客户能够从自己的立场对企业提出要求，让企业一开始就将这种要求考虑到自己的产品中去；另一方面使客户感受一种尊重和关怀，这种感受将换来长久的忠诚。以空调企业为例，某企业每月组织一次质量改善会议，邀请全国重要经销商参加会议，反馈质量情况并提出改进建议，这是非常有效地提高客户满意的办法。因为这种参与使得客户在遇到问题时，由原来的和企业对立的立场不知不觉转移至共同思考、谋求问题的妥善处理的立场上来，这种转变对于建立互动的客户关系是至关重要的。

公司可以将内部过程透明化。在戴尔网站上订购电脑的客户，可以在网上非常便捷地查询自己的产品在戴尔的运营系统中进行到哪个阶段，以及各阶段是否达到了自己的订货要求。精明的面包店，把面包的烤制现场搬到前台，通过玻璃橱窗加以隔离，这样面包购买者可以观察生产过程、现场的卫生状况。图 5-6 为旧金山海滩边的面包店就展示了这样的场景。这种将内部过程透明化的做法，可以使客户观察自己产品的形成过程，当然更重要的是客户可以第一时间表达出自己的意愿。

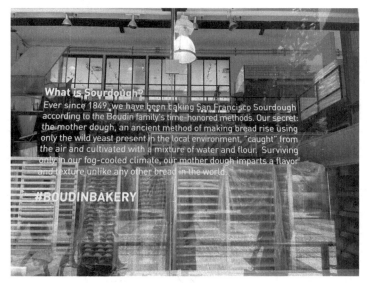

图 5-6　旧金山海滩边的面包店

5.4　网络社区与内容传播

5.4.1　网络社区内涵

英文 community 一词含有公社、团体、社会、公众，以及共同体、共同性等多种含义。因此，有的社会学者有时又在团体或非地域共同体这种意义上使用 community 一词。而中文"社区"一词是中国社会学者在 20 世纪 30 年代自英文意译而来，因与区域相联系，所以社区有了地域的含义，意在强调这种社会群体生活是建立在一定地理区域之内的。这一术语一直沿用至今。

1955 年美国学者 G.A. 希莱里对已有的 94 个关于社区定义的表述作了比较研究。他发现，其中 69 个有关定义的表述都包括地域、共同的纽带以及社会交往三方面的含义，并认为这三者是构成社区必不可少的共同要素。因此，人们至少可以从地理要素（区域）、经济要素（经济生活）、社会要素（社会交往）以及社会心理要素（共同纽带中的认同意识和相同价值观念）的结合上来把握社区这一概念，即把社区视为生活在同一地理区域内、具有共同意识和共同利益的社会群体。

网络社区是指包括论坛、贴吧、公告栏、个人知识发布、群组讨论、个人空间、无线增值服务等形式在内的网上交流空间，同一主题的网络社区集中了具有共同兴趣的访问者。

网络社区就是社区网络化、信息化，简而言之就是一个以成熟社区为内容的大型规模性局域网，涉及金融经贸、大型会展、高档办公、企业管理、文体娱乐等综合信息服务功能需求，同时与所在地的信息平台在电子商务领域进行全面合作，如图 5-7 所示。

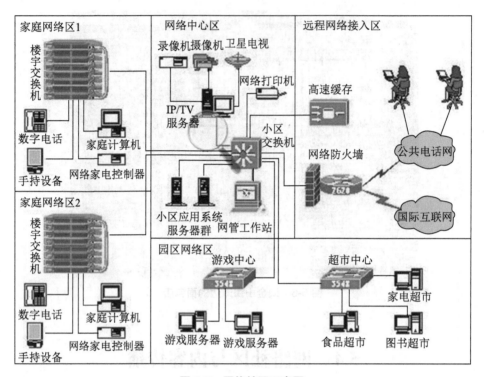

图 5-7 网络社区示意图

从营销的视角来看，社区是一种由企业运营的、以为企业创造价值为目标、长期为社区成员输出价值的群体，可以是线上社区，也可以是线下社区，还可以是线上线下同时存在。社区存在形式很多样，粉丝 QQ 群、用户微信群、门店会员组织、高档会员俱乐部等均可以成为社区的载体。

5.4.2 网络社区类型

根据沟通的实时性，可以把网络社区分为同步和异步两类：同步社区，如网络联机游戏；异步社区，如 BBS 等。网络社区最重要的几种形式有 BBS、USENET、MUD，在国内逐渐形成以 BBS 为主要表现形式，结合其他同步异步信息交互技术形成的网络化、数字化的社区形式。

BBS 的雏形始于 1978 年，在芝加哥地区的计算机交流会上，克里森（Krison）和罗斯（Russ Lane）一见如故，两人经常在各方面进行合作交流。但两个人并不住在一起，电话只能进行语言的交流，有些问题语言是很难表达清楚的。芝加哥冬季的暴风雨又使他们不能每天都见面，因此，他们就借助于当时刚上市的调制解调器（Modem）将他们家里的两台苹果电脑通过电话线连接在一起，实现了世界上的第一个 BBS。在互联网技术的飞速发展之下，BBS 在功能方面得到不断扩展，并迅速成为全世界计算机用户的交流信息的园地——网络社区。从社会学的角度看，它是由网民在电子网络空间进行频繁的社会互动形成的具有文化认同的共同体及其活动场所。网络社区与现实社区一样，也包含了一定的场所、一定的人群、相应的组织、社区成员参与和一些相同的兴趣、文化等特质。而最重要的一点是，网络社区与现实社区一样，提供各种交流信息的手段，如讨论、通信、聊天等，使社区居民得以互动。

与互联网相比，虚拟社区（virtual commnity）有着更为悠久的历史，学术界将网络社区分为以下四类：交易社区、兴趣社区、关系社区、幻想社区。

也有人将网络社区分为横向网络社区和垂直型网络社区。横向网络社区指就某一个话题在网上交谈形成一个有共同兴趣的网络社区；垂直型网络社区指网上企业利用业务关系和新闻组、论坛等工具形成以企业站点为中心的网络商业社区。

5.4.3 网络社区营销

网络社区营销是网络营销的主要手段之一，社区就是把具有共同兴趣的访问者集中在一个虚拟空间，达到成员相互沟通的目的，从而达到商品的营销效果。网络社区是网站所提供的虚拟频道，让网民产生互动、情感维系及资讯分享；从网站经营者的角度来看，网络社区经营成功，不仅可以带来稳定及更多的流量，增加广告收入，注册会员更能借此拥有独立的资讯存放与讨论空间，会员多，人气旺，还给社区营销造就了良好的场所。

一个优秀的网络社区的功能包括电子公告牌、电子邮件、聊天室、讨论组、回复即时通知和博客的功能。网络社区主要包括综合性的社区和专业性的社区，专业性的社区分为自己建设网络社区和通过其他网站建设的专业社区。例如，新浪网上社区内容包括了社会生活的方方面面，而阿里巴巴内容定位是网上商人。网络社区营销比较明显的，如阿里巴巴为企业服务的专业性社区，因为其定位比较明确，会员多，且会员的结构具有购买能力，商品信息受众的反应率比较高。图 5-8 是网络社区营销各项功能的示意图。

图 5-8　网络社区营销

网络社区有能力成为一个真正意义上的聚会的场所，在大多数情况下，可以取代人们在现实生活中的聚会场所。随着网络速度的提高，更多的用户开始全新的上网体验，借助方便的电子商务通过口碑的力量进行大规模的网络营销，会员会在整个过程中努力创建个人及专业的伙伴关系。

网络社区营销按照功能不同可以大致分为三类：市场型、服务型、销售型。第一类市场型社区的产品主要是B2C（business to customer）的产品，尤其是针对"80后"消费者的企业适合建立市场型网络社区，如索尼和可口可乐。因为消费受众追求生活和文化，而不是某一个产品。目前来说，这样的企业使命是文化传播和市场推广。第二类服务型社区主要是提供专业售后服务和技术支持，如西门子的社区，拥有本地化工程师的支持。第三类购买型社区目前成功的很少，消费者越来越理性，到了社区只会浏览售前讨论和售后评论，不太会留言，这样就不利于企业辨别用户需求和购买意向。因此，企业网络社区销售功能普遍很难推进。

在Web 2.0时代，新兴的网络社区逐渐显示出强大的营销功能。通过网络社区这个平台，企业可以更大范围搜索消费者和传播对象，将分散的目标顾客和受众精准地聚集在一起，利用新的网络手段扩大口碑传播，并且在日趋明显的消费模式（需求—搜索—行动—共享）中实现及时信息传输和回馈。

5.4.4 网络社区内容传播

网络社区是企业和会员（最终会员和渠道会员）线上互动交流的最佳平台，许多企业已经在其网站上不同程度地实现了客户服务、技术支持、产品促销等营销活动，相当多的企业已将俱乐部纳入电子商务的一部分，开始尝试网上销售。图5-9展示了网络社区内容传播的形式。

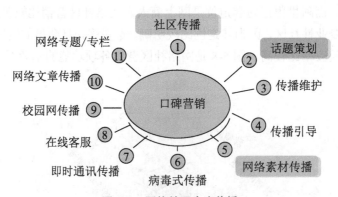

图5-9 网络社区内容传播

1. 让用户产生内容

首先，培养用户关系，强化好友关系。例如，微信读书是腾讯公司2015年推出的阅读产品，依托于微信强大的好友关系链，旨在打造社交化阅读软件，"让阅读不再孤独"。在微信读书上，你可以和微信好友一起阅读、和好友比拼阅读时长排行、与陌生书友交流想法，或关注有趣及共同阅读喜好的书友。微信读书上的书籍基本为出版图书，更偏向深度阅读。与传统的阅读软件不同，微信读书有着先天性的微信熟人好友关系优势，属于强关系链熟人阅读社交，直接读取微信好友通讯录，进入APP便可以看到熟悉的好友面孔，可以选择感兴趣的微信好友关注。关注好友后便能看到好友最近在读的书、好友读过了哪些书、好友所发布的有关书籍的想法或书评等，并能和好友进行想法互动，点赞并评论好友所发布的书籍动态，还能根据阅读时长实时查看读书排行榜。

相比陌生书友推荐，熟人好友推荐更能让客户有归属感和认同感，因为是用户自身的好友关系网，客户更愿意互动，主动性和参与度都会大大提高。微信熟人好友关系导入，是微信读书做阅读社区的第一步，也是非常重要的一步，解决了微信读书客户冷启动问题；搭建好友关系链后，还需要考虑如何维系好友关系，即对好友关系进一步挖掘开发，强化好友关系，引导持续产生互动—内容—分享，即关系链价值。如果仅仅搭建好友关系而无后续对关系的维系开发，那所搭建的好友关系则毫无价值，好友关系越紧密，所带来的关系链价值越高。

此外，通过分析用户动机，能够让用户更愿意产生内容，基于关系链的社区可以让用户更乐意来获取并发表感兴趣的内容，更积极参与互动，并易于社区内容传播。社区的核心在于引导用户持续产生有价值的互动—内容—分享。

2. 内容传播

仅仅产生优质内容还不够，还需要传播，提高优质内容的曝光，一方面可以通过优质内容提升用户对产品本身的好感度，另一方面可以正向激励用户继续产生优质内容。

内容传播的方式有两种，分别为产品内部传播和外部传播。产品内部传播指在产品内部设计推荐入口的形式，通过内部模块对内容进行曝光，如在社群列表新增"置顶"推荐位，促进优质内容曝光；外部传播指将内容分享至社交平台或媒体上进行传播的方式，好的内容可以形成链式传播。

通过用户与产品、用户与内容、用户与用户之间的多维度信息传递从而产生内容分享、社交互动、关系链搭建的行为，围绕这些行为，通过正向反馈，引导用户产生优质内容，与其他用户互动为内容注入新的内涵，进而构建出以内容、分享、生产为核心的社交互动平台。社区主要目的在于引导用户持续产生优质内容和互动行为，后期进行内容的沉淀和用户关系的建立，促进社区的良性发展，有利于增加整个产品的用户黏性，从而减少用户流失。

5.5 客户旅程设计

"客户体验是下一个竞争战场"。戴尔公司前首席信息官杰里·格雷戈勒如是说。今天，尽管许多企业都认识到了客户体验的重要性，但是仍有管理者局限于把客户体验理解为彬彬有礼的员工向客户提供人性化的服务。客户体验不是一个单点的感受，而是"客户对产品或公司全面体验的过程"。

5.5.1 客户旅程

很显然，客户体验就像是一个旅程。客户从产生想法到参与和购买，会跨越各种各样的接触点，因此客户体验是客户跨渠道、全流程、全接触点与企业互动后形成的整体感觉。除非有设计完善的流程和技术支持，否则再能干的员工也不可能提供优质的、端到端的客户体验。因此，优秀的企业需要专注于开发无缝体验，确保每个接触点互连。当我们以企业、卖方的角度去思考时，很难发现客户体验中的痛点，只有以客户的身份走完整个旅程，才会理解其中的成功和不足之处。图5-10展示了携程亲子游的客户旅程。可以直观地看到，虽然表象是购买和拥有，但其实是经历了需求、搜寻、咨询、购买、使用、售后和反馈这些过程，而其中的每一个过程中又包含了很多接触点，每个接触点上的体验，都是企业需要去关注和提升的。

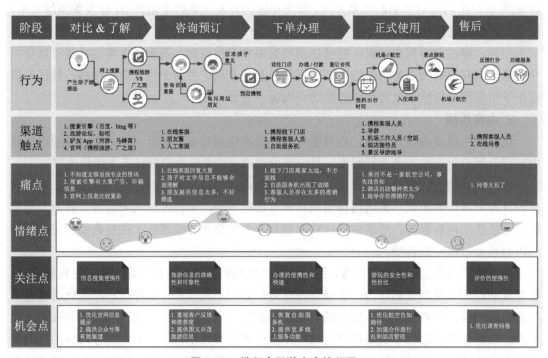

图 5-10　携程亲子游客户旅程图

在今天的数字化时代，企业和客户之间的接触点呈现爆发式的增长，要为客户提供高水平的、一对一的客户体验，就需要对客户旅程（customer journey）进行管理，确保客户与企业在线上线下的一系列接触点上成功地交互。

5.5.2 产品管理向旅程管理过渡

仅仅提供高品质的产品和服务显然已经不够，随着企业的视线开始从产品走向客户体验，客户旅程就成为最核心的要素，对客户旅程的管理能力成为企业客户体验管理能力的衡量标准。当企业开始重视客户旅程，就会带来一系列的重大改变，如投资决定、业务优先级、客户参与度及量化标准等。特别是对于那些不直接和消费者打交道的企业，如消费品制造商和 B2B 企业，需要从根本上掌握新技术和新架构，用于搜集和分析客户信息，同时和客户互动，并在设计产品时考虑客户体验。

在今天的商业竞争中胜出的品牌，不仅是因为其卓越的产品质量和价值，还与它们客户旅程的优秀程度密不可分，很多企业已经在这方面进行了成功的实践。例如，新加坡最大的商业银行星展银行，通过核心业务的数字化改造技术框架，改变传统的银行服务提供方式，将服务与客户旅程融为一体，重塑成了一家新形态的银行，星展银行也因此被《欧洲货币》杂志评选为"全球最佳电子银行"。客户旅程设计步骤包括客户旅程地图的绘制、客户旅程分析、客户旅程编排和触发等，并在此基础上，展开客户体验设计的相关工作。

要发现客户的真实旅程，就需要从各种来源收集实际客户数据，如网站、移动 APP、数据仓库、呼叫中心、电子商务平台和收银系统等，跟踪客户实际发生的交互。客户旅程地图通常只传达了一些少数的、具有代表性的旅程。但实际上，每个客户都会拥有自己独特的旅程，它们可能与企业设计的原型旅程相似，也可能完全不同。客户旅程分析可以通过揭示一段时间内，不同渠道之间各种不同的真实旅程，根据企业选择的测量指标（如转化率、重复购买率、忠诚度等）甄别出最重要的旅程。

客户旅程关注的是客户从最初访问到目标达成的全过程，而不仅仅关注某一个环节。通过分析完全从客户角度进行的旅程，能够帮助找出企业的产品和服务在各个环节的优势和劣势。因为要触及成千上万客户的体验，所以技术对于客户旅程分析的重要性正在提升，行业的领先者们已经搭建起有效的数据管理平台，包括客户关系管理和分析技术的应用。在智能技术的支持下，支离破碎的客户旅程行为被重新关联起来，从前难以理解的一些客户行为可以很好地得到理解。

优化客户旅程是成功的关键。麦肯锡的最新研究表明，如果一个企业能尽力优化客户旅程，企业的客户满意度平均可以提高 15%，客户服务成本可以降低 20%，企业收入可以提升 15%。有了客户旅程地图的绘制和客户旅程分析，接下来要给出更准确的行为预测，并通过旅程的编排或者设计新的旅程等更丰富的手段来优化客户旅程的体验，从而提高转化率。欧莱雅与 Image Metrics 的数据科学家团队合作，推出了一款可以实时预览美妆效果的化妆天才 APP，利用先进的面部映射技术，通过前置摄像头校正面部，自选心仪的化妆品，预览妆后的效果。对于满意的美妆效果，客户可以将其保存后分享给朋友，并可直接在 APP 上收藏和购买化妆品。当消费者在线下逛实体店时，也可以通过扫描产品的条码，虚拟上妆。这款 APP 一上线就获得了 1 700 万次下载量，同时也大幅度提升了欧莱雅旗下产品的销售业绩。

综上，要实现灵活的客户旅程编排和触发，需要企业具备良好的数字化基础，包括业务能力、营销能力、服务能力等均实现模块化和数字化。这对于传统企业而言，是一个相当大的挑战。

5.5.3 把客户旅程映射至企业生态

在体验经济时代,营销的任务就是为客户提供成功的客户体验,而这个体验的核心,就是客户旅程。如果客户旅程不与真实的业务融合,那它就是一幅纸上谈兵的地图而已。要真正实现成功的客户体验,就需要关注每个接触点,把客户旅程映射至企业生态,确保从售前、售中到售后,为客户提供全渠道、全流程、全接触点、一致性的愉悦体验。

1. 接触点管理

客户旅程是由多个接触点构成的,如实体店、工作人员、产品、企业官网、公众号、APP应用程序、客服等。以一个智慧餐饮业务来说,客户从最初的多渠道了解至付费交易,会经历多个阶段,如图5-11所示。

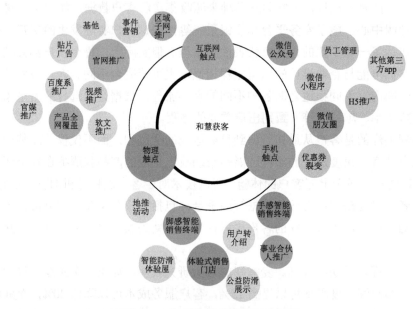

图5-11 智慧餐饮业务的触点拓扑

在服务的每个阶段,客户都可以通过各种线上线下的触点与企业进行交互,并且不同接触点之间也不是单向线性的,可能会往返和迂回。真实的客户旅程往往比我们想象的还要复杂,据统计,一个省级电信运营商的各级线上接触点大概有300～600个,线下接触点更多,高达1 000～3 000个。要提升客户体验,需要找到关键接触点,并采取措施进行改善或优化。一般可以通过如下几个步骤进行:明确所有存在的潜在接触点;评估接触点体验;确定每个接触点对客户决策和态度的影响;确定优先次序;建立行动方案。

例如,建立于1765年的劳埃德银行是英国四大私营银行之一。劳埃德银行于2014年启动数字化转型项目,该项目历时三年,以打造"最佳客户体验"为核心。他们通过与咨询公司合作,共同梳理出了30个关键客户旅程,以"评估新客户"和"企业抵押贷款"两个客户旅程作试点,并先后进行了10个核心旅程的优化。同时,劳埃德银行还构建了基于客户价值的运营体系,通过组织跨职能团队、建立客户旅程实验室、使用专有预算和重建关键绩效指标等一系列举措,推动数字化转型的实践。

2. 改善触点

改进每个接触点体验是建立和夯实好的客户体验的有效方式。然而，更重要的是考虑客户的全程体验，只有进行全渠道、全流程的接触点优化，才能激励客户最终完成任务或解决问题。这个工作可以从客户全流程中的"关键接触点"开始，通过基于运营数据和客户调研的分析，找出客户在体验中的痛点，并将这些痛点进行优先级排序，优先改进那些影响关键业务环节的体验。同时，还需要在客户旅程的关键时刻创造一个或多个客户"真实瞬间"，以带来更好的客户体验，创造口碑传播的积极元素。

要打造优秀的客户体验，还需要构建积极的客户体验生态圈，打通企业内外部的生态体系。内部的生态体系包含客户可见的销售人员、客服人员、企业网站、企业 APP、微博和微信等自媒体渠道，以及客户不可见的如法务、财务、人事、风控，甚至保洁员等。例如，在私立医院、中高端酒店等，一个保洁员的工作成果甚至会成为客户最终是否选择停留和购买的关键。而外部的生态体系包括材料供应商、技术服务商、代理商、经销商、仓储物流，以及合作的猎头、广告、公关公司等合作伙伴。现在，以阿里巴巴、腾讯等互联网巨头企业为例，通过持续的核心能力布局与战略投资并购，逐步连接和渗透了很多垂直行业，它们已经开始尝到了生态系统布局带来的红利。

盒马鲜生作为新零售的典范，从创立之初就开始从客户旅程的角度思考如何为客户提供价值。盒马基于客户价值决定不同渠道的投入，集中力量打造核心产品，并将"客户—产品—数字工具—现金流"串联起来，创新客户的旅程和接触点体验，让数字工具承担线下购物助手，甚至智能导购的角色，颠覆了传统卖场的购物体验，其用户转化率高达 35%，用户黏性和线上转化率均远高于传统电商。

能否将客户旅程有效映射至企业的生态战略布局上，将成为未来企业进行客户体验管理的成败关键。每个企业必须将客户的生态价值链映射至企业的业务系统上，关注客户价值和情感，持续不断地为客户创造完美的体验。

客户旅程设计工具软件

案例 5-1：宝马集团通过客户接触点延伸品牌体验

宝马集团通过不断增加的渠道和现有客户与潜在的客户取得联系。这家德国的"终极驾驶机器"制造商重新专注于技术和车内体验。该集团还希望通过不同的客户接触点与客户进行精准、持续的沟通。这些接触点包括网站、社交媒体、宣传手册、客服呼叫中心、电子卖场和特许经销商等。通过采用 Informatica MDM-Product 360 解决方案，宝马集团对信息孤岛进行整合，从而为全球产品数据创建统一平台，使得全球产品信息的交付更及时、更顺畅。提高了效率，缩短了产品的上市时间；提高了变更管理的灵活性和速度；提高了面向客户的信息准确度和质量，客户有了更好的体验。

为进行有效的沟通，需要访问与产品相关的数据资产，这些资产在宝马内部和外部不同的系统以及本地文件之间传递。对数据源之间的相关性进行管理，其复杂程度堪比对全部数据进行管理。从市场和客户沟通的角度看，公司可以从单一而真实的数据源获得很多好处，它可以降低不同渠道间信息不一致或不完整的可能性。此外，如果公司习惯使用印刷好的产品目录和宣传手册，并将这些产品信息再转发至网站上，那么，向消费者展示汽车购买选项时，复杂度就会增加。

Informatica 提供单一的关键业务数据视图，为营销渠道提供帮助，为产品发布提供支持。此外，主数据还可以更好地支持售后营销活动。如果缺少产品信息的通用数据库，就存在某一营销渠道做出的更新或修改不能被其他相关部门及时获取的风险。为了应对这一挑战，宝马集团制定了主数据管理策略，使得创建营销资产更方便，员工之间的配合更容易。

Informatica 与 Arvato 系统公司合作，共同为宝马集团部署了 Informatica MDM，原有的数字资产管理系统继续得到应用。它允许各部门将产品信息保存在一个通用的全球平台并实现共享。各利益相关方可以创建和保存基本的渠道内容并通过集团的各个营销渠道统一推广。直观化设计的网络界面简化了系统管理工作，一个界面供利益相关方使用，另一个界面供管理员使用，提供了灵活性和可控性。

由于实现了单一的真实数据视图，营销内容的创建过程更加透明，有助于简化运营并降低成本。因此，产品发布信息的准确性得到提高，媒体资产的质量由此改善，全球产品资料的发布时间也被缩短。由 Informatica MDM-Product 360 赋能的变更管理功能让公司能够更快地响应客户需要和市场需求。

案例 5-2：盒马
鲜生的客户旅程

第五章
扩展阅读

思考题

1. 什么是客户体验管理？客户体验的要素有哪些？
2. 什么是"真实瞬间"？
3. 客户体验管理度量的常用指标有哪些？
4. 什么是网络社区？网络社区的类型有哪些？
5. 试描述客户触点旅程设计步骤。

即测即练

第六章 智能定价

学习目标

通过本章学习,学员应该能够:

- 掌握基本的定价方法及其影响因素;
- 掌握主要的价格决策方法;
- 了解人工智能技术在动态定价和个性化定价的应用。

在传统商业环境中,企业具有明显的信息优势,在交易过程中处于主动地位,可以通过差别定价获得更多的利润。然而,在互联网环境下,消费者通过搜索引擎和比价网站等工具就可以轻易找到同种产品的最低报价,进而享受透明价格所带来的消费者福利。选择日益丰富,价格信息透明,消费者对交易的控制力也随之上升,这些变化对网络营销的定价策略产生了深远影响。

线上购物改变了消费者传统购物方式中的价格结构,网络在线交易中普遍使用两种定价策略:一种是分离定价,即将产品的总售价分为基本价和附加价两个部分,基本价是所购买的产品价格,附加价是指运费、处置费、保险、税收和其他费用,分离定价将两种价格分开呈现,如购买一套书的价格为 75 元,运费为 20 元;另一种定价策略是合并定价,向消费者呈现一个总的价格,如购买一套书的价格为 95 元(含运费)。尽管两种定价方式总的价格一样,然而,对消费者购买意愿的影响却存在差别。

人工智能定价,则是利用计算机算法为产品和服务在群体或个体层面进行定价,包括动态定价和个性化定价两种形式。动态定价是指在需求不确定的情况下,根据变化的市场情况动态调整价格以获得收益的定价方法;个性化定价也称为定制化定价,是企业根据消费者的支付意愿为不同消费者制定不同价格。人工智能算法能够根据消费者需求、竞争者价格、个人行为和人口特征等诸多影响因素,输入数据决定对企业总收益最有利的价格。通过采用机器学习的核心技术,定价算法可以预测未来的产品需求和消费者支付意愿,甚至可以利用增强学习原理对算法本身进行自动调整,不需要程序员重新编译代码。本章将从基本定价方法入手,介绍价格决策以及人工智能定价的相关知识。

6.1 定价方法

6.1.1 影响定价的因素

影响定价的因素有内部因素和外部因素。内部因素包括公司的整体市场营销战略、目标和营销组合,以及其他组织因素。外部因素包括市场和需求的特点以及其他环境因素。

1. 整体市场营销战略、目标和营销组合

公司在制定价格之前，必须为产品或服务决定其整体市场营销战略。定价在实现公司不同层次的目标的过程中发挥着重要的作用。企业可以制定价格吸引新顾客，或者有利可图地留住现有顾客。它可以将价格定得较低，阻止竞争者进入市场，或跟随竞争者定价来稳定市场。它还可以通过定价来争取中间商的支持，并保持他们的忠诚。可以暂时降低价格，造成某种品牌的热销。一种产品的价格还可以用来促进产品线中其他产品的销售。

价格决策与产品设计、分销和促销决策相互协调，形成一致而有效的整体营销方案，其他营销组合因素的决策亦会影响定价决策。例如，将产品定位于高质量的决策意味着卖家必须制定一个较高的价格以弥补高成本，当需要中间商支持和促销其产品时，生产者必须在定价时考虑为较高的商业折扣留有空间。

公司常常根据价格为产品定位，然后设计其他市场营销组合策略。此时，价格是产品定位的关键因素，决定产品的市场、竞争和设计。例如，当本田公司开始设计飞度时，它最初的理想是一种每加仑汽油可以行驶33英里、初始价格为13 950美元的产品，然后，在能够允许它为目标顾客提供以上价值的成本条件下，设计出一辆在高速运行时性能良好的时尚小型车。在很多情况下，最佳战略并不是收取最低价格，而是以差异化营销提升顾客感知的价值，并获得相匹配的价格。例如，豪华智能手机制造商Vertu用钛和蓝宝石水晶等高端材料制作手机，同时收取与该价值匹配的溢价，由专业工匠纯手工组装，另外匹配高价值的附加服务，如帮助用户创造个性化的独特用户体验和推荐的Vertu Concierge。在定价方面，Vertu手机售价超过一万元，某些高端型号超过两万元，对于Vertu的目标客户而言，他们愿意付出相当的价格获取高质量的产品。图6-1显示了Vertu手机在京东电商平台的售价。

图6-1 Vertu手机在京东的售价

因此，营销管理者在制定价格时，必须考虑整体的市场营销战略和营销组合策略。但是，即使以价格为主要特征，市场营销者也需要注意消费者并不是仅仅根据价格购买。相反，他们比较所得的利益和所付的价格，寻求那些能为他们提供最高价值的产品。

2. 组织因素

公司定价的组织形式有很多种。在小规模公司，价格常由最高管理层而非营销或销售部门决定。在大规模公司，定价工作通常由分部经理或产品经理负责。在组织市场中，销售人员有权在一定的价格范围内与顾客协商价格。即使如此，高层管理者常常确立定价目标和政策，批准由下级或销售人员提出的价格方案。

航空、钢铁、铁路、石油等行业，企业往往设立专门的定价部门来制定最佳价格，或者帮助其他部门制定价格。这个部门向营销管理部门或最高管理层汇报。其他对定价工作有影响的人还包括销售经理、生产经理、财务经理和会计等。

3. 市场和需求因素

理解顾客的感知价值及其如何影响顾客愿意支付的价格，是有效定价的第一步。消费者和组织购买者都根据所得的利益，来判断某种产品或服务的价格。于是，在制定价格之前，市场营销者必须理解产品价格与顾客需求之间的关系。市场类型决定了定价自由度，完全竞争、垄断竞争、寡头竞争的市场类型不同，定价也有所不同。

公司的每一种定价都可能导致不同水平的需求。企业收取的价格与其导致的需求水平之间的关系可以用需求曲线来表示，如图 6-2 所示。需求曲线（demand curve）显示了一定时期内，不同价格水平下的市场购买量。在正常的情况下，需求和价格呈反向关系；也就是说，价格越高，需求量越低。于是，如果公司将售价从 P_1 提高至 P_2，销售量会下降。短期内，如果价格太高，预算有限的消费者就可能会减少购买。

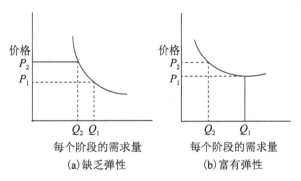

图 6-2 需求曲线

大多数公司通过估算不同价格水平上的需求量，测量自己的需求曲线。不同类型市场的需求曲线存在差异。在垄断市场中，需求曲线表示不同价格造成不同的市场总需求量。如果公司存在竞争对手，不同价格水平上的需求量，将受竞争者价格变动的影响。如果价格小幅的变化几乎没有引起需求变动，需求是缺乏弹性的；如果需求变动很大，需求是富有弹性的。如果需求富有弹性，卖方会考虑降低售价，因为此时较低的价格能够产生更大销售量，从而获得更高的总收益。只要生产和销售更多产品的额外成本不会超过增加的收益，这一做法就是可取的。同时，大多数公司希望避免将自己的产品变成同质商品的定价。近年来，许多环境因素，如经济下滑、放松管制，使消费者可以方便迅速地进行价格比较的互联网技术，都提高了消费者的价格敏感度，使诸多产品成为消费者眼中的同质产品。

5. 经济条件

经济条件对企业的定价策略有强烈的影响。诸如繁荣或衰退、通货膨胀和利率等经济因素之所以会影响定价决策，是因为它们既影响消费者对产品价格和价值的感知，也影响产品的制造成本。当经济衰退时，越来越多的企业使用降价和折扣来应对，较低的价格刺激消费者产生购买行为，但是降价也有可能贬低产品形象，降低产品在消费者心中的地位，还会压缩利润而造成不良后果。在经济复苏时也很难将价格恢复至原来的水平。另外，还需要考虑的是，即使在严峻的经济条件下，消费者也不会仅仅根据价格购买。

6. 其他外部因素

除了市场和经济因素，企业还必须考虑外界环境中的其他影响因素，了解其价格可能对其他环境力量产生的影响，如中间商对待公司价格态度。公司在制定价格时，应该为中间商留出公平的利润空间，争取他们的支持，帮助他们有效地销售产品。政府是影响公司定价决策的另一个重要外部因素。最后，公司还需要考虑社会舆论。在制定价格时，公司的短期销售、市场份额和利润目标都要考虑更广泛的社会因素。

鉴于价格的高低主要受成本费用、市场需求和竞争状况的影响和制约，定价方法可以归纳为成本导向定价法、需求导向定价法和竞争导向定价法。

6.1.2 成本导向定价方法

成本导向定价法以产品成本作为定价的基本依据，具体形式主要有成本加成定价法、目标利润定价法、边际贡献定价法。

（1）成本加成定价法是指按照单位成本加上一定百分比的加成来制定产品销售价格的定价方法。零售企业普遍采用成本加成定价法。在这种定价方法中，加成率的确定是定价的关键。加成率的计算又有两种方式：倒扣率和顺加率。

$$倒扣率 = (售价 - 进价)/售价 \times 100\%$$

$$顺加率 = (售价 - 进价)/进价 \times 100\%$$

利用倒扣率和顺加率来计算销售价格的公式分别为：

$$产品售价 = 进价/(1-倒扣率)$$

$$产品售价 = 进价 \times (1+顺加率)$$

加成率的确定应考虑商品的需求弹性和企业的预期利润。在零售企业中，百货商店、杂货店一般采用倒扣率来制定产品售价，而蔬菜、水果商店则采用顺加率来制定产品售价。成本加成定价法具有计算简单、简便易行的特点，在正常情况下，按此方法定价可以使企业获取预期利润。同时，如果同行业中的所有企业都使用这种定价方法，他们的价格就会趋于一致，这样能避免价格竞争，但忽视了市场需求和竞争状况的影响，缺乏灵活性，难以适应市场竞争的变化形势。

（2）目标利润定价法是指根据损益平衡点的总成本及预期利润和估计的销售数量来制定产品价格的方法。运用目标利润定价法制定出来的价格能带来企业所追求的利润。目标利润定价法要借助于损益平衡点这一概念。

假设：Q_0 表示保本销售量，P_0 表示价格，C 表示单位变动成本，F 表示固定成本，则保本销售量可用公式表示为：

$$Q_0 = F/(P_0 - C)$$

在此价格下实现的销售额，刚好弥补成本，因此，该价格实际上为保本价格。由上式可推出：

$$P_0 = F/Q_0 + C$$

在企业实际定价过程中，可利用此方法进行定价方案的比较与选择。如果企业要在几个定价方案中进行选择，只要估计出每个价格对应的预计销售量，将其与保本价格下的销售量进行对比，低于保本销售量的则被淘汰。在保留的定价方案中，具体的选择取决于企业的定价目标。假设企业预期利润为 L，预计销售量为 Q，则实际价格 P 的计算公式为：

$$P = (F+L)/Q + C$$

企业在运用目标利润定价法时，对销售量的估计和对预期利润的确定要考虑多方面因素的影响。这样制定出来的价格才比较可行。

（3）边际贡献定价法，又称高于变动成本定价法，是指不计算固定成本，而以单位变动成本作为定价基本依据，加单位产品贡献，形成产品售价。单位产品贡献是指产品单价，扣除单位变动成本后的余额，即：

$$单位产品贡献 = 产品单价 - 单位变动成本$$

边际贡献是指预计的销售收入减去变动成本后的余额。如果这个边际贡献不能完全补偿固定成本，企业就会出现一定程度的亏损。但是，在市场商品供大于求、卖方竞争激烈时，采用此法定价较为灵活。因为，如果售价过高而滞销或丧失市场，还不如暂时不计算固定成本，尽力维持生产或经营，在改善经营的基础上，还可以争取边际贡献接近或超过固定成本。这样，对企业和社会的贡献会更大些。边际贡献定价法的公式为：

$$产品售价 = 总的变动成本 + 边际贡献总销售量$$

当边际贡献等于固定成本时，即可实现保本价格；当边际贡献大于固定成本时，即可实现盈利。边际贡献定价法的优点是：易于在各种产品之间合理分摊固定成本费用；有利于企业选择和接受市场价格，从而提高企业的竞争能力；根据各种产品贡献的多少安排企业的产品线，易于实现最佳产品组合。

6.1.3 需求导向定价方法

需求导向定价方法是以消费者需求的变化及消费者价格心理作为定价的基础，是一种伴随营销观念更新所产生的定价方法。这种定价方法主要有以下两种形式。

（1）理解价值定价法是根据消费者对于某种商品的价值观念或感受、理解，而不是根据产品成本进行定价的方法。消费者对商品价值的理解不同，会形成不同的价格限度。如果价格刚好定在这一限度内，就会促进消费者购买。这种定价方法要充分考虑消费者的消费心理和需求弹性。例如，需求弹性大的商品价格可定得低些；需求弹性小的商品价格可定得高些。又如，著名的工商企业或著名商标的优质产品，或出自著名专家或工匠之手的优质的作品，顾客就会另眼看待，售价就可提高；反之，定价就要低一些，才能为顾客所认可。

（2）区分需求定价法是对同一质量、功能、规格的商品或劳务，对待不同需求的顾客，而采用不同的价格。也就是说，价格差异并非取决于成本的多少，而是取决于顾客需求的差异。以销售对象、销售地点、销售时间等条件变化所产生的需求差异作为定价的基本依据。因此，企业使用这种定价法时，要充分考虑顾客需求、顾客心理、产品差异、地区差别、时间差别等，从而制定出灵活的价格，这类定价法主要有以下几种形式。

①对不同的顾客群，可以用不同的价格。顾客因职业、阶层、收入、年龄等原因，会有不同需求。企业定价时给予相应的优惠或提高价格，可以促进销售。

②对外观不同的同种商品，可以规定不同的售价。例如，同等质量、规格而花色不同的产品，花色陈旧的价格要定低些；花色新颖的价格可定高些，标有某种纪念符号的产品价格也要相应定得高些。

③对不同的销售或服务区域，可以规定不同的地区差价。例如，同样的饮料在高档酒店中的价格要高于街边饮食店的价格。又如，同种商品卖给不同的国家或地区，可以制定不同的售价。

④对不同季节、不同时间的商品或劳务，可以规定不同差价。例如，在商业等服务行业中，旺季与淡季、白天与夜间、平时与节假日等，可制定不同的价格标准。

6.1.4　竞争导向定价方法

竞争导向定价方法是以竞争产品的价格为定价依据，随市场竞争状况的变化确定和调整价格的定价方法。其主要有以下三种形式。

（1）随行就市定价法是指企业使自己的产品价格与竞争产品的平均价格保持一致。这种"随大流"的定价方法，主要适用于需求弹性比较小或供求基本平衡的商品。在这种情况下，单个企业把价格定高了，就会失去顾客；而把价格定低了，需求和利润也不会增加，所以随行就市成了较为稳妥的一种定价方法。这样，既避免了激烈竞争，减少了风险，又补偿了平均成本，从而获得平均利润，而且易为消费者接受。如果企业能努力降低成本，还可以获得更多利润。

（2）竞争价格定价法是一种主动竞争的定价方法，一般为实力雄厚或产品独具特色的企业所采用。在定价时，①比较市场上竞争产品价格与企业估算价格，分为高于、相同、低于三个层次；②将本企业产品性能、质量、产量、成本、式样等与竞争产品进行比较，分析造成价格差异的原因；③根据以上综合指标确定本企业产品的特色、优势及市场定位，在此基础上按选择的定价目标确定产品价格;④跟踪竞争产品的价格变化,及时分析原因,相应调整本企业产品价格。

(3)密封投标定价法是企业自己不预先制定价格,而是引导顾客竞争,从中选其有利价格成交的方法,主要适用于投标交易方式,如建筑施工、工程设计、设备制造、政府采购、科研课题等,需要投标以取得承包合同的项目。这种定价方法,包括以下三个主要步骤:

①招标。由买方发布招标公告,提出征求什么样的商品或劳务项目及其具体条件,引导卖方参加竞争;

②投标。卖方根据招标公告的内容和要求,结合自己的条件,主要考虑成本、盈利以及竞争者可能提出的价格,然后填好标单,向买方密封投递本企业的书面报价;

③开标。买方在招标规定的时间内,要积极进行选标。主要是审查卖方的投标报价、技术力量、工程质量、信誉高低、资金多少、生产经验等,从中选择承包商。到期时,买方要按规定开标,公开宣布"中标"者,然后签订合同,并应取得法律公证,接受法律监护。

与密封投标定价法相类似的是"招标拍卖"定价法。它一般是由卖方出示商品或发布公告,引导买方公开报价,利用买方竞争求购的心理,从中选择最高价格成交。

6.2 价格决策

企业进行产品价格决策,首先,应该充分了解影响产品价格决策的基本因素;其次,结合企业整体经营目标及其市场营销目标,确定与之相配合的价格决策目标;再次,应用价格决策的方法对企业的产品进行定价;最后,根据市场反馈对产品定价进行一定程度的调整,以适应市场条件的变化,确保企业经营目标的实现。

6.2.1 新产品价格决策策略

常见的新产品价格决策策略有市场撇脂定价和市场渗透定价。

1. 市场撇脂定价

撇脂原意是指把牛奶上面的那层奶油撇出,这里是指产品定价比其成本高出很多,即高定价策略。当新产品刚刚上市,类似产品还没有出现之前,为在最短的时间内获取量大的利润,企业可以采取这一定价策略。例如,苹果、华为、OPPO、VIVO、华硕推出的定价策略是撇脂定价。他们认为,高端手机和电脑的新产品推入市场,从利润的角度来看,高端商务手机和电脑的技术含量高,投入了更多的人力、财力,如果定价太低,会影响成本的回收。从消费者的心理出发,高端手机和电脑的消费对象是高端消费者,他们对价格的敏感度低,认为高定价可以体现出产品的高质量和高功能,如果手机的定价稍低,反而会使手机品牌在消费者心里位置大大跌落。

只有在一定条件下采用撇脂定价法才是适宜的,其运用的前提是产品的质量和形象必须支持其高昂的定价,并且有足够的购买者愿意在高价位购买。其次,小批量生产的成本不会太高,以致于抵消高价带来的收益。最后,竞争对手不能轻易进入市场和降低价格。

2. 市场渗透定价

渗透定价与撇脂定价的做法正好相反,为了让消费者迅速接受新产品,尽快扩大产品销售量,占领更大的市场份额,企业则有意将产品价格定得很低。采用渗透定价策略不但可以以最快速度占领市场,而且可以有效地阻止其他企业进入这一产品生产领域。例如,名创优品以加盟的方式在全国开了上千家连锁店,利用大批量的进货,压低进货成本,同时简化运营流程,进一步降低成本,在同行看来,这是以成本价来销售商品,因为极低的价格与不俗的质量,名创优品打开了自己的市场。当市场扩张到足够大以后,即使盈利的毛利率小,也可以产生不俗的利润。

运用渗透定价策略的前提条件是:首先,市场必须对价格高度敏感,更低的价格会产生更大的销售量和市场份额。其次,产品的生产和分销成本必须随着销售量的增加而降低。最后,低价有助于排除竞争者,而且采取渗透定价的公司必须保持低价定位,否则,价格优势仅仅是暂时的。

6.2.2 产品组合价格决策策略

企业应寻求一组能够使产品组合整体利润最大化的价格。由于产品组合内各种产品之间存在相互关联的需求和成本,并且各自面对的竞争程度不同,所以定价难度很大。产品组合定价包括产品线定价、备选产品定价、附属产品定价、副产品定价以及一揽子定价,表6-1为这些定价策略的描述。

表6-1 产品组合定价策略

定价策略	描述
产品线定价	对同一产品线内的不同产品差别定价
备选产品定价	为与主要产品一起出售的选择性产品或附加产品定价
附属产品定价	为必须与主要产品一起使用的产品定价
副产品定价	为低价值的副产品定价,以弥补处理它们所费的成本或金钱
一揽子定价	为共同出售的产品组合定价

1. 产品线定价

公司常常会开发产品线,而非单一的产品。在产品线定价中,管理者必须决定同一条产品线中不同产品的价格差距。确定同一产品线中不同产品之间的价格差距,应该考虑不同产品之间的成本差异。更重要的是,应该反映顾客对不同产品属性的感知价值。

2. 备选产品定价

许多企业在销售与主要产品配套的备选产品或附加产品时,运用备选产品定价。例如,一位购买汽车的顾客可能会配置GPS装置和高级娱乐系统。购买冰箱的顾客可能顺带买好制冰器。企业必须决定哪些项目应该包括在基本价格之内,哪些作为备选产品。

3. 附属产品定价

出售必须与主要产品一起使用的产品时，公司会运用附属产品定价法。公司常对其主要产品低利定价，但在耗材上设定较高的利润率。例如，有些餐厅将饭菜价格定得较低，将酒与饮料之类的价格定得较高，靠低价饭菜吸引顾客，以高价酒与饮料赚取厚利。拍立得照相机花费几百元即可购买，但是相纸耗材的价格却非常高。

在服务行业，这种附属产品定价法称为二部定价（two-part pricing），服务的价格被分为固定费用和可变动使用费两部分。因此，在欢乐谷、迪士尼等主体游乐园，一张日票或季票的价格中并不包括食物和公园内其他设施的使用费，电信运营商的固定电话市话业务也属于这类定价方法。

4. 副产品定价

产品和服务的生产常常会产生副产品。如果这些副产品没有价值，而且处理成本很高，就会影响主要产品的定价。此时，公司可以运用副产品定价法（by-product Pricing），为这些副产品找到一个市场，弥补储存和运输成本，从而使主要产品的价格更有竞争力。

5. 一揽子定价

运用一揽子定价法，公司常常将几种产品组合在一起，以低于各项单品价格之和的价格出售。例如，快餐店将汉堡、薯条、可乐打包，以套餐价格出售；化妆品公司将洗面奶、爽肤水和乳液组成护肤套装以一个较低的价格出售。这种一揽子定价可以促进消费者购买一些原本不会购买的产品，但是组合的产品价格必须足够低，以吸引消费者购买。

6.2.3 差别价格决策策略

差别价格决策策略就是企业根据地理、顾客、产品和时间等因素的差异，对其基本价格进行调整。这里，企业以两种或多种价格销售统一产品，而且产品价格并不反映各种成本比例上的差别。从本质上讲，这一策略是一种价格歧视政策的体现。差别价格决策策略的常见做法有下述四种。

1. 地理差别定价

地理差别定价主要是在定价中灵活反映和处理运输、装卸、仓储、保险等费用，且产品价格并不一定与供货成本成固定比例。

2. 顾客差别定价

顾客差别定价是指对同一种产品以不同的价格销售给不同的消费者，这一策略是以消费者对产品的需求弹性及掌握的信息不一致为基础的。

3. 产品差别定价

产品差别定价是指企业对不同型号或形式的产品分别确定不同的价格，而不同型号或形式的产品的价格之间的差额与其成本费用之间差额并不成比例。

4. 时间差别定价

时间差别定价是指企业在不同的季节、不同日期、不同时刻出售同一产品，所定价格不同。例如，许多企业对其产品根据季节不同定价也不同，如空调、时装、热水器等。

6.3 动态定价

6.3.1 动态定价概述

在互联网环境下的各种交易模式中,以动态定价模式进行的交易方式正在不断增加,互联网将我们带回了浮动定价的时代。在网络环境下,将在线技术引入动态定价机制,模拟传统动态定价流程,可实现在线动态定价。运用动态定价法(dynamic pricing),即持续调整价格,以适应个体消费者的需要和多种购买情境。这成为买卖双方在线交易时最常用的定价策略,此时价格不是固定不变的,而是根据供需关系上下波动的。相比之下,目录价格是固定的,就如同百货商店、超级市场以及其他店面中的价格。

如果应用得当的话,动态定价可以帮助企业最大化销售和更好地服务顾客。但是,如果应用不当,则可能引发侵蚀利润的价格战,损害客户关系和信任。公司必须小心谨慎,把握好明智的动态定价和损害性的动态定价之间的界线。

有的公司从顾客网上浏览和购买历史中进行数据挖掘,获得顾客的特点和行为特征,并以此为基础定制产品和价格。例如,一位最近上网购买去伦敦的头等舱机票或定制一辆新梅赛德斯车的顾客可能随后便会收到一份报价信息。相反,一位网络搜索和购买历史更节俭的朋友可能收到相同商品 5% 的折扣和包邮的优惠。

尽管动态定价做法的合法性似乎受质疑,但事实并非如此。动态定价是合法的,只要公司并不是基于年龄、性别、地点或其他类似特征的歧视。动态定价根据市场力量调整价格,通常符合顾客的利益。但是,市场营销者需要小心,避免运用动态定价损害某些顾客群体的利益,破坏重要的客户关系。

动态定价就是根据顾客认可的产品、服务的价值或者根据供给和需求的状况动态调整价格,是买卖双方在交易时进行价格确定的一种定价机制,允许同样的货品或服务因为顾客、时间、空间或供应需求的不同而确定不同的价格。动态定价机制有助于在不确定的环境下寻求价格,通过价格和当前市场条件的匹配,买方和卖方之间能产生出一个最优的结果,从而达到更高的市场效率。

6.3.2 动态定价的步骤

互联网促进了 B2B 和 B2C 的许多动态定价模式。大多数电子交易市场进行动态定价的基本过程如图 6-3 所示。

(1)公司提出购买商品的出价或销售商品的报价。

(2)启动交易过程。

(3)采购方和销售方可以看到出价和报价,但通常看不到是哪一方发出的,匿名性是动态定价的关键要素。

（4）采购方和销售方实时地相互出价和报价，有时采购方可以联合起来从而获得批量折扣的价格（如团体采购）。

（5）当采购方和销售方就价格、数量和其他条款，如地点或质量达成一致，一笔交易就商定了。

（6）交易实施，安排支付和交货事宜。

图 6-3　动态定价流程图

通常，交易市场外部的第三方公司提供支持服务，如信用卡验证、质量保证、担保证书服务、保险和订单履行等。它们确保采购方的支付保障和销售方货品状态的完好，并协调实现产品的交付过程。

6.3.3　动态定价的适用领域

对同一产品或服务收取不同价格的动态定价机制吸引了很多企业，企业成功实施动态定价的条件如下。

（1）商品价值的时间弹性较大。商品价值的时间弹性越大，就越需要价格实时反映市场条件的变化，否则就会造成价值的损失，如容易腐烂的物品、折旧大的物品等。因此，时间弹性比较大的产品或服务可以使用基于需求的动态定价方法。

（2）估价信息的完全性。由于商品的市场价值依赖对买方或卖方估价信息的了解，在买方或卖方估价信息不完全的条件下，需要由定价机制来揭示估价信息，如古董、艺术品的定价。

（3）需求或供给的可预测性。市场需求或供给的波动越是频繁，波动幅度越大，商品的市场价值对时间的依赖性就会越强，商品的市场价格越需要实时反映市场需求或供给的变化。

（4）客户愿意为同样的货品或服务支付不同的价格。企业必须知道或能够推断出顾客对每一单位产品或服务的支付意愿，这个支付意愿随着顾客或销量的变化而变化。顾客对同样产品或服务的价值评估差异越大，越可以使用动态定价配置和管理需求，但是实行动态定价时不能让顾客感觉不公平。顾客反对根据他们过去的消费行为或者个人的支付能力进行的动态定价，但如果顾客参与定价过程，他们也愿意接受明显的价格歧视，同时企业必须有能力阻止或限制顾客转售套利。

（5）市场越大，顾客数量越多，交易数量越大，使用动态定价的机会越多。市场越大，顾客越多，市场的不确定性就越大，这样的不确定性市场更适合动态定价。国际互联网增加了市场的不确定性，促进了传统经济向现代经济的转变，为电子商务企业采用动态定价提供了条件。

6.3.4 人工智能动态定价

为保证公平对待每个想要购买产品的客户，18世纪70年代产生了价格标签。动态定价则诞生于上世纪80年代，现在已成为各行业最常用的营销技术之一。近年来，人工智能使定价解决方案能够跟踪购买趋势并确定更具竞争力的产品价格，它趋向于根据外部因素及其购买特性为客户提供不同的价格。

优步（Uber）、亚马逊（Amazon）和爱彼迎（Airbnb）这三大科技巨头创建全新的市场并压垮行业中的竞争对手，实现快速增长，动态定价是推动这些公司整体增长和成功的主要因素。动态定价是公司用来匹配当前市场供求的一种策略。

在当今技术驱动的世界中，AI辅助动态定价算法帮助Uber这样的叫车公司实时利用其数据。这就是为什么Uber用户在城市的不同地区和一天中的不同时间看到不同的价格的原因。因为价格的调整是基于有关驾驶员供应的实时数据以及有关客户位置、区域交通、天气等的预测而进行的。通过实时数据，在云平台上运行的客户关系管理软件与AI工具结合使用，该工具通常采用动态定价算法，然后将其与最新的销售自动化结合使用。此外，动态定价算法可以为旅游公司、体育甚至B2B市场等多个市场设置实时定价。

AI动态定价是基于客户行为数据的，如客户查看过的商品类型、在该产品或项目上花费的小时数、购买的产品种类以及放在购物车中的产品是什么、客户的位置等。这些实时数据被输入到AI引擎中，该引擎将行为转换为角色，然后尝试为客户预测事物。它预测的主要内容之一是客户愿意在该产品上花费的金额。AI动态定价过程通常包括数据收集、使用AI进行数据分析、制定最优定价计算算法、最优定价制定等步骤。

6.4 个性化定价

随着人工智能技术在社会经济发展中的重要性日益增加，数据驱动型市场的经营者开始广泛引入复杂的智能算法对海量的市场数据进行自动挖掘与预测，并能够利用算法对每个消费者的支付意愿进行精准评估和预测，进而设置个性化定价。

6.4.1 定制化生产

作为个性化服务的重要组成部分，按照顾客需求进行定制化生产是网络时代满足顾客个性化需求的基本形式。根据顾客性质定制化生产可以分为两类。一类是面对工业组织市场的定制化生产，这部分市场属于供应商与订货商的协作市场，如波音公司在设计和生产新型飞机时，要求其供应商按照其飞机总体设计标准和成本要求来组织生产。这类属于工业组织市场的定制化生产主要通过产业价值链，由下游企业向上游企业提出需求和成本控制要求，上游企业通过与下游企业协作，设计、开发并生产满足下游企业需求的零配件产品。另一类是面对消费者市场的定制化生产。消费者的个性化需求差异性较大，加上消费者的需求量又较少，因此，企业实行定制化生产必须在管理、供应、生产和配送各个环节上，都适应这种小批量、多样式、多规格和多品种的生产和销售变化。为适应这种变化，现代企业在管理上采用企业资源计划系统（enterprise resource planning，ERP）来实现自动化、数字化管理，在生产上采用计算机集成制造系统（computer integrated manufacturing system，CIMS），在供应和配送上采用供应链管理（supply chain management，SCM），在营销管理上采用社交化客户关系管理（social CRM，SCRM）。

6.4.2 人工智能个性化定价

个性化定价是指针对同一件商品，为不同的顾客提供不同零售价的定价策略。个性化定价起源于电子商务网站，进入 2017 年后，一些实体店也开始执行这种定价策略。

比如在买电影票、订机票时，却发现虽然购买的是同一场次、同一航班，自己的票价和其他人不一样，这就是个性化定价。越来越多的超市试行"个性化定价"，你和身旁的购物者购买同样多的牛奶时，更有可能付款多少各异。同样的商店、同样的牛奶却有着不同的价格。

算法与大数据以及机器学习等先进技术的充分结合正日益影响着数字市场的竞争格局以及消费者的日常生活。个性化定价算法可以利用 Cookie、IP 地址或用户登录信息等多种渠道搜集市场信息。海量的信息不仅可以帮助经营者分析竞争对手、商业伙伴以及消费者的支付意愿，而且有助于经营者合理安排商品价格，创造利润空间。另外，更复杂的个性化定价策略可以利用你的智能手机的定位功能，追踪你在商店中的位置。比如，你正在口腔卫生商品区，系统得知后，也许会给漱口水的定价减去几分钱。

人工智能个性化定价算法对消费者预期价格的准确评估得益于对市场信息，尤其是对客户信息的深度挖掘。而这些基于多样化数据的分析结果具有不可预测性，基于数据分析和人工智能算法的个性化定价可以对消费者的个人行为偏好和私人生活信息做出非直观和无法验证的推断，由于算法运行机制的隐蔽性以及分析结果的不确定性，导致经营者在实施个性化定价算法时可能产生降低消费者隐私保护程度的单边效应，需要引起经营者乃至监管部门的广泛重视。

案例 6-1：罗森的智能定价

2019 年，罗森在东京都内的店铺中开始了一项使用名为"RFID"的电子标签、根据供需细微变动价格的"动态价格"的实证实验。该实验作为经济产业省进行的"新时代店铺实证实验"的一环，旨在应对将剩余商品废弃的"食品浪费"等社会课题。在向媒体公开的实证实验中，面包、杯面等每件商品都安装了 RFID。通过货架上的传感器读取信息，降低剩余、保质期限迫近商品的价格。同时，向注册了免费通话应用"LINE"的实验账户的顾客通知信息，顾客在收银台结账之后会返还顾客商品差价。

此外，在实证实验中还公开了通过货架上的数字标牌（电子看板）提供商品相关信息的"定位广告"，广告中的商品将匹配客人的性别、年龄等属性。罗森等各大便利店公司提出了截至2025年将RFID安装至所有商品上，实现商品高效管理的方针。

罗森是为数不多的，在中国市场也取得成功的外资便利店之一。实际上早在2016年，罗森就已经采用了动态定价战略。

2016年，罗森对外公开了一个独特的战略。罗森店铺数多达9 000余家。拥有这么多店铺的罗森表示"我们对90个产品分别制定不同的地区价格"。这意味着罗森按不同地区设置最合理的不同价格。日本东京的店铺租赁费昂贵，所以把煮鸡蛋的价格定为一块。与此相反，位于乡村的店铺，地价相对便宜，人力成本也不太贵，可以将煮鸡蛋价格定为九毛。这时，对企业来说更有利的是，通过降价的方式多出售商品。

接下来需要考虑的就是"凭什么决定价格，而且如何管理呢""由谁来对不同地区制定不同的价格，又由谁来做那么复杂的价格计算呢？"。这是人类绝对不能做到的事，这就需要通过大数据分析得出。那到底谁来做呢？那就是人工智能。事实上，"库存优化与需求预测"比动态定价出现得更早。古人通过占卜、算命来预测未来，而现在人类已经迈入了利用人工智能与大数据的时代。人工智能靠大数据可以实现需求预测。需求预测就是通过分析预测出的结果值。比如，"该产品在未来三个月会卖出几件"，人工智能分析罗森拥有的大数据后，制定不同地区的最合理的不同价格。

罗森的产品价格标签已经转换为数字化标签。使用传统的价格标签纸在价格变更时，需要员工来更换新的价格标签。但是引进数字化价格标签之后，在总部按一个按钮就可以更换价格标签。动态定价模式取得成功后，罗森决定扩大人工智能的应用范围。其实现在已经有很多定价工具，但罗森是通过自己开发的人工智能来定价的。而除了自己开发以外，还可以使用在市场已普及的定价工具之一。现在已经很多企业在销售定价工具，所以买一个合理的定价工具后使用即可。比如，美国时装公司Guess Jeans引进了定价工具JDA Pricer。然后进行了一个按不同地区，制定不同的价格。包括JDA Pricer在内的任何定价工具，决定产品价格的时候都考虑各地区的人口、天气等因素，然后决定最合理的地区价格。

使用定价工具之后，在大部分的情况下，马上就呈现销售额上升趋势。但是，需要注意以下两点。第一，需要有效数据。一旦数据不够纯粹，便无法马上使用。有些企业长时间以来没有管理数据，这时仅仅为了清理数据需要付出几年的时间。第二，企业内部没有数据专家的话，刚开始引进定价工具的时候肯定会需要磨合期。定价工具的确是一个帮助企业的手段。但是一些不太熟悉科技的企业要引进定价工具的话，首先要考虑熟悉工具的时间。如今，罗森让人工智能来分析应该在哪个位置开店好。也就是说，由人工智能来决定门店的选址。以前是地产专家分析这些问题，如今人工智能就能全方位为您精准剖析和解答这些疑问。

案例 6-2：优步
动态定价策略

第六章
扩展阅读

思考题

1. 影响定价的因素及常用的定价方法有哪些？
2. 试给出常用的价格策略。
3. 什么是动态定价、个性化定价？人工智能如何驱动动态定价和个性化定价？

即测即练

第七章　智能产品设计

学习目标

通过本章学习,学员应该能够:

- 掌握人工智能产品的定义、要素和分类;
- 了解产品设计思维从传统向机器思维的演变;
- 了解智能产品设计方法及支撑技术。

7.1　人工智能产品

7.1.1　传统产品特征与分类

产品是指能够为市场提供的、引起消费者或用户的需求和欲望的任何东西。产品不仅包括有形物品,如电视机和手机,还包括无形物品,如服务、观念等。这里产品涵盖以上任何一项或全部。

1. 产品的特征

产品特征是产品自身的质量、外形、功能、商标以及包装等构造所形成的特色,它能反映产品对顾客的吸引力。产品特征在不同的消费者心中有着不同的认知,会受消费者自身的价值观以及过去的经验的影响。有关于产品特征的分析主要包含以下几个方面:

(1) 产品和消费者当前的认知是一致的,不受消费者的行为变化影响;
(2) 产品可以在消费者购买前被试用或者被感受;
(3) 产品及其效用可被消费者感知;
(4) 产品被消费者理解认识的程度简单;
(5) 产品相对于其他产品来说由于技术支撑具有持续性的竞争优势;
(6) 产品和品牌对消费者具有意义。

2. 产品的分类

企业对产品进行分类,有利于企业针对不同的产品制定不同的营销组合策略。不同的产品有着不同的特点,能够满足消费者多方面的需求。

1) 根据产品的可观察性分类

根据产品的形态是否可被观察出来,将产品分为有形产品和无形产品。

(1) 有形产品。有形产品是指产品在形态上能够被感知,消费者能够真切地感受其存在的产品,如汽车、水杯。有形产品区别于无形产品的最明显之处在于能够真实地呈现在消费者面前、价值必须通过有形的物品才能够体现出来。有形产品的价格通常与产品质量有关,同时也受促销方式和分销渠道的影响。

(2) 无形产品。无形产品主要指服务，它不具有实体形态，是指一方能向另一方提供的基本上无形的活动或利益，如美发、培训和教育等，这些服务产品很难进行量化。在消费市场上大部分的服务产品都与有形产品相联系，这样能够更好地满足消费者的需求。

2）根据产品的易耗性分类

根据易耗性，将产品分为易耗品和耐用品。

(1) 易耗品。易耗品一般是指有形产品，通常有一种或几种用途，如洗衣液、沐浴露、食盐、肥皂、牙膏等。这些商品经常被购买，而且在很多地方都能买到，商家只赚取微薄利润。因此易耗品价格弹性不大，强调成本优势，并且要大做广告以引发消费者试用，建立偏好。

(2) 耐用品。耐用品一般是指有形产品，通常有多种用途，如冰箱、家电、住房、家具等。这类产品消费速度慢，重复购买频率低，单位利润较高。因此耐用品价格弹性大，价格对需求的刺激不大，通常需要更多销售人员的服务，还要有更多卖方保障。

3）根据产品的用途分类

根据产品的用途，将产品分为消费品和工业品。

(1) 消费品。消费品是最终消费者购买的用于个人消费的产品。根据消费者的购买习惯可将消费品细分为便利品、选购品、特殊品和非寻求品。消费者对不同的产品有不同的购买方式，因而要求不同的营销策略，具体如表 7-1 所示。

表 7-1 消费品的分类以及特点

项 目	消费品类型			
	便利品	选购品	特殊品	非寻求品
消费者购买特征	频繁购买；很少计划、很少作比较或花费精力	不经常购买；较多的计划并花费精力；比较品牌的质量、价格、款式	强烈的品牌偏好，为购买付出较大努力；很少比较品牌	对产品了解很少，或即使了解也缺乏兴趣
销售点	渠道广泛且便利	在较少的商店进行分销	在每个市场区域只有一家或几家店专卖	不确定
促销	制造商大量促销	生产商、经销商的广告和人员销售	生产商、经销商针对性更强的销售	生产商、经销商的强力广告和人员销售
实例	牙膏、杂志、洗衣粉	家电、家具、服装	奢侈品，如劳力士手表	人寿保险

(2) 工业品。工业品是指购买后用于进一步加工或企业经营的产品。消费品与工业品的显著区别就在于它们被购买的目的。由于产业用品的交易主要是在企业之间进行，市场营销中的一些基本原理在这种情况下不太适用，因此需要对这种情况区别对待，将工业品的交易市场作为一个特殊的市场加以研究。工业品可按照其相关成本和进入生产过程的方式分成三类：原材料和零部件（如小麦、原油、轮胎）、资本项目（如工厂、办公室）、辅助品和商业服务（如润滑剂、管理咨询）。

7.1.2 人工智能产品的定义

人工智能（artificial intelligence，AI）是与人类及动物具有的自然智能（natural intelligence）相对的概念。人工智能产品即指运用人工智能的理论、方法和技术处理问题的产品或系统。人工智能产品具备信息采集和处理以及网络连接能力，并可实现智能感知、交互、大数据服务等功能，是人工智能的重要载体。一些文献中则进一步描述了人工智能产品所呈现出的具体能力，包括感知能力、认知能力、学习能力，具体如图7-1所示。

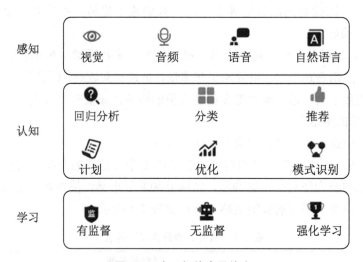

图7-1　人工智能产品能力

目前，能够应对所有通用场景的通用人工智能还停留在理论阶段，当前的技术仍然是能力局限于某一特定领域的弱人工智能。但无论人工智能程度的强弱及其应用领域的范围如何，均属于本书中人工智能产品讨论的范畴。人工智能产品可以与人进行交互，因此人机交互领域中强调人工智能产品的"拟人"特征，反映出人工智能产品的社会性。

7.1.3 人工智能产品的要素

人工智能产品的产生和制造需要技术的支撑。技术只有被转化成了产品，才能为人类的生活创造价值。人工智能产品正在经历从算法支撑到以人为本的转换过程，这个转换的过程需要综合考虑技术、人类生活、文化和商业等要素，共同构成设计的过程。若是设计不恰当，通常会导致技术的转化无法实现，如反应迟钝的智能冰箱会给人们的生活带来困扰。因此，随着技术的不断推陈出新，设计师在设计的过程中，要综合考虑各要素，引领产品发展多样化，创造具有特色的产品。

1. 技术要素

技术要素是一个技术能否转化为产品的关键。产品的设计、制造的过程都离不开技术的支撑。同时，技术要素也是产品在市场中保持竞争优势的关键。尽管在互联网时代，获取知识的门槛越来越低，但技术构成仍然是创新设计的最本质特征之一，也是创新创业的对象。例如，技术壁垒等都在强调技术对产品的重要性，强调技术的构成在产品体系中的决定性作用。相比于其他的构成要素，好的技术要素往往无法被抄袭。技术要素是创新的保障，很多公司在发展后期会向技术驱动转型，体现了技术要素的不可忽略性。

2. 人类生活要素

产品的产生是为了满足人类生活需求，为人类社会创造价值。如果最后不应用于人类身上，那么产品即使被制造出来，价值也微乎其微。设计的本身是创造，是人的生命力的体现。设计的目的就是为了满足人们的需求，研究设计也就是要研究人的需求，并将需求转化为产品。例如，人机工程学研究的核心问题是不同的作业中人、机器及环境三者间的协调，以使得作业在效率、安全、健康、舒适等几个方面的特性得以提高。例如，过去绿皮车厢的火车座椅，坐垫与靠背呈 90 度，长时间坐会导致背部不适，因此在设计的时候需要考虑人类背部生理构造。经过设计的演化，现在的火车座椅已经是可调节的。

3. 文化要素

设计中考虑文化要素，主要是考虑如何使得产品的形式与文化相结合。文化的三个层次是物质、制度、精神三层次，应用于设计中，对应材质、功能和服务。在智能产品设计领域有一个典型的问题就是对用户文化层面的理解。传统设计方法会通过市场细分将消费者划分为不同群体，但智能产品的消费者往往不容易被划分，所以需要一个新的标准去理解用户。现在，新文化的出现很快。例如，抖音快手等短视频平台，让有着"新文化理念"的人群出现在大众面前，他们就是值得关注的目标用户和新市场。对于设计而言，理解新文化很重要。

4. 商业要素

考虑商业要素，主要是为了更好地销售产品，构建和发展合理的商业模式。在智能商品中，很多软件经常会出现免费或者会员的服务。在游戏或者视频页面，用户可以通过充会员的方式享受不同的游戏体验或提前观影的服务。从目前人工智能技术的发展趋势来看，未来人工智能产品的商业模式将会有以下几种：个性化的产品和服务；技术服务提供商；快速占据市场地位，同时寻求新的商业模式。

7.1.4 人工智能产品的分类

本书从两个维度对人工智能产品进行分类。一是按照与传统商品一样的分类方式来分类，二是根据人工智能的产业链，将现有的人工智能产品细分为三类产品。

首先，人工智能产品可以按照传统产品进行分类。人工智能与具体的应用领域相结合，产生了产品和服务。现在，已经有大批的人工智能产品被研发出来。

1. 从产品的可观察性分类

1）有形的人工智能产品

2019 年，科沃斯扫地机器人 DG70 在展会上全球首发，如图 7-2 所示。它是基于 AIVI 视觉识别技术，为消费者带来全新感官体验，不仅满足消费者最小化手动干预清洁的需求，而且家庭清洁效率与以往相比大幅提升。科沃斯通过此项目提升家庭服务机器人产品在环境识别、人机交互、深度学习等方面的智能化程度。与此同时,扫地机器人DG70搭载着科沃斯独有的Smart Navi 2.0全局规划技术和蓝鲸清洁系统2.0,让扫地机器人更有逻辑、更智能地配合消费者的需求去工作,实现扫拖二合一,让清洁更深层。

图7-2 科沃斯扫地机器人DG70

2)服务型人工智能产品

2016年,平安科技的实体机器人产品"安博士"首次亮相,它是平安集团人工智能时代的产物和推动者。如图7-3所示,作为平安科技智能引擎部精心打造的首款硬件产品,"安博士"依托平安科技的海量数据积累和世界领先的智能引擎,集万物互联、大数据与人工智能于一身,具有迎宾分流、业务办理、咨询引导、智能推荐、关爱提醒、集中管控等强大功能,致力于成为"金融行业的全能员工",提高银行的对外服务效率。用户在银行办理业务时,"安博士"可以为工作人员和用户同时提供便利。

图7-3 平安科技机器人"安博士"

2. 耐用性人工智能产品

以创维43A4智能语音遥控液晶电视为例。创维A4智能电视具有免遥控的声控功能和随时唤醒功能，并且利用光学防蓝光技术，护眼更健康。画质真实，运行速度快。创维搭载百度人工智能语音助手，可以准确、快速地识别语音，识别准确率高达99.96%。还打通了百度后台大数据，涵盖100多种全场景智能语音服务，说句话就可轻松体验。

3. 以产品的用途分类

1）消费型人工智能产品

以华为智能手机和小艺语音助手为例。2004年华为第一款手机华为A616上市，经过十余年的发展，华为的手机系统已经突飞猛进。华为的Mate40型号手机不仅拥有手机必备功能，还运用了5G超级上行技术，和以前型号手机相比上传速度更快。其不仅拥有了全新的影像系统，而且电池续航能力增强，颜色款式方面也都有改进。此外，小艺是华为推出的面向终端用户的智慧语音助手，既可以实现语音启动应用及服务，也可以实现多轮对话获取信息发布指令。华为手机的出现推动了国内智能手机的发展。

2）工业品中的人工智能产品

以智能式船闸安全辅助产品为例。2017年，《智能式船闸安全产品推广应用研究》项目通过江苏省交通运输厅航道局验收，该项目主要用于解决目前船闸运行过程中的安全隐患。智能式船闸安全运行系列产品通过江苏省新通智能交通科技发展有限公司自主研发的新型智能化传感设备，实现对船闸安全隐患的实时监测，并对危险情况进行及时有效的报警及联动取证。其中船舶超闸室安全警戒线报警设备是对船舶过闸中超越安全警戒线停靠现象进行智能检测、报警和取证，实现特定报警步骤定制、手工可配置、断电保存、摄像头追踪取证等功能。

其次，整体来看，中国人工智能产业链正在快速地完善过程中，从上游基础技术研发到中下游技术应用，各环节呈现出精细化运营的趋势。根据人工智能大生态中不同企业提供的技术、产品和服务侧重点不同，将人工智能产品分为三类：基础层产品、技术层产品以及应用层产品，如表7-2所示。

（1）基础层产品。其为人工智能产业提供基础的软硬件和数据支撑，包括技术平台（云平台、开发工具等）、基础硬件（芯片、服务器等）、数据及相关管理技术、通信设备等。

（2）技术层产品。其包括以生物识别、人机交互、机器学习、知识图谱等人工智能核心技术为驱动的产品。技术层是目前人工智能商业化的主力，大量AI方向的人工智能用场景由技术层企业来推动。

（3）应用层产品。这类产品是从具体场景来看人工智能，即包括人工智能技术商主导推出的各种"AI+"的解决方案。从应用领域来看，人工智能应用层的产品跨度非常大，几乎渗透各个产业的各环节，已呈现出百花齐放的态势。

表7-2 人工智能产业链产品类别

产品类型	基础层产品	芯片	阿里巴巴含光800芯片
		数据	海天瑞声（Speechocean）科技公司
		云计算	阿里云计算
		传感器、摄像头等其他硬件	海康威视摄像头

续表

产品类型			
	技术层产品	计算机视觉	旷视科技 Face++ 人工智能开放平台
		生物识别	eyecool 双模人脸识别加密摄像头
		知识图谱	OSCAR 客户风险预警模型
		语音识别	科大讯飞语音识别
		语义理解	竹间 AICC 平台
		VR/AR/MR	HisenseVR 眼镜
		机器学习	百度搜索
		人机交互	科大讯飞 AIUI
	应用层产品	安防	灵云数据智能风控平台
		金融	Betterment 智能投顾平台
		教育	葡萄英语 AI 课程
		医疗	"云医声"智能语音助手
		交通	PriusGPS 车载导航仪
		零售	瑞为科技人脸识别
		农业	麦飞科技病虫害遥感监测
		广告营销	极链科技视频电商
		商务服务	小水智能通讯
		机器人	优必选人工智能机器人
		智能终端、穿戴等消费类产品	小米手机

传统的产品多关注产品的原料、制作、设计、销售等方面，关注用户体验。而人工智能产品依赖数据的算法和技术的支撑，更关注产品的性能，呈现出系统化的特点。

未来的人工智能产品会更加智能化、更加人性化，为人们带来更多方便和舒适。比如在智能家居方面，人们可以只用一个遥控器，通过无线技术，完成对所有家电的控制。中央处理器可能会通过语音识别等技术实现真正的高效服务。

7.2 产品设计思维的演变

7.2.1 传统设计思维

设计思维是以用户为中心，去发现用户的问题，并用设计来解决问题，因此叫"设计思维"。在"设计思维"被不同的学者提出之后，IDEO 是第一家将设计思维应用于解决商业问题的公司。IDEO 的创始人——大卫·凯利（David Kelley），后来又创建了著名的斯坦福设计学院（D.School）。根据 D.school 的研究，设计思维的五个阶段如下：共情（emphasize）、确定（问题）（define）、形成概念（ideate）、制作原型（prototype）和测试（test）。

1. 共情

共情就是对他人的情感或情绪感同身受的能力。对于正在解决的问题进行共情理解是设计思维的第一阶段,这一阶段对于以人为本的设计过程很重要。共情的目的是进行用户研究,从而了解人们真正关心的东西,真正了解他们的处境,比较常用的方法是用户访谈。例如,在设计老年人专用产品时,考虑老年人想要保持良好的行动能力,但他们由于身体原因行动能力已经开始下降。在和他们进行访谈的过程中,可能会发现他们为了增强行动能力从而采取的多种办法。在理想情况下,还可以与多个访谈者人重复此过程。在这一阶段收集的信息可以在下一阶段进行使用。

2. 确定(问题)

在确定问题阶段,可以把共情阶段收集的信息集中在一起进行分析对比,从而确定设计环节的核心问题。比如说老年人喜欢出去散步、出去和老朋友聊天,在这背后反映的核心问题不是他们喜欢外出,而是他们希望和外界保持联系。在确定问题时,应该用"以人为本"的方式,要定义的问题相对宽泛且边界清晰。具体来说,不要将问题定义为自己的愿望或者公司的需要,如"我们需要将儿童的服装产品市场份额提高5%"。更好的定义问题的方法是:几岁的儿童需要穿舒适面料的衣服才能呵护肌肤。确定问题阶段可以帮助寻找解决问题的方案。

3. 形成概念

在第三阶段中,设计师开始关注问题陈述并提出解决问题的想法。有了前两个阶段的铺垫,接下来就需要"跳出框架思考",为创建的问题陈述找出新的解决方案,并且可以开始寻找替代方法来查看问题。重点不在于获得一个完美的想法,而是要想出尽可能多的想法。比如头脑风暴,通常用于激发自由思维并扩大问题空间。在形成概念阶段结束时,应该选择其他一些评判方法来帮助你调查和测试你的想法,以找到解决问题的最佳方法,或是规避问题所需的元素。

4. 制作原型

在制作原型时,设计团队将创造一些价格低廉的产品或具有特定功能的缩减版本产品,以便他们可以调查前一阶段确定的问题的解决方案。解决方案可能是一个新想法和已经被使用的组合。然后连接点,勾勒出最终的解决方案,并建立一个真正的原型,以进行测试。原型可以在团队本身、其他部门或设计团队之外的一小部分人员中,进行共享和测试。它的目的是为前三个阶段发现的每个问题找出最佳解决方案。这些解决方案或许会被接受,或许会被用户拒绝。在这个阶段结束时,设计团队将会更好地了解产品中固有的约束条件和存在的问题,以便更好地了解真实用户的行为、想法和感受方式。

5. 测试

使用原型设计阶段确定了最佳解决方案后,需要寻找实际用户测试原型。测试阶段产生的结果,经常用于重新定义一个或多个问题,并表现用户的认知、使用条件、思维方式、行为和感受。如果人们不喜欢它,要敢于接受意见,关键是要了解哪些是有效的,哪些是无效的。然后回到理念或原型,通过运用技能重复这个过程,直到出现一个能够解决实际问题的原型,并尽可能深入地了解产品及其用户。

五阶段模型的一个主要优点是后期获得的知识可以反馈至早期阶段。这创造了一个闭环的循环，在这个循环中，获取的信息不断地用于对问题和解决方案的理解，并重新定义问题。

从本质上讲，设计思维重点在于根据用户的想法和行为设计出产品，设计过程是迭代和灵活的，并且专注于设计师和用户之间的协作。

7.2.2 机器思维

机器思维，从名称上来看，是以机器学习技术为支撑的思维模式，主要以机器学习为代表。设计思维关注用户的需求，而机器思维更关注如何利用现有的资源取得更多更好的成果。参照设计思维的五阶段，将机器思维的过程也相应地分为五个阶段：分解（analyse）、定义（define）、形成概念（ideate）、协调（tune）和确认（validate）。

1. 分解

设计思维在第一阶段对用户的需求进行分析和共情，与设计思维不同的是，机器思维共情的对象不再是用户，而是需要解决的任务。这就代表设计师在设计产品时，需要暂时放弃感同身受的环节，运用自己理性的一面去面对并充分理解需要解决的问题。分解产品运行的各个流程，找出需要研究的变量和指标，以供以下阶段使用。

2. 定义

在"定义"阶段，设计师要运用上一阶段确认的变量和指标与产品的销售等环节相结合，定义出算法的运行过程和性能要求。设计思维在这一阶段定义的问题相对宽泛，与设计思维不同的是，机器思维在这一阶段应该根据分解阶段找到的指标来确定具体的产品要求，并在确定方案时定义明确的性能要求。

3. 构思

机器思维的在构思阶段要求设计师应用各种算法和模型来处理数据，处理完数据后对结果进行分析，构思初步的解决方案。设计师可以利用各种工具将数据可视化，从中寻找规律，初步发现数据间的关联关系。构思阶段不再停留在获得想法层面，而是得出一个或多个可采取的解决方案。

4. 协调

机器思维在这一阶段的工作与设计思维有相似之处，它要求设计师选择算法和模型来验证之前经过初步分析得到的关联关系是否正确，测试构思阶段提出的解决方案是否可取。在此基础上，找出最佳解决方案来选择产品所需的技术支持。在这个过程中，同样应该遵循简单快速的原则，只需要运用简单的模型就可以测试前一阶段构思的解决方案，并不需要完全实现产品的预设指标。

5. 确认

设计师在协调阶段测试了多个产品模型之后，确定了最佳解决方案。接下来就要不断重复构思—协调—确认的过程，在重复的过程中，设计师通常会发现当前的方案存在一定的风险，并发现更多的方案，这可以帮助设计师对当前方案重新进行审视。因此在这一阶段，设计师应该确认技术方案是否最优，若是确认此方案风险较大或发现更好的解决方案，也可以选择放弃当前方案。

机器思维除了这五个阶段，还会关注一个设计思维很少关注的点，即维护。机器思维的运行过程中常常会进行细微的改动，所以需要付出更多的精力来维护当前的方案或是通过观察使用的情况寻求突破。

机器思维重点在于关注要解决的问题，它的设计过程同样是迭代和灵活的，专注于设计师和机器、算法之间的协作。

7.2.3 两种思维的比较

设计思维以人为中心，机器思维以机器为中心，二者的开发模式有很大的区别，解决问题的方式也存在很大区别。设计思维通过了解用户的想法来不断产生新的想法，机器思维则可以不断地通过学习数据来找到其中的规律。表 7-3 从设计思维和机器思维五个阶段将二者进行对比。

表 7-3 设计思维和机器思维的比较

阶　　段	设 计 思 维	机 器 思 维
共情和分解	了解用户，理解用户的需求	分析产品的运行流程找出所需变量和指标
确定（问题）和定义	收集信息集中处理，归纳用户的需求，帮助寻找解决方案	将变量和指标与后续环节相结合，定义出算法的运行过程和性能要求
形成概念和构思	寻找尽可能多的想法，并选择一些评判方法分析这些想法	应用算法和模型构思初步解决方案
制作原型和协调	向用户提供工作原型，了解产品的固有条件，并增强用户体验	通过调整和优化算法找出最佳方案
测试和确认	通过测试确定方案的有效性，并通过改进尽可能满足用户需求	确认方案是否最优，对算法模型持续改进

人工智能技术现在已经在越来越多的领域被加以运用。随着技术的成熟，各大技术公司对人工智能的关注逐渐从技术驱动转向以人为本，人工智能领域正面临重要转折。人工智能从技术转化为产品时面临诸多挑战，在这一背景下，人工智能产品的设计需要对传统的设计方法根据人工智能算法的特性进行改进和补充，需要在每个阶段将两种思维方式有机结合。人工智能产品设计所面临的主要挑战是消除设计思维和机器思维之间的差距。以机器学习为例，设计师主要面临用户、技术、场景三个方面的困难。

首先是用户方面。在设计人工智能产品时，用户的偏好和需求需要被纳入考虑因素，从而为改进产品提供意见。但设计师往往会忽略用户的潜在价值，也很少关注用户想要参与设计过程的意愿。

其次是技术层面。有些设计师由于缺乏专业的技术培训，会缺乏人工智能的相关技能，从而导致他们缺乏评价技术是否可行的经验。因此在机器学习解决方案的过程中，就需要设计师不断地进行自我提升。这会增加设计团队在设计过程中的难度。

最后是场景方面。目前人工智能的设计和应用还没有进入成熟阶段，相关的法律法规还不完善，设计师在确定人工智能的应用场景时会面临困难，如用户的数据会涉及隐私问题。这需要设计师团队根据机器学习的特点，寻找提升消费者用户体验的方法。

7.3 智能产品设计方法

7.3.1 智能产品设计要素

智能产品设计是一个创造性的综合信息处理过程，是一个通过多种设计元素的组合将人的某种目的或需要转化为物质创造的过程，当然也是提出问题、分析问题、解决问题的过程，再通过具体的设计，以优化的形式表达出来。

1. 视觉元素

智能产品设计中的视觉元素包括形态、大小、色彩等。在诸多视觉元素中，形态是塑造产品形象的一个重要方面，因为形态是与消费者进行交流的最直接、最重要的信息载体。色彩是在产品设计中是最直接、最富情感的视觉元素，用于传递给用户重要的信息。在智能产品设计中，色彩直接体现了产品设计表达的情感。从设计师到受众人群，产生丰富且统一的涉及情感辅助的产品设计，才能使产品更具生命力。视觉元素是最直接快速的信息传达形式，这种设计形式是人类接受外部信息的本能反应。

2. 文化元素

社会文化的发展促进了设计的发展进步，二者都是具有连续性和历史继承性的，无论是传统文化元素还是现代文化审美，都潜移默化地影响着设计。设计的文化元素亦是造物的文化，在设计师的再造和创新中展现不同的风貌，从中反映不同的价值观和审美观。

产品设计从一开始就不得不包含文化元素，以用户为中心的、为生活而设计的产品不能是空旷的冰冷物件。任何产品形成的都是文化积累的产物，量变引起质变。设计师一步步创造出符合这个时代的、用以便捷人们生活的产品，这个设计行为本身就是一种文化的缩影。可以说设计意识、设计行为乃至物质生活方式，都是文化的一种表达和传播。

文化元素的强调是为了统一清晰的审美哲学和审美情趣，用以向用户传达设计的方式。文化元素渗透在设计的方方面面，并未偶然地添加与装饰，这才是好的设计所应具备的。

3. 情感元素

智能产品设计是以客户为中心的。现如今的设计不仅仅满足于丰富的使用功能，而是更加倾向于人与物的情感交流。设计师使用不同的色彩、材质、形态等设计整合形式，使设计可以通过声音、喻义、外观形象等各方面影响人的听觉、视觉、触觉，从而产生联想，达到与用户心灵沟通而产生共鸣。以情动人，让用户感受到设计的意境之美，唤起真情实感,以达到设计的目的。

7.3.2 概念设计方法与工具

智能产品概念设计阶段提出智能产品的设计方案并对方案给予必要的评价分析,很大程度上决定了设计结果和设计质量,以及开发过程中的效率和成本,是最具有创新性的设计环节。产品概念设计包括功能设计、行为设计、结构设计和形状设计。各部分相互反馈、协调,形成一个整体。概念设计与其他设计阶段的最不同的一点是该阶段的产品信息是不确定的。设计人员利用思维可以处理这类不确定信息,但计算机辅助设计系统却对此毫无办法。

概念设计是由分析用户需求到生成概念产品的一系列有序的、可组织的、有目标的设计活动组成的,它表现为一个由粗到精、由模糊到清晰、由抽象到具体的、不断进化的过程。英国开放大学的研究小组经过数年的研究发现,重视设计环节的企业在经济效益和投资回报方面成绩显著。因此,提高产品的设计水平逐渐受重视。产品概念设计的原始问题是将问题经过一系列的分解为一个问题的集合,再对每一个问题求解,得出所有问题的综合就是概念设计原始问题的解。

1. 产品概念设计过程

在产品开发的前期,概念设计要对将要进入市场的新产品、新技术、新设计进行全方位的验证,提出新的功能和创意,探索解决问题的方案,并为将来新产品的设计、生产、广告宣传和上市销售做好充分准备。其主要过程一般有以下三个方面。

1)将产品功能概念化

产品功能的概念化是设计师在概念设计中最艰巨的任务。在产品概念设计的前期,将产品的功能划分、市场定位、目标客户、价格区间等概念,用草图的形式确定下来。在设计之前提出问题,找出构成这些问题的主要因素,并在设计过程提出解决问题的设想和方案。

2)将设计概念可视化

把文字和草图形式的产品概念定义,转化为更直观、更容易被普通人所理解的可视化形态,使原来"无形"的概念成为"有形"的概念产品。这些概念设计图样或模型可以用于企业各部门在开发过程中的协调与沟通,最终得到的结论可以作为一个产品设计定型的决策依据。

3)将概念设计商品化

概念设计商品化就是把一个富有创意的概念设计转化为真正的商品,在这个过程中,设计师往往不得不对原来的概念产品设计进行必要的修改。把一个概念产品变成具有市场竞争力的商品,并大批量的生产和销售之前有很多问题需要解决,工业设计师必须与结构设计师、市场销售人员密切配合,对他们提出的设计中一些不切实际的新创意进行修改。

2. 产品概念设计方法

在人工智能背景下的设计思路主要是综合考虑客户、应用场景和技术,推动设计思维与机器思维的融合。

产品概念设计过程中所产生的设计方案实际上可以表示为产品信息模型。概念设计阶段的产品信息可以分为四类：功能（function）、行为（behavior）、结构（structure）和形状（shape）。功能是指产品需要满足的用户需求，行为是指实现产品的工作原理，结构是指完成产品行为零部件之间的结构关系，形状是指构成产品结构产品零部件的几何形状和尺寸。

针对这四类，提出智能产品概念设计方法的实施步骤：

（1）了解设计方案中所应用的人工智能技术具备的性能；

（2）了解从人工智能技术转化为智能产品的要素；

（3）明确人工智能与要素在其生命周期的各个阶段的互相影响；

（4）权衡不同要素间的利益冲突、约束条件，探索最终可行的技术解决方案。

3. 产品概念设计工具

智能产品的概念设计画布是最典型的概念设计工具。画布作为一种工具，最早是由亚历山大·奥斯特瓦尔德（Alexander Osterwalder）提出的商业模型画布，之后被应用于设计学领域。概念设计画布是一种方便设计师收集和整理用户的日常信息，以帮助生成对用户有价值的概念想法的工具。概念设计画布由多个模块组成，每个模块之间紧密相关，并有相应的提示信息。工作人员可根据画布上的提示信息依次完成画布内容，以助于生成概念设计。

智能产品的概念设计画布以可视化的方式，帮助设计师记录并分析与机器学习生命周期各个环节相关的信息，从全生命周期视角分析与权衡相关要素，激发设计洞见，规划设计方案。该工具包括体验挑战卡片、用户画像、画布、提问板四部分内容。

1）体验挑战卡片

机器学习在将技术转化为产品时，会面临很多的用户体验挑战，如拟人化挑战等。在使用卡片的过程中，可以根据设计的需要增减卡片。卡片分为多种类型，每一种类型对应一种用户体验挑战。

2）用户画像

用户画像包括用户的年龄、爱好等基本信息。用户画像可以帮助设计团队了解用户的需求，鼓励用户参与产品的迭代过程。用户画像并非简单地描述单一的需求，而是通过生动、细致的需求描述，协助设计团队共情，以提升用户体验。

3）画布

如图7-4所示，画布由6个扇形组成，每个部分代表着机器学习的过程。每一个扇形区域都代表不同的内容。画布使得信息可视化，设计团队可以通过讨论得出概念设计方案。

4）提问板

在每个阶段，提问板通过与情景和系统相关的问题提供相应的注意事项。用户可根据设计任务需求增删和修改问题。提问板可以帮助设计团队迅速了解需要考虑的核心问题，加强对AI技术与场景的理解。

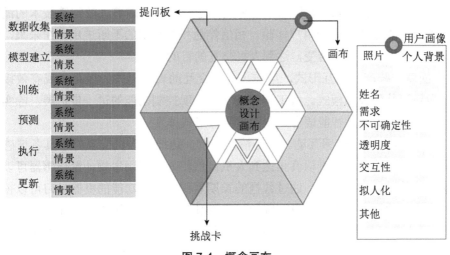

图 7-4　概念画布

7.3.3　人机交互设计

人机交互是研究系统与用户之间的交互关系。系统可以是各种各样的机器，也可以是计算机化的系统和软件。用户通过人机交互界面与系统交流，并进行操作。小如收音机的播放按键，大如飞机上的仪表板，或发电厂的控制室。

人机交互属于产品交互设计系统的一部分。产品设计会间接地影响最终的用户设计，是一种基于技术手段将产品智能化的设计方法，它更加注重交互双方的交互过程与体验感。

1. 交互指南

在人工智能产品的设计领域中，设计团队需要提升智能产品的用户体验和设计效率。针对各种流行的人工智能产品，微软谷歌等公司发布了相应的智能产品交互设计指南。

微软研究院在 2019 年发布了《人工智能交互设计指南》。这份设计指南涵盖了许多交互场景，能够暴露我们的知识漏洞，从而指明接下来的研究方向。研究者相信，这一份设计指南可以成为从业者的有用资源，帮助人们更好地在产品中运用 AI 技术，同时也为人工智能交互设计指南的发展提供了帮助。

《人工智能交互设计指南》

谷歌也发布了"以人为本的智能设计"（people+ AI research，PAIR），提供了详细的指导书。

2. 人工智能对产品交互的重新定义

产品人机交互的趋势发展是从无到有、从无序到有序、从机械到自然的一个过程。由于交互技术不断地更新，为产品交互设计创造了更多的可能性。人工智能作为新型的交互技术，扩展了产品交互设计的视野与维度，由此人机交互之间的关系发生了"双向训练"的转变。这种转变对传统的产品交互设计流程产生深远的影响。

谷歌"以人为本的智能设计"指导书

（1）扩展传统界面设计局限。21世纪是信息的时代，随着大数据等技术的涌现，许多产品以智能化的形式来提升用户体验。相信伴随科学技术的不断进步，在未来，势必会完成"有形"到"无形"的转变，达到人机交互的目的。

（2）创新传统产品交互形式。当前，人机交互的表现形式为近距离或有效接触，最终将发展为新型共生关系模式。人工智能技术将实现控制功能的进一步扩展，除实体操作以外，其他功能均可通过智能语音、图像识别等形式体现。

（3）增强人机交互情感互动。人是情感动物，传统的人机交互并不具备情感，无法真正理解或适应人的情绪，难以真正达到人机自然相处。利用生物计量传感器可以对皮肤反应、脑电波等进行详细测验，通过数据的长期累积，自主功能的机器学习可以很好地掌握用户的情绪，并做出合适的反应。例如，智能机器人可以自如地与人进行交流。

（4）优化交互信息架构。人工智能技术的应用，可通过智能语言输入来完成数据检索和指令任务，在信息流获取方面具有较高准确率，还可以很好地提升用户的交互效率。

7.3.4　实用设计模型

1. 人工智能服务平台

人工智能服务平台是近年新兴的概念，是指服务提供商将 AI 作为服务提供给客户，为缺乏技术能力的客户提供更便捷的方式来搭建 AI 系统。例如，某企业想要定制自己的 AI 系统时，无须在公司内部组建一支技术团队，只需要购买相应的 AI 服务以节约人力成本。

目前人工智能服务平台的主流提供者包括百度 AI 开放平台、IBM 公司的 Watson 和 AutoAI，以及腾讯的 TI 等。例如，百度 AI 开放平台的果蔬识别功能，如图 7-5 所示。

图 7-5　百度 AI 开放平台果蔬识别功能

2. 硬件工具套件

硬件工具套件，如 Google AIY、树莓派等，可用于搭建实体原型。此类工具操作简单，同时提供了配套的硬件，使用者无需自行选配零部件。2017 年上半年，Google 宣布了一个新的开源计划——AIY 计划，其目标是让每个创客都能自主设计自己的 AI 人工智能产品，让更多人能学习、探索并体验人工智能。AIY 包含两个套件。两个套件的外壳均由硬纸板制成，适用于低保真的原型制作。视觉套件包含树莓派主板、摄像头等，可以进行脸部、情绪的检测或者常见物体识别。语音套件包含树莓派主板、扬声器等，可以进行语音识别，用于制作智能音箱或用语音控制其他部件。谷歌的 AIY 产品如图 7-6 所示。

图 7-6　谷歌 AIY

3. 开源编程软件库

AI 框架与软件库 / 工具包通常是开源的。这类开源工具包提供的功能比较丰富，能够满足不同的原型设计需求，用户可以使用该工具自由定制 AI 原型。但是这类工具需要使用者具备较强的编程能力。谷歌 TensorFlow 就是一个采用数据流图、用于数值计算的开源软件库，可在多种平台和设备中运行的 AI 系统。

7.4　智能产品设计支撑技术

人工智能产品的设计过程涉及很多先进技术，除了人工智能本身，材料技术、电子技术、生物技术等其他新的技术都在不断发展。这些支撑技术如果能被应用于人工智能产品的设计中，会为产品带来全新的生命力。

7.4.1　智能材料技术

智能材料是一种能感知外部刺激、能够判断并适当处理且本身可执行的新型功能材料。智能材料实现了材料结构功能化、功能多样化。一般说来，智能材料有七大功能，即传感功能、反馈功能、信息识别与积累功能、响应功能、自诊断能力、自修复能力和自适应能力。该材料可以按照设定的方式选择和控制响应，并且反应比较灵敏、及时和恰当。下面介绍智能材料的典型实例。

1. 形状记忆合金

形状记忆合金是通过热弹性与马氏体相变及其逆变而具有形状记忆效应的、由两种以上金属元素所构成的材料。形状记忆合金是目前形状记忆材料中形状记忆性能最好的材料。目前的典型应用领域如航空航天、生物医疗，机械电子等。

形状记忆合金的记忆功能主要是通过改变外在条件，如温度，使材料由一种晶体结构变成另一种晶体结构，材料的力学性能、物理性能或化学性能就随之改变。当温度恢复时，材料的晶体结构也恢复原来的状态，性能也随之复原。例如，利用形状记忆合金弹簧可以控制浴室水管的水温，在热水温度过高时通过"记忆"功能，调节或关闭供水管道，避免烫伤。

形状记忆合金在智能材料系统中受到高度重视，它在生物工程、医药、能源和自动化等方面都有广阔的应用前景，但同样也面临挑战。今后随着形状记忆合金理论基础的研究日益成熟，必将开拓出新的应用领域。

2. 温敏性水凝胶

水凝胶是一种特殊的"软"材料，它具有溶胀率高、机械强度大、生物相容性好和生物可降解等优点，在工业、农业、生物医学等领域均有广泛的应用。温敏凝胶的智能化程度较高，与其他水凝胶的不同之处在于它可以根据温度变化进行黏度调整，从而实现可逆性溶胶和凝胶状态间的转换。当温敏凝胶处于溶胶状态时，其黏度较低、流动性好；随着温度升高，温敏凝胶的黏度增大，处于凝胶状态。

温度敏感性水凝胶在转变过程中不涉及任何有机化学溶剂等有毒物质，具有很好的安全性，因此它们被广泛应用于药物缓释和组织工程等领域。例如，泊洛沙姆 407 是一种常用的温敏性水凝胶，其搭载辛伐他汀填充于多孔钛支架内部，可在骨缺损局部发挥良好的药物缓释并促进成骨的作用。该聚合物早在 2000 年初就已经商业化，研究证明，温敏性水凝胶的特性使其非常适合应用于细胞培养和组织工程。

3. 智能蒙皮

智能蒙皮又称"机灵蒙皮"，是一种利用智能材料对外界环境变化做出机敏反应的机制。一般由信息传感器（神经）、控制器（大脑）和驱动器（肌肉）组成，具有信息传递、处理和驱动三种功能。

在军事方面，在航空航天器蒙皮中植入能探测激光、核辐射等多种传感器的智能蒙皮，可用于对敌方威胁进行监视和预警。智能蒙皮技术还可应用于飞行结构设计中，与复合材料技术、信息融合技术、电磁兼容技术等高度契合。

7.4.2 生物制造技术

生物制造是指以生物体机能进行大规模物质加工与物质转化、为社会发展提供工业商品的新行业。21 世纪制造业挑战展望委员会主席 J.Bollinger 博士于 1998 年提出了生物制造的概念。中国学者也于 2000 年提到了生物制造，可见生物制造的概念早已备受关注。生物制造可以描述为任何复杂的生命现象都可以用物理、化学的理论和方法在人工条件下再现，组织和器官是可以人工制造的。但是需要明确的是生物体制造不是制造生命，它并不涉及生命起源的问题，而是用有活性的单元和有生命的单元去"组装"成具有实用功能的组织、器官和仿生产品。它将生物技术应用于设计过程中，制造出具有活性细胞的混合材料，这是很有意义的研究。

生物制造技术的应用

随着合成生物学、系统生物学的发展，微生物细胞生命过程的组学数据得到大量积累；同时，随着过程检测技术的进步，生物过程中的在线数据也急剧增加。这些数据的积累呈爆炸式增长，为探究微生物细胞内细胞生命过程的调控规律、实现生物过程的智能化提供了大数据基础。

与其他材料生产技术相比，生物制造技术利用生物的代谢系统来制造材料，代替了其他需要提取的材料。生物技术为产品设计带来了巨大的启发。例如，MIT 媒体实验室的蚕丝穹顶项目，研究人员需要结合计算机数控、生物学、自然学等技术来理解和控制蚕的吐丝行为，这项实验旨在探索一种新的方法来控制机械和物质性质空间结构。

7.4.3 柔性电子技术

柔性电子是一种技术的通称，是将有机或无机材料电子器件制作在柔性或可延性基板上的新兴电子技术。相对于传统电子，柔性电子具有更大的灵活性，能够在一定程度上适应不同的工作环境，满足设备的形变要求，被视为推动电子技术发展的关键点，成为近年来学术界与工业界研究的热点之一。迄今为止，柔性电子已经在生物医疗、转换器以及人机交互等领域展示出了广阔的潜在应用前景。

但是相应的技术要求同样制约了柔性电子的发展。首先，柔性电子在不损坏本身电子性能的基础上要实现可延展化，这对电路的制作材料提出了新的挑战和要求；其次，柔性电子的制备条件以及组成电路的各种电子器件的性能相对于传统的电子器件来说仍然不足，也是其发展的一大难题。

柔性电子技术虽然可应用于不同领域，但是其基本结构相似，至少包含以下四个部分：电子元器件、柔性基板、交联导电体和黏合层。电子元器件是柔性电子产品的基本组成部分，包括电子技术中常用的薄膜晶体管、传感器等。有些电子元器件可以承受一些形变，如薄膜晶体管可以直接分布在柔性基板上。柔性基板多采用高分子聚合物，这些聚合物具有绝缘性、廉价性、柔韧性、薄膜性。

印刷电子技术是通过转印的方式，将有机导电材料等制成的电子元件转移至柔性基底上，是基于印刷原理的电子制造技术。印刷电子与其他电子，如有机电子、塑料电子、柔性电子、透明电子、纸电子，以及可穿戴电子都有相通性。其最大特点与优势是大面积、柔性化、低成本，与硅基微电子产品形成强烈对比，而且制造方法为低温增材制造，具有绿色环保的特征。

柔性储能也是柔性电子领域的重要研究内容。目前发展柔性电子技术最大的挑战之一就是与之相适应的轻薄且柔性的电化学储能器件。传统的锂离子电池、超级电容器等产品是刚性的，在弯曲、折叠时，容易造成电极材料和集流体分离，影响电化学性能，甚至导致短路,发生严重的安全问题。因此为了适应下一代柔性电子设备的发展,柔性储能器件成为了近几年的研究热点。下面介绍柔性电子技术应用的典型实例。

1. 柔性电子皮肤

皮肤包在人的身体表面,是人身上最大的器官。近年来,随着柔性电子学、仿生学、材料学等的飞速发展,具有类人皮肤功能的柔性电子皮肤应运而生。电子皮肤在可穿戴电子、智能机器人、智能假肢等领域表现出广阔的应用前景。当前,在可穿戴电子的研究中,流体传感器主要用于可穿戴式呼吸监测。作为机器人的皮肤,可以使机器人敏锐地感觉到环境的变化。

2. 柔性显示器

柔性显示器采用磷光有机发光器件显示技术,具有低功耗、直接可视的柔性面板,由柔软的材料制成,是可变形、可弯曲的显示装置。它像纸一样薄,即使切掉电源,内容也不会消失,因此被称为"电子纸"。

柔性电子技术
应用典型实例

3. 智能传感器

智能传感器是指具有信息处理功能的传感器。智能生物传感器是一门新兴科学技术,是指利用柔性电子技术将有机、无机或有机无机复合材料沉积于柔性基底上形成以电路为代表的电子元器件。智能生物传感器是全球柔性电子科学的前沿和研究热点,以集成硅基微电路芯片为生物传感器的研发核心,因在医疗和临床环境中可以实现稳定而持续的数据采集、处理和无线传输,从而参与多种器官和组织疾病的监测、诊断、治疗以及随访等,具有特定优势及潜在应用价值。

7.4.4 基于柔性制造的大规模定制

大规模定制是以近似大批量生产的效率生产商品和提供服务以满足客户的个性化需求。在新的市场环境中企业迫切需要一种新的生产模式,大规模定制由此产生。其方法模式得到了现代生产、管理、组织、信息、营销等技术平台的支持,因而就有超过以往生产模式的优势,更能适应网络经济和经济技术国际一体化的竞争局面。

实现大规模定制的最好办法是实现最低的成本、最高的个性化定制水平,是建立在能配置成多种最终产品或服务的模块化构件之上的。提供标准化零部件实现的定制化不仅能增加产品多样化,同时也能降低制造成本,使得进行全新设计的产品开发和增加品种的变形设计速度更快。如果没有与之相应的低成本且又高效率的供应链,大规模定制是难以实现的。建立灵活的员工和组织结构也是大规模定制的必备条件。另外,还需要其他方法予以协助,如减少循环周期时间,加强生产制造的反应度。例如,飞机运输能够大大缩短订货到交货的时间。

现代客户需求越来越多样化,大规模定制有助于企业进入新的市场,并吸引大量个性化需求不能被标准产品所满足的顾客。由于顾客缺乏专业知识,往往无法准确表达自己的需求,因此设计师如何设计出满足顾客需求的产品并精心定制成为一大难题。

大规模定制的概念在 20 世纪 90 年代出现,随着大数据和人工智能技术的完善,大规模定制开始发展。大规模定制柔性制造系统是为完善大规模定制而衍生的一种新的制造模式，其能更有效地满足顾客需求和企业生产需要。

中国家具大规模定制生产于 20 世纪 90 年代初期提出，2010 年以后企业利用工业化和信息化的融合，通过制造模式的改变，现已初见成效。但大规模定制家具企业在制造过程中，要解决的核心问题是大批量生产与个性化定制两种看似互相对立生产模式的融合，以及制造过程的快速响应。在此情况下，搭建大规模定制家具柔性制造系统就很有必要。

实施大规模定制家居柔性制造有利于充分考虑企业订单中产品的种类、数量、样式、交货日期等诸多不确定因素，使得企业的生产系统相应具有动态响应能力。同时，可以降低库存成本和风险，满足客户的个性化需求，实现个性化和大批量生产的有机结合。但由于家具生产和结构的特殊性，对它的研究还处于初级摸索阶段，其组成结构、管理功能及具体实施模式，有待于进一步优化。

7.4.5　体验计算和自动设计

设计范式是符合某一种级别的关系模式的集合。在传统的设计范式中，设计师设计好范式之后，交于生产或研发部门。设计人员通过构建设计模型，来实现理解用户、用户测试等功能。因此，传统的设计过程大致可以形容为：从了解用户需求出发，到设计功能和形式，最后形成产品。现在，随着人工智能等新技术的出现，传统的设计过程正在被改变，其中具有代表性的是体验计算和自动设计。

1. 体验计算

随着人工智能技术的不断发展，使整体互联网环境从 Web 2.0 全面向智能互联网升级，逐渐改变着用户对智能产品和服务的认识以及用户与产品和服务之间的交互方式和体验要求。体验计算可以记录用户的交互体验，让设计师可以接触真实、立体的用户。

例如，在新零售的场景中，用户进入了无人售卖店，摄像头可以识别用户的面部表情、肢体动作以及语言情绪来判断他们的情绪状态，从而判断用户的购买意图或者是否需要帮助。这些新技术方便对用户的喜好进行剖析，可以加强用户体验。

2. 自动设计

自动设计在广告电商领域应用最为广泛。互联网时代为平面设计带来了许多挑战。例如，在平面广告设计过程中，客户的需求比较多样且复杂，就会造成设计过程的繁重和资源的浪费。因此，利用人工智能技术来优化设计过程引起了广泛关注。

在名为 Mark Maker 的网站上，只要输入品牌名称，系统就会自动生成无数个 Logo 设计方案，并且都是随机的。用户可以继续编辑这个 Logo，而且编辑的工具也非常丰富，支持修改字体类别、字体粗细、字体样式、字间距、行间距、基本颜色，等等。

传统的设计过程通过研究客户构建模型，根据用户的需求设计功能款式，人工智能技术下的设计过程是在用户体验的过程中，不断对产品进行优化改进。综上所述，人工智能为产品设计开辟了一个全新的未来。

案例7-1："小净"AI净饮机

近年来，随着机器深度学习技术的不断突破，语音识别的发展跨越了一大步，使其成为真正能够理解人类语音甚至是方言环境的系统。语音识别的核心是让机器更懂得人们的需求、理解命令并采取特定的行动和反应。目前，普遍流行的净饮机的功能按键较为复杂，显示面板触控不精准，面板内容排列过于复杂，有着主次功能按键不突出和按键大小相同等问题，这样设计对于老年人无疑造成了使用上的困扰。另外，一些净饮机没有滤芯的更换提醒，导致滤芯长期不更换，减少产品的使用寿命。通过语音识别技术的逐渐成熟，完全可以取代可视化的物理按键，植入人工智能的语音识别硬件，进而满足不同用户的需求。用户通过对智能净饮机输入命令，语音识别系统会自动识别声音，然后准确地回复，并进行下一步的功能输出。例如，发出"我需要一杯温水"的指令，会有"好的，马上为您准备"的反馈。除此之外，对开机启动、水质监测，甚至是陪伴交流，人工智能技术都可以胜任。

情感交互功能可以说是AI净饮机设计上的一种创新，这种机器富有情感化的交互功能的观点，机器情感化是依托于"人工智能芯片+互联网"的形式，控制人们所需要的功能，而且在满足基本功能要求的前提下，可以拓展其他的情感化服务功能。例如，当家庭成员离开家时，它会提醒今天的室外温度和天气，并加上注意增减衣物等话语；当家庭成员回到家时，它会主动地向用户进行问候，并冲泡好温度适宜的水。另外，当老人需要服药时，它能提醒老人及时服药。针对空巢老人可以录制儿女的声音来代替机器本身，无论是日常的对话，还是吃药提醒服务响起时，使老年人产生一种虚拟的联想，感觉儿女一直在身边照顾自己，从而得到情感寄托。针对孕妇群体，它可以监测空气的湿度与温度，通过加湿模块的及时调整，为孕妇提供舒适的环境；通过机器学习，记录孕妇平时的用水量与次数，为孕妇制定周期的饮水计划和营养调节方案，如水质的pH值调节、饮水量的制定及提醒孕妇饮水等；孕妇所需的叶酸、维生素以及药物等都可以放在净饮机上的置物盒里，方便拿取，并可对其进行实时监控，防止孕妇食用过多或忘记服用。此外，AI净饮机上的全面屏不仅用于显示功能运行的状态，而且是一个具有表情和语言变化的饮水管家，"小净"AI净饮机设计如图7-7所示，根据用户的连续输入做出具有情感化的反馈，而不是像苹果Siri一样的初级智能语音产品。目前的人工智能语音识别技术可以实现重音、音调、音量和发音速度等自然语言的变化。未来，具有情感化交互功能的智能净饮机将引领净水产品的发展，逐渐成为人们生活中不可或缺的一部分。

用户可以通过机器物联化将个人数据上传至系统后台，经过大数据对其用户信息的分析，包括喜好、生活习惯以及医疗保健等，将分析后的用户个人信息进行打包、输入至机器，进而通过机器学习即时掌握用户的情况。记录用户每日饮水的次数和用量，通过新增个人信息，可以同时记录家庭中多个成员的信息，并能针对不同的成员生成相对应的饮水报告。针对单身人群和特殊人群，可以根据作息时间、天气变化以及身体需求等，制定其饮水计划，也可以让机器对其做出建议，并生成属于自己的饮水计划。对孕妇和老年人群体，机器会再次录入用户的详细信息，如怀孕周期、孕后症状及情绪等，或者老年人的患病情况、用药时间以及是否独居等。对特殊人群的具体信息进行分析后，制定有针对性的方案。AI 净饮机还可以针对不同城市的自来水和地下水进行质量监控。能够及时地通知用户更换滤芯、调整用水的 pH 值，或提醒用户通过其他方式来达到符合人体最佳的 pH 值。通过对 AI 净饮机智能化的情感交互与手机 APP 的设计分析，体现了人工智能技术对传统家电产品的影响和改变。实践证明，人工智能技术的应用使产品交互设计的方式、方法及过程产生新的质变。

图 7-7　"小净"AI 净饮机设计展示

案例 7-2：美宅科技"智造宝"

第七章扩展阅读

思考题

1. 什么是人工智能产品？
2. 比较设计思维和机器思维。
3. 人工智能交互设计有哪些优势？
4. 列举支撑智能产品设计的新技术。

即测即练

第八章 智能渠道

学习目标

通过本章学习，学员应该能够：

- 掌握渠道的性质、分类；
- 了解线上渠道的运营方式；
- 掌握渠道冲突的类型、原因与控制、渠道绩效的评价。

8.1 渠道的性质

8.1.1 营销渠道的内涵

在现代市场经济条件下，大多数生产者并不直接销售产品或服务给最终消费者，而是把销售工作委托给中介机构，与中介机构分工合作，执行不同的功能。由于中间商可以凭借各种联系、经验、专业知识将产品推广至目标市场，与生产者自己独立完成销售任务相比，中间机构往往能取得更好的效果。也就是说，这些成为中间环节的通道，缩短了生产者与产品（服务）的最终使用者的地理空间距离而创造了价值。

对于普通消费者而言，人们大多凭直观感受而认识日常生活中的商场、超市、便利店等具体的购物场所，在这些场所购买食品、生活用品、服装、家用电器等各种商品。绝大多数的制造企业将生产出的产品通过这样一些路径（通道）传递至各个地方，使之成为生产者与消费者之间的连接通道。

对于营销人员而言，主要通过三种渠道与目标市场接触。传播渠道发布和接收来自目标客户的信息；分销渠道帮助展示、出售或者传递产品和服务至买家或者用户，分销渠道可以是直接渠道也可以是间接渠道；服务渠道是营销人员与潜在顾客达成交易时用到的包括仓库、运输公司、银行和保险公司等渠道。营销人员需要为产品规划一个传播、分销和服务渠道的最佳组合。

在网络经济时代，网络购物也成为人们购买商品的主要方式。随着新一轮科技革命的发展，建立在工业4.0、移动互联网、物联网、大数据及云计算、柔性生产与数据供应链基础上的全新营销模式——智能营销应运而生。智能营销主要是以网络技术为基础、营销为目的、创意为核心的消费者个性化营销，将体验、场景、感知、美学等消费者主观认知建立在科技迭代的基础上，最终实现虚拟与现实的数字化商业创新、精准化营销传播、高效化市场交易的全新营销理念与技术。在智能营销中为了更快更好地向消费者传递产品或服务，利用互联网发展了智能渠道、数字渠道。

由此可见，渠道起点在于提供产品或服务的厂商，终点在于最终的消费者，指的是由厂商到最终消费者的完整的流通过程，以及促进该过程的所有渠道成员之间分工合作的结构关系。

8.1.2 营销渠道的特征

渠道要素是所有营销要素中最为复杂的，产品、品牌、价格、用户、客户关系、资金、广告、服务等都是通过渠道来整合和实现其价值。由于地区或习惯等的不同，渠道会有差别，但总体来讲，渠道具有以下几个方面的特征。

（1）本地化。由于每个地区消费者的购物习惯不同，每个企业在每个地区的营销渠道都有其本地的特征。比如 A 地区人们购物喜欢去超市，超市环境好、质量有保障，所以 A 地区的大型连锁超市比较多；B 地区喜欢平民化，购物喜欢去菜市场或者小巷的小店，所以 B 地区的便利店较多。

（2）排他性。渠道的排他性指的是渠道中某一类产品被某一个企业或者品牌抢先占领，那么其他企业或品牌就很难进入。比如学校或医院食堂，每个月会消耗大量的大米和粮油等，如果食堂的大米或粮油等用了某品牌，其他品牌就很难进入。

（3）独特性。渠道的独特性是指每个企业的渠道都和其他企业的渠道不同，每个地区的渠道也会有所不同，每一种渠道模式都有不同的特征。也就是说，每一个企业都可以在目标市场建立自己独特的渠道和模式。通过渠道的差异性开展差异性营销，形成独特的渠道竞争优势。

（4）不可重复性。渠道的不可重复性又称为不可替代性，是由渠道的本地化和独特性决定的。一个企业在某个国家或地区具有完善的渠道网络，但它不能搬到另一个城市或地区。目标城市的渠道网络只能从头开始，一步步构建，没有捷径。

在传统营销渠道中，中间商是其重要的组成部分。中间商之所以在营销渠道中占重要地位，是因为利用中间商能够在广泛提供产品和进入目标市场方面发挥最高的效率。中间商凭借其业务往来关系、经验、专业化和规模经营，提供给公司的利润通常高于自营商店所能获取的利润。但互联网的发展和商业应用，使得传统营销中间商凭借地缘原因获取的优势被互联网的虚拟性所取代，同时互联网的高效率的信息交换，改变着过去传统营销渠道的诸多环节，将错综复杂的关系简化为单一关系，互联网的发展改变了营销渠道的结构。

智能营销渠道与传统营销渠道主要在功能、结构、费用等方面呈现不同。

智能营销渠道的功能有很多：①智能营销渠道有在网络发布信息的功能。企业可以通过网络将企业简介、经营现状、产品信息等发布出来，让消费者去了解；②智能营销渠道可以为消费者提供更为便捷的购买途径。消费者可以通过网络直接接触、挑选自己所需要的商品，并通过网上银行、第三方支付等方式实现在线支付；③智能营销渠道有收集信息的功能。企业不仅可以通过网络营销渠道发布信息，同时也可以通过其及时的搜集市场情报，了解消费者的需求动向。而传统营销渠道仅仅是商品从生产者向消费者转移的一个通道而已，其功能是非常单一的。消费者只能通过广告、人际传播，或是其他媒体了解商品信息，并通过直接或间接的营销渠道购买自己所需要的商品，除此以外，他们无法通过任何其他途径了解并购买自己所需要的商品。同时，他们也无法将自己的需求意向及时、有效地传递给生产企业。

在结构方面，一般来说，营销渠道可以分为两种：①直接分销渠道。直接分销渠道是指生产者直接将自己的商品销售给消费者的营销渠道；②间接分销渠道。间接分销渠道是指最少包括一个中间商的营销渠道。虽然，在直接分销渠道方面，智能营销与传统营销没有什么太大的差别，都是零级分销渠道。可是，在间接分销渠道方面，二者的差别却很大：智能营销只有一级分销渠道，而传统营销则包括一级、二级、三级，甚至更高级的分销渠道。

在费用方面，通过传统的直接分销渠道销售商品通常会采用两种方式：①企业在各地委派专职业务员，负责与零售商沟通，待零售商订购货物以后，业务员将订单发回企业，企业直接发货给零售商；②企业在各地委派专职业务员的同时，在当地设立仓库，将货发给业务员入库，然后由业务员负责与零售商沟通、出货。针对第一种方式，企业需要支付业务员薪水及日常业务开销；针对第二种方式，企业不仅需要支付业务员薪水及日常业务开销，同时还需要支付仓库的租赁费用。而通过网络的直接分销渠道销售商品通常只有一种方式：企业在网上承接、审核来自各地的订单，然后直接将货物配送给消费者。这种方式所需要支付的费用仅仅是网络管理人员的薪水和极为低廉的上网费用。

8.1.3　营销渠道的结构

营销渠道是由制造商、中间商、消费者等多个相互竞争又相互依存的的渠道参与者构成的连接消费者和制造商的一条通道。具体来说，渠道结构是所有参与完成商品所有权从生产者向消费者转移的组织和个人的构成方式。图 8-1 给出了营销渠道的常见结构。

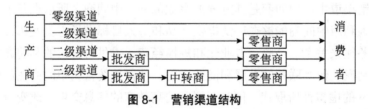

图 8-1　营销渠道结构

1. 营销渠道的长度

营销渠道的长度，即营销渠道的层级，是指商品或服务从生产者转移至最终消费者所经历的中间环节的数目，根据这个数目可以分为零级、一级、二级、三级渠道等。企业可以组建不同形式的营销渠道，可以把产品直接销售给消费者，也可以通过零售商和批发商销售给顾客。商品在营销过程中经历的环节越多，营销渠道就越长，反之则越短。在实践中，渠道层级不会太多，因为渠道层级越多，渠道成员之间容易发生冲突，渠道管理者比较难控制。

根据在整个销售过程中是否存在中间商，可将商品的营销渠道分为直接渠道和间接渠道。

1）直接渠道

直接渠道又称零级渠道，是一种最短、最简单的销售渠道，没有中间商参与，通过各种方式，产品由生产者直接销售给消费者的渠道类型。整条渠道上没有中间环节，仅发生一次商品所有权的转移。例如，直接销售以及企业直营店等形式都是将产品或服务直接由生产者销售给消费者的渠道类型。

2）间接渠道

间接渠道也称为中间商渠道，是指生产商利用一级或多级中间商将产品或服务销售给最终消费者或用户，间接渠道的典型形式是：生产商—批发商—零售商—消费者。

2. 营销渠道的宽度

营销渠道的宽度是指在同一层次上经营某一种产品的批发商、零售商以及代理商的数量多少。合理的渠道宽度可以使产品或服务顺利有效地到达消费者手中，获取理想的市场份额，有效控制运营成本，提高销售业绩。一般来说，营销渠道越宽，市场覆盖面越大，接触的顾客越多，在提升业绩时可以充分利用中间商力量；营销渠道越窄，就越容易控制渠道，节省促销费用，降低同层级批发商、零售商或代理商之间的恶性竞争。

营销渠道的宽窄是相对而言的，受产品性质、市场特征和企业渠道战略选择的影响，营销渠道的宽窄可以分为三种类型：密集型分销、选择型分销、独家分销。

1）密集型分销

密集型分销渠道又称为普遍性分销渠道或广泛性分销渠道，是指生产商在同一渠道层级选择尽可能多的中间商来推销自己产品的一种渠道类型。这种分销的市场覆盖率高，顾客接触率高，有助于扩大市场，方便顾客购买，但是这样渠道的管理成本较高，管理难度大，冲突严重，容易导致市场混乱。其主要适用于日用品分销。

2）选择型分销

选择型分销渠道是指生产商在某一地区仅通过少数几个中间商来推销产品。根据消费者的消费特征，选择与少数客流量大、信誉高、销售能力强、符合产品定位的实力较强的中间商进行合作，避免了密集型分销费用高、管理难、恶性竞争等问题，能够有效地维护生产商品牌信誉，建立稳定的市场和竞争优势。其主要适用于选购品分销。

3）独家分销

独家分销渠道是指生产商在某一地区的某一市场，同一层级的中间环节只选择一家中间商来进行商品分销的渠道模式，这是一种极端的专营型分销渠道。对于生产商来说，这种分销渠道，便于管理，不容易产生渠道冲突和分歧，竞争程度小。经销商能够更好地了解和贯彻生产商的销售意图，但是独家分销市场覆盖率小，不容易接触顾客，同时由于不存在竞争，经销商的积极性也会有所降低，会影响消费者的消费体验。其主要适用于特殊品分销。

8.2 渠道的分类

根据传递媒介的性质不同，营销渠道可分为实体渠道和线上渠道两大类。传统渠道以线下的实体渠道为主要方式；随着信息技术的发展，电话、电子邮件、网站、微博、微信、抖音等线上媒体工具日渐成为营销渠道的主要载体，构成线上渠道。

8.2.1 实体营销渠道

1. 经销商模式

经销商是指将购入的产品以批量销售的形式通过自己所拥有的营销渠道向零售商、批发商或其他组织和个人销售以获取利润的商业机构。经销商有独家经销商和特约经销商等不同形式。代理商的性质与经销商基本一致，都是借助厂家产品的销售来获利的商业机构，厂家要借助它们以实现产品分销的目的，所以，把代理商也归为经销商模式。只是经销商具有产品的所有权，就可以靠产品差价盈利；代理商不具有产品的所有权，可以靠代理的佣金获益。经销商模式优缺点分析如表8-1所示。

表 8-1 经销商模式优缺点分析

优 点	缺 点	适用范围及条件
1. 经济性。利用渠道资源（包括资金、人员、销售网络等）成本费用较低 2. 有效性。利用经销、配送优势，实现产品的快速销售和市场覆盖 3. 专业化。利用人脉、商誉、社会关系，发挥其本地化专业化分销优势	1. 应收账款风险。大多要求赊销带来应收账款问题，可能出现坏账 2. 市场支持风险。有独立的经营目标和利益，可能出现对厂家的产品、品牌推广不力 3. 渠道控制风险。独立的经济实体，拥有商品所有权，对其产品的价格和流向难控制	1. 企业发展初级阶段。经济实力不足，需要借助经销商的力量分销其产品 2. 单位价值较低的大众化产品。追求市场覆盖率，借助经销商的辐射、扩散功能实现销量最大化 3. 经济欠发达和渠道较分散地区。边远落后的地区渠道分散，分销成本高，需要借助经销商以降低成本和提高有效性

2. 分公司模式

分公司模式是指在各个目标市场成立自己的分公司或办事处，开展自主经营，以独立核算和控制销售渠道及终端的渠道模式。另一方面，制造商的自营销售组织与制造企业生产部门相对独立，它实际承担着企业产品的分销职能，是企业前向一体化的战略体现。当制造企业由于种种原因决定不采用或仅部分利用中间商时，公司的销售机构就要设置独立的销售分支机构，并负责完成应由中间商完成的职能。

一般认为，企业建立分公司开展直营是一种主动型、控制型的渠道模式，它具有销售及时有效、信息沟通便捷、利于管理、便于服务、减少环节、提高效率以及方便控制的优势，为一些大企业在重点市场采用，具体优缺点如表8-2所示。

表 8-2 分公司模式的优缺点分析

优 点	缺 点	适用范围及条件
有利于企业制定针对性的销售策略和利于渠道控制 进入目标市场渠道的谈判成本低，开拓市场速度更快	前期组建成本很高 对企业的管理能力要求很高 售后服务和维修成本需要自己承担 不易形成规模效益	企业发展成熟阶段 经济发达地区、渠道密集地区、中心城市市场 单位价值较高的产品

续表

优 点	缺 点	适用范围及条件
独立性强，不会受制于大中间商 政策灵活，在竞争中更容易主动 更容易获得企业人、财、物、技术等方面的支持 制造企业自营销售组织及其成员对企业的忠诚度更高	容易产生惰性和企业腐败 退出成本也很高	销量足以支持费用时 管理水平足以控制时 目标在于渠道控制时

3. 连锁经营模式

连锁经营的本质是把独立的、分散的商店联合起来，形成覆盖面很广的大规模销售体系。这是一种商业组织形式和经营制度，一般是指经营同类商品和服务的若干经营单位，以一定的形式组成一个联合体，通过企业形象和经营业务的标准化管理，实行规模经营，从而实现规模效益。它们分工明确，相互协调，形成规模效应，共同提升企业的竞争力。连锁经营模式具有以下显著的特征。

（1）经营理念的统一。经营理念是一个企业的灵魂，是企业经营方式、经营构想等经营活动的根据。一个成员店作为连锁商店的一分子，无论其规模大小、地区差异都必须持有一个共同的经营理念。

（2）识别系统的统一。连锁商店要在众多店铺中建立统一的企业形象，包括外部视觉形象和内部的装修与商品陈列等。这种统一的企业识别系统和经营商标不但有利于消费者识别该企业，而且更重要的是使消费者产生一种深刻的认同感。

（3）商品和服务的统一。连锁经营商店各店铺经营的商品都是精心挑选的统一的产品和规格，按消费者的消费需求而做的最佳商品组合，并不时更新，提供的服务也经过统一的规划，对所有店铺的服务实行标准化，使消费者对连锁商店形成稳定的预期，即消费者无论到哪家店铺，都保证可以享受连锁商店所提供的一致的商品和一致的服务。

（4）经营管理的统一。连锁经营商店接受总店统一管理，实施统一的经营战略和营销策略，遵循统一的规章制度，包括员工统一作息、统一着装以及对其统一考核和奖励。

按照连锁经营的所有权不同可以分为正规连锁、自愿连锁和特许连锁。正规连锁主要优势包括规模优势、技术优势、经济优势；自愿连锁在经营上有很大的自主权，但商品必须从总部进货；特许连锁将大大降低投资成本，市场份额稳定，而被特许人则会相应减少失败的风险。按业种形式的不同，可以分为商品零售连锁、餐饮零售连锁、服务零售连锁。按照地理区域不同可分为国际性连锁、全国性连锁和区域性连锁。

8.2.2 线上营销渠道

随着信息技术的发展，以互联网为平台的分销渠道吸引了消费者的眼球，渠道变得越来越短，市场反应越来越迅速，消费者越来越喜欢新兴的网络购物方式，电子渠道等无店铺经营模式越来越显示出强大的生命力。无店铺渠道模式是指制造商和经销商不经过商店，直接向消费者提供商品和服务的一种营销方式。与传统渠道模式相比，它避免了很多中间环节，降低了管理成本的同时提高了渠道效益。无店铺渠道一般包括以下几种。

（1）直邮。直邮是通过邮局向家庭或企业寄送有寄件人地址的广告，实现与潜在顾客或已存在顾客群的业务联系的方法。直邮能够更加有效地选择目标市场，实现个性化销售，且销售费用不高。

（2）目录营销。目录营销是在零售领域越来越广泛的直复营销形式，目录营销可以将丰富的产品信息传递给目标顾客，也可以及时了解顾客的意见。

（3）电话营销。电话营销是一种随着现代技术发展而出现的渠道方法，通过利用电话功能获取顾客信息，激发客户需求进行交易。但是由于人们对陌生人电话的防范心理，电话营销往往不被人信任，甚至让人反感。

（4）媒体直复营销。直复营销是公司通过一定的媒介与目标顾客直接接触，获得顾客的反馈信息，了解顾客需求的营销方式。随着信息技术的发展，多种媒体方式被充分利用，如电视广告、家庭购物频道以及互动电视营销。

（5）自动售货。自动售货是通过自动售货机或者自动售货设备来售卖商品的一种渠道形式，这种方式便于顾客消费，提高了渠道效率以及渠道覆盖率。随着信息技术的提高，这种方式越来越普遍。

（6）新媒体渠道。新媒体渠道营销是通过当代最新的通信媒体将商品信息传送给消费者，再由消费者通过通信媒体完成购买流程的网络营销方式。这种渠道借助媒体、移动通信、互联网等媒介，省去了实体网络构建的大量成本，包括互联网商务、直播行业等。

8.3 线上渠道的运营方式

以互联网为支撑的网络渠道也具备传统渠道的基本功能，如信息沟通、资金转移和实物转移。一个完整的网络渠道包括订货功能、结算功能和配送功能。

（1）订货功能。网络营销渠道要能够为消费者提供产品信息，同时方便制造商获得消费者的需求信息以达到供求平衡。建立一个完善的网上订货系统，可以大大降低库存，减少销售费用。

（2）结算功能。不同的消费者在购买产品以后，往往会以不同的方式进行付款，所以企业必须提供多样化的结算方式以满足消费者的需要。目前，国外流行的结算方式有信用卡、网络货币、网上划款等。国内的付款结算方式有货到付款、预存款结算、邮政汇款、银行卡网上付款、银行电汇、第三方支付平台等。

（3）配送功能。一般来说，产品分为有形产品和无形产品。无形产品如服务、软件、音乐等，可以直接通过网络进行配送。而对于有形产品，现阶段主要有两种配送方式：一是企业拥有自己的物流配送队伍，消费者订货后，企业安排配送部门送货；二是企业和第三方配送公司合作，消费者订货后，企业委托第三方配送公司送货。

网络渠道结构包括直销和中间商的模式，如图 8-2 所示。

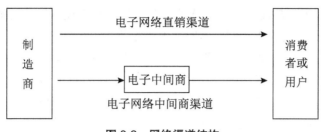

图 8-2 网络渠道结构

8.3.1 网络直复营销

传统的直复营销模式包括面对面销售、直接邮寄销售、购物目录营销、电话营销、电视营销、信息亭营销等。其主要是通过邮件和电话收集顾客信息和销售产品。现在在数据库技术飞速发展和新营销媒体互联网的推动下，直复营销发生了很大的变化。直复营销的最新形式——网络直复营销已经成为一种增长最快的完整的商务模式。对于买家来说，直复营销简单方便，可以随时在网上购物和获取大量信息；对于卖方而言，直复营销在降低成本的基础上高效率地影响着顾客，为卖方调整价格和促销计划提供了更大的灵活性。在利用好网络直复营销的基础上与传统直复营销相结合。

1）网站

对大多数公司而言，开展网络营销的第一步是建立一个网站。网站依据目的和内容不同而差别很大。一些网站主要是营销网站（marketing website），专门吸引顾客，推动他们直接购买或实现其他营销目的。公司通过网站来表达他们的目标、历史、产品和愿景，有效的网站应具备七个设计要素，包括情境、内容、社区、定制化能力、传播、连接、商务，吸引顾客重复访问。

例如，许多汽车公司都运营营销网站。每当有潜在顾客访问公司的网站，汽车生产商就会努力将询价转为销售，进而建立长期关系。该网站首页上有促销信息，随后提供大量有用的信息和互动的销售功能，包括对当前车型的详细描述、帮助进行车辆定制的设计工具、关于经销商地址和服务的信息，甚至还有一个征询报价的地方，来帮助客户做出选择。

创建网站是一回事，获得网站访问量是另一回事。为了吸引访问者，企业通过线下印刷品和广播广告，以及其他网站的广告和链接大力推广自己的网站。一个网站最基本的就是应该做到便于使用、外观设计专业且形式上具有吸引力。但是网站最重要的还是有用性。因此，有效的网站往往包含深入和有用的信息、帮助购买者发现和评估心仪产品的互动工具、与其他相关网站的链接、不断更新的促销优惠和令人愉悦的娱乐特征。

2）网络广告

由于消费者上网的时间越来越多，许多企业正将更多的营销支出投向网络广告（online advertising），以期提高品牌销售或吸引访问者访问其网络。网络广告正成为一种新的主流媒体。网络广告的主要形式包括展示广告和搜索内容关联广告。两者共同在企业数字营销支出中占 30% 的比重，是最大的数字营销预算项目。网络展示广告可能出现在上网者的屏幕的任何位置，并且与其正在浏览的网站内容相关。

网络广告分为三种：搜索广告、陈列式广告、插入式广告。

（1）搜索广告。网络营销的一个重要组成部分是付费搜索或点击付费广告。在付费搜索中，营销者对搜索关键词进行竞价，这些关键词代表着消费者想要的产品或消费兴趣。当消费者使用谷歌、百度等浏览器搜索这些关键词中的任何词时，营销者的广告就会出现在搜索结果的上方或旁边，这取决于公司所出的价格以及搜索引擎使用的确定广告与本次搜索相关度的算法。如图 8-3 所示，以手机 256G 为关键词搜索会出现很多品牌手机广告。

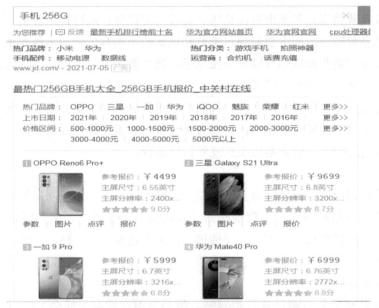

图 8-3　搜索广告

（2）陈列式广告。如图 8-4 所示，陈列式广告或横幅广告是一种带有文字或者图片的长方形小广告，由公司出资投放在相关网站上，受众的规模越大，成本也越高。在互联网的早期时代，网页浏览者会点击他们所看到的横幅广告中的 2%～3%，但正如之前所提及，这一比例迅速下降，因此广告商开始探索其他传播方式。

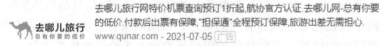

图 8-4　陈列式广告

（3）插入式广告。如图 8-5 所示，插入式广告是在同一网站内或跨网站的页面转换时弹出的广告，通常带有视频或动画。由于消费者认为弹出式广告的侵入性和打扰性太强，许多人都会使用软件来阻止广告。在使用 APP 看电视或电影时会时常跳出广告。

图 8-5　插入式广告

3）电子邮件

电子邮件使得营销者能够对客户进行信息发送和宣传，而其成本只是直邮广告的一小部分。电子邮件可以成为非常有效的销售工具，消费者被大量邮件所包围，很多人都使用垃圾邮件过滤器来阻止这些邮件。由于人们对隐私的担忧也在增加，所以大多数人会拒绝与品牌分享任何个人信息。

8.3.2　社交媒体营销

数字技术和设备的迅猛发展催生了数字营销社交媒体的产生。社交媒体是消费者之间或消费者与公司之间分享文本、图片、音频和视频信息的一种方式，是人们彼此之间分享意见、观点、经验的工具和平台，主要包括 QQ、微信、微博、博客、短视频社交平台等。社交媒体使营销者能够在网络上发布公共信息并引起关注，还能够以用户需求为出发点和落脚点加强其他传播活动的效果。

1. 微信营销

微信是腾讯公司推出的一款移动端即时通信服务程序，既是一个消息系统又是一个交互系统。用户的层次很多，包含不同年龄段不同阶层的用户。微信从一开始的公众平台到微信支付，有了很明显的商业特征。微信营销是基于微信已有的平台展开来，主要聚焦于社交互动、信息推送等。

常见的微信营销手段和方法有以下几种。

（1）朋友圈营销。①微信电商。朋友圈营销最早来源于微信电商也就是微商，主要针对品牌认知度较低的快消类产品，如食品、化妆品、服装、鞋等，参与主体主要是小企业及一些独立的商户。②口碑分享。旨在引导用户将使用产品或享受服务的体验以及感兴趣的内容，如喜欢的音乐、看过的电影、购买的商品等，通过微信平台分享至个人朋友圈，在满足用户口碑传播的同时，实现商品品牌的宣传。③随着"微商"及口碑营销的兴起，微信平台也推出了针对各大企业的朋友圈广告投放功能。

（2）"附近的人"营销。附近的人功能板块是微信推出的基于位置服务的陌生人社交功能板块。建立联系后，商户可以适当地开展产品介绍等营销内容，并可以设置与运营产品、服务相关的个人签名增加曝光概率，此类营销方式适合餐饮等独立的个体商户。

（3）"漂流瓶"营销。"漂流瓶"也是微信平台陌生社交功能板块的组成部分。商户在此功能下可实现与陌生人的联系。商户自营产品与服务相关信息以漂流瓶的形式随机推送给陌生用户。该营销模式的用户响应率及转化率较低，目前还无法成为普遍性的营销策略。

（4）公众号营销。微信公众号是嵌入微信内部的为个人、企业和组织提供业务服务与用户管理能力的全新服务平台，从公众号的使用者角度可以分为订阅号、服务号以及企业号三种类型，其中个人只能申请订阅号，而企业可以申请任意类型的公众号。其中订阅号与服务号面向的用户是社会化用户群体，而企业号面向的是企业内部人员。

2. QQ 营销

QQ 也是腾讯公司旗下的一款即时通信服务程序。QQ 营销是基于 QQ 海量用户平台，致力于搭建客户与企业之间的沟通桥梁，充分满足企业客服稳定、安全、快捷的工作需求，为企业实现客户服务和客户关系管理提供解决方案。

随着大数据技术的广泛应用，QQ 凭借多年积攒的用户数量，让企业在大数据时代，利用 QQ 使营销变得更加精准。它可以根据用户习惯对搜索结果进行优化，精确地将企业用户推送给潜在的 QQ 用户，找到目标消费人群。QQ 营销主要是用数据选择客户、差异化的品牌沟通以及精准化营销。

3. 博客营销

博客营销没有严格的定义，就是利用这种网络形式来开展网络营销。博客这种网络日记的内容通常是公开的，可以发表自己的网络日记，也可以阅读别人的网络日记，因此可以理解为一种个人思想、观点、知识等在互联网上的共享。博客营销的本质可归纳为：是以知识信息资源为基础的内容营销模式，通过增加企业信息的网络可见度实现品牌或产品推广，其实质就是以知识信息为载体附带一定量的营销信息，即博客营销是内容营销的形式之一。博客营销的优势主要表现：发文灵活、信任度高、影响力大，是一种低成本的推广方式。

4. 微博营销

微博是一个基于用户关系的信息分享、传播以及获取的平台。用户可以通过 Web、WAP 等各种客户端组建个人社区，以 140 字左右的文字更新信息，并实现即时分享。相对博客而言，微博草根性更强，且广泛分布在桌面、浏览器和移动终端等多个平台上。随着网络用户向社交媒体、移动端迁移、在微信、微博等社交应用的推动下，越来越多的正能量信息依托社交网络实现大众传播。例如，2021 年 7 月 1 日，建党 100 周年，《人民日报》发布微博相关话题，阅读量及转发量很高。微博的影响力巨大，其特点主要包含以下几个方面：信息获取具有很强的自主性、宣传的影响力具有很大的弹性、内容短小精悍且信息共享便捷迅速。

鉴于微博在短信息传播和社交领域广泛性的特点，微博营销更加具有针对性。粉丝因为某种偏好关注博主，而且基于对博主的信任，广告的营销价值更大。微博营销具有以下几个类别。

（1）个人微博营销。很多个人的微博营销是由其本身的知名度来得到别人的关注和了解的，以明星、成功商人或者是社会中比较成功的人士为主，他们是通过这样一个媒介来让自己的粉丝更进一步地了解自己和喜欢自己，微博在他们手中也就是平时抒发感情的载体，功利性并不是很明显，他们的宣传工作一般是由粉丝跟踪转帖来达到营销效果的。

（2）企业微博营销。企业一般是以盈利为目的的，它们往往是想通过微博来增加自己企业的知名度，最后达到能够将企业的产品卖出去的目的。企业微博营销相对较难，因为短短的微博不能让消费者直观地理解商品，而且微博更新速度快、信息量大，消费者不能马上接受营销内容。企业采用微博营销时，应当建立起自己固定的消费群体，与粉丝多交流、多互动，多做企业宣传工作。美的、格力、海尔等几乎所有的大、中、小企业都有新浪微博的官微号，以官微号与客户联系、进行企业宣传和产品营销。

（3）行业资讯微博营销。以发布行业资讯为主要内容的微博，往往可以吸引众多用户关注，类似于通过电子邮件订阅的电子刊物或者简易信息聚合订阅等，微博内容成为营销的载体，订阅用户数量决定了行业资讯微博的网络营销价值。

5. 社交视频平台营销

短视频的异军突起为品牌带来了全新的营销手法和信息表达方式。如何在短视频上讲好故事，成为品牌在新传播环境下面临的新课题。在短视频与艺术的融合过程中，传统艺术样式的创作和传播也发生着可喜变化，呈现出本土性、互动性、丰富性、贴近性和创新性等新特点。短视频行业日均活跃用户规模呈上升趋势；抖音、快手日均活跃用户规模增长；线下商家受冲击，电商直播带货成为新趋势。

每个活在移动互联网时代的品牌，都需要用短视频来表达品牌故事，开展更多创意性的场景化营销活动。抖音官方更是给出五大短视频创意法则：用户燃点法则、场景原生法则、第一人称法则、黄金时间法则、智能优化法则。如今短视频营销生态日益成熟，成为移动互联网营销中的香饽饽。电商明星直播带货反响很好，大主播成交量很高。尤其"双十一"或"6·18"年中大促等活动的加持下，直播带货总在刷新成交纪录，成为智能营销的最新渠道。

8.3.3 APP 营销

APP 营销是指通过特制手机、社区等平台上运行的应用程序来开展营销活动。APP 营销是品牌与用户之间形成消费关系的重要渠道，也是连接线上线下的天然枢纽。移动 APP 的主要对象是所有移动领域的终端使用者，而就目前形势而言，移动 APP 应用的主要方向有两个：一是娱乐方向，二是实用价值方向。目前较为常见的 APP 营销模式有以下四种。

1. 广告营销

在众多的功能性应用和游戏应用中，植入广告是最基本的模式，广告主通过植入动态广告栏链接进行广告植入，当用户点击广告栏的时候就会进入指定的界面或链接，可以了解广告主详情或者是参与活动，这种模式操作简单，适用范围广，只要将广告投放到那些热门的、与自己产品受众相关的应用上就能达到良好的传播效果。小红书就是典型的APP广告营销例子，如图8-6所示。

图8-6　APP广告营销

2. APP植入

常见的APP植入主要有内容植入、道具植入、背景植入和复活植入。

（1）内容植入。内容植入就是在游戏中植入与游戏相关的产品广告信息。例如，在疯狂猜图这款游戏中，就把耐克、彪马之类的品牌名作为关键词，既达到了广告宣传效果，又不影响用户玩游戏的兴趣，而且由于融入了用户的互动，能够达到很好的广告营销效果。有的时候用户通过10关会直接弹出硬广告，如图8-7所示。

图8-7　APP内容植入

（2）道具植入。道具植入就是将某一件产品作为游戏中的某一项虚拟的道具。比如在人人餐厅这款 APP 游戏中，将伊利舒化奶作为游戏的一个道具植入其中，让消费者在玩游戏的同时，对伊利舒化奶产品产生独特诉求、认知与记忆，提升品牌或产品知名度，在消费者心中树立企业的品牌形象，如图 8-8 所示。

图 8-8　APP 道具植入

（3）背景植入。背景植入就是将某产品的名称或商标作为软件的背景元素。例如，在抢车位这款游戏中一眼看去，最突出的就是摩托罗拉手机广告，将摩托罗拉的手机广告作为停车泊位的一个背景图标。

（4）复活植入。在游戏中，用户往往不能顺利过关，这时就会跳出提醒，观看视频获取道具或复活机会。几乎所有的游戏 APP 中都有这样的需求交换，即以游戏用户复活或者获取道具等需求与 APP 营销广告需求交换，营销效果较好。

3. 用户营销

用户营销的主要应用类型是网站移植类和品牌应用类，企业把符合自己定位的应用发布于应用商店内，供智能手机用户下载，用户利用这种应用可以很直观地了解企业的信息。这种营销模式具有很强的实验价值，让用户了解产品，增强产品信心，提升品牌美誉度。例如，Keep 通过定制应用吸引健身或减肥的用户下载，提供用户需要的运动知识，客户在获取知识的同时，商家也可以通过该 APP 给精准的潜在客户具体发布信息，如图 8-9 所示。

图 8-9　APP 用户营销

相比植入广告模式，用户营销具有软性广告效应，客户在满足自己需要的同时，获取品牌信息、商品资讯。从费用的角度来说，植入广告模式采用按次收费的模式，而用户参与模式则主要由客户自己投资制作 APP 实现，相比之下，首次投资较大，但无后续费用。营销效果取决于 APP 内容的策划，而非投资额的大小。

4. APP 应用营销

商家将互联网网站业务做成 APP 移植在移动互联网端，通过 APP 的应用功能开展营销活动。比如蘑菇街 APP、手机版淘宝与天猫、手机版京东等都是传统电脑端营销通过 APP 应用移植在移动互联网端。

8.4　渠道的设计与管理

8.4.1　营销渠道的设计

要设计一套营销渠道系统，营销者必须分析顾客的需求，确立渠道目标和约束，识别和评价主要渠道方案。

1）分析顾客的需求

消费者会基于价格、产品品类、便利程度和他们自己的购物目标（出于经济考虑、社交用途或尝试性购买）来选择喜欢的渠道。就像产品存在细分一样，营销者必须区分不同的消费者在购买过程中有着不同的需求。即使是同一个消费者也可能出于不同的原因而选择不同的渠道。消费者在不同的时期会有不同的选择，可能偶尔想奢侈一把进行高端消费，同时也会在日用品的选择上精打细算。有的消费者可能为了省时省力在线上购买各种产品，有的消费者可能在线上购买之前先去实体店里试用一下。

渠道的服务产出包括以下几个方面。

（1）批量大小。批量大小是指营销渠道允许典型顾客一次购买的单位数量。

（2）等候和交货时间。等候时间是顾客等待收到货物的平均时间。顾客比较喜欢交货更快的渠道。

（3）空间便利。空间便利是指营销渠道为顾客购买商品所提供的便利程度。比如拥有比较多的经销商的品牌能为顾客提供更方便的售后服务。

（4）产品多样性。产品多样性是指由渠道提供的产品组合的丰富程度。一般来说，顾客更喜欢较多品种，因为更多的选择会增加他们找到所需品的机会。

（5）服务支持。服务支持是指渠道提供的附加服务（信贷、交货、安装、维修）。服务支持越强，渠道提供的服务工作就越多。

2）确立渠道目标和约束

企业应该根据顾客的需求确定的顾客服务水平以及相关成本和支持水平来制定渠道目标，一般来说不同的细分市场对服务水平的需求也不相同。针对不同的细分市场，渠道成员应该针对不同的任务进行安排，在满足顾客需求的前提下，使渠道总成本最小化，为每一个细分市场选择最佳渠道。

企业的渠道目标常常受企业性质、产品、营销中介、竞争者以及环境的影响。产品的特性不同，渠道目标也不同。体积庞大的产品，如建筑材料，要求采用运输距离最短、搬运次数最少的渠道布局。非标准化产品，如顾客定制的机器等，则由销售代表直接销售。需要安装或维修服务的产品，如冷热系统，通常由公司或独家特许经销商销售并维护。单位价值高的产品，如发电机和叶轮机等，一般通过公司销售，很少经由中间商。经济形势、法律约束等环境因素也会影响渠道目标和设计。

3）识别主要渠道方案

渠道方案由三方面因素决定：中间商的类型、中间商的数目、渠道成员的责任。

（1）中间商的类型。制造商在售卖产品时所面临的渠道选择，可以将产品作为产品元件销售给生产商、经销商、租赁公司；可以通过直接销售或分销商卖给专营商；还可以通过公司门店、在线零售商、邮购目录售卖；也可以通过大型商场进行售卖。有时主要渠道会遇到成本方面的困难，或是效果不佳，公司会选择一个全新或是非常规的渠道。

（2）中间商的数目。企业在选择渠道时还必须考虑各层级的渠道成员的数量。有三种策略可供选择：密集型分销、独家分销、选择型分销。一般便利品和普通原材料会选择密集型分销、奢侈品牌的销售选择独家分销、选择型分销介入密集型分销和独家分销之间，制造商多采用选择型分销。

（3）渠道成员的责任。制造商和中间商需要就合作条款和每个渠道成员的责任达成一致，包括各方遵守的价格政策、销售条件、区域特权和具体服务。制造商应当为中间商提供价格清单和公平的折扣及补贴明细政策，且制造商要为经销商提供质量和降价担保。另外，还必须划定每个渠道成员的经营区域，确保没有其他成员进入同一区域；渠道成员的义务和责任应当仔细地以书面方式明确，尤其是特许经营和独家分销渠道。例如，麦当劳为特许经销商提供足销支持、记录保存系统、培训课程以及一般的管理协助。反过来，特许经销商必须符合公司制定的标准，包括达到实体设施和食品质量标准、配合新的促销计划、提供必要的信息，以及购买指定的产品。

4）评估主要渠道方案

假设企业已经明确了几个可行的渠道方案，希望从中选出一个能满足其长期目标的方案，那么应该按照经济性、可控性和适应性标准对每种方案进行评估。

在使用经济性标准的时候，企业需要比较各渠道方案的潜在销量、成本和盈利性。要考虑每种渠道会有不同水平的销量和成本。企业还必须考虑可控性。使用中间商通常意味着要将一些产品营销方面的控制权让渡给中间商，而有的中间商会要求更多的控制权。在其他条件相同的情况下，企业倾向于尽可能多地保留控制权。最后，企业还要考虑适应性标准。渠道成员之间通常会达成长期的合作，但是企业希望能够根据环境的变化调整渠道策略。

8.4.2 渠道冲突

渠道冲突（channel conflict）是指渠道成员之间因为利益关系产生的种种矛盾和不协调，相互对立的不和谐状态。当一个渠道成员的行为或目标与它的合作伙伴相反时，渠道冲突就产生了。渠道冲突是渠道关系中的一种常态，根源在于渠道成员之间既相互独立又相互依赖的关系，以及对经济利益和渠道权利的争夺，渠道中的每个环节都希望最大限度地成为自主经营者。因此，渠道冲突时有发生。

1. 渠道冲突的类型

渠道冲突的分类有很多标准，不同标准下的分类也有所不同。按照渠道结构的不同可将渠道冲突简单地分为水平渠道冲突、垂直渠道冲突和多渠道间的冲突。

（1）水平渠道冲突。水平渠道冲突又称为横向渠道冲突，是指存在与渠道同一层级的成员之间的冲突，主要是中间商之间的冲突。水平渠道结构最为突出的特点就是渠道成员关系的平等：渠道成员关系呈现水平横向，各自的权力等级也是同一水平的，但利益是独立的。水平渠道成员之间的这种特殊关系，决定了各成员之间利益上的差异与矛盾，因而水平渠道成员之间蕴藏着一定的潜在冲突。例如，华为手机拥有众多的销售卖场和购物商场，这二者的冲突属于同一水平权利的卖场和商场之间的矛盾和冲突，具体表现为压价销售、不按规定提供售后服务等。

（2）垂直渠道冲突。垂直渠道冲突也称为纵向渠道冲突或渠道上下游冲突，是在同一渠道中不同层级渠道成员之间的利害冲突，主要表现为生产商和分销商、分销商与批发商、批发商及零售商之间的冲突，这种冲突比水平渠道冲突要更为常见，一般在同一区域内发生。主要表现在两方面。一方面，越来越多的制造商从自身利益出发，采取直销与分销相结合的方式销售商品，这就不可避免地要同下游经销商争夺客户，大大挫伤了下游渠道经销商的积极性；另一方面，当下游经销商的实力增强以后，不甘心目前所处的地位，希望在渠道系统中拥有更多的权利，向上游渠道发起了挑战。在某些情况下，生产企业为了推广自己的产品，越过一级经销商直接向二级经销商供货，也会使上下游渠道经销商之间产生矛盾。

（3）多渠道冲突。多渠道冲突也称为不同渠道间的冲突或交叉冲突，是指生产商建立两条或两条以上的渠道，而这些分销渠道是向同一市场销售同一个产品而产生的冲突，其本质是几种销售渠道在同一个市场内争夺同一种客户群而引起的利益冲突。

随着市场需求差异化程度提高，细分市场的繁多和可利用的渠道类型不断增加，越来越多的企业采用多渠道营销系统，不单一使用一种渠道结构，而是运用多种渠道进行组合，整合不同渠道的优势。如图 8-10 所示，多渠道间冲突表现形式为销售网络紊乱、区域划分不清楚、价格不同等。

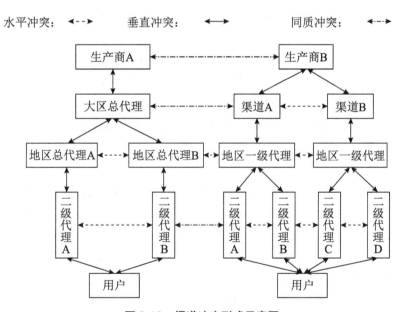

图 8-10 渠道冲突形式示意图

2. 渠道冲突的原因

渠道成员之间渠道冲突的原因可以归纳为角色界定不清、资源稀缺、感知差异、期望差异、决策领域分歧、目标不一致、沟通障碍七个方面。

（1）角色界定不清。角色是对各个渠道成员在渠道中应该发挥的功能和行为范围的界定。由于渠道是由功能专业化的渠道成员构成的，每一个渠道成员都必须承担它所应该执行的任务，任何一个渠道成员偏离了自己的角色范围，都可能造成渠道成员之间的对立，从而产生渠道冲突。

（2）资源稀缺。在渠道运行过程中，渠道成员为了实现各自的目标，往往会在一些稀缺资源的分配问题上产生分歧，从而导致渠道冲突。例如，对于特许经营者而言，其所服务的市场就是一种稀缺资源，如果特许者在该市场上又增加了一个新的特许经营者，就造成了市场资源的重新分配。原有的特许经营者会认为新进入者抢了它的生意，因而会在特许者与受许者之间产生冲突。

（3）感知差异。感知是指人对外部刺激进行选择和解释的过程，但由于背景、知识、个性等方面的差异，人们在对相同刺激物的感知方面存在着差异。在渠道系统中，不同的渠道成员在面对同一事物时，它们的解释与态度却大相径庭。例如，制造商认为卖场广告是一种有效的促销方式，而零售商却认为现场宣传材料对销售并没有多大影响，反而占用了卖场空间。这种感知差异无疑会导致渠道冲突。

（4）期望差异。渠道成员往往会对其他成员的行为有所预期，并根据这种预期采取相应的行动。而当这种预期存在偏差，或者错误的时候，该渠道成员就可能采取了错误的行动，而这种行动则会导致其他渠道成员采取相应的行动，从而引发渠道冲突。例如，国美电器根据自己在竞争激烈的家电零售业中的龙头地位，预期只要向格力提出价格问题，后者就一定会屈服。但现实的情况是格力认为自己在国美的销售额占其总销售额的比例很小，况且还有其他渠道伙伴可以依靠，就没有屈从于国美的要求从而引发了激烈的渠道冲突。

（5）决策领域分歧。由于在渠道系统中都承担着特定的职能，因而每一个渠道成员都有一个属于自己的决策领域，而当渠道成员认为其他渠道成员侵犯了本来应该由它进行决策的领域时就会发生冲突。例如，就渠道中的商品价格而言，零售商可能认为价格决策属于它们的决策领域，而制造商则认为它们才有对商品的定价权，这种分歧将导致渠道冲突。

（6）目标不一致。虽然渠道系统使渠道成员有一个共同的目标（如满足共同的最终顾客的需求），但是，在渠道系统内各渠道成员都是独立的经济组织，因而都有自己相对独立的组织目标，并企图实现这些目标。因此，当各渠道成员的组织目标出现不一致甚至矛盾时就会产生冲突。

（7）沟通障碍。沟通是渠道成员之间相互了解、化解误解的重要手段。当某个渠道成员不向其他渠道成员及时传递重要信息，或在信息传递过程中出现失误或偏差，从而不能准确地传递、理解信息时，就会发生渠道冲突。

3. 渠道冲突的管理与控制

渠道冲突管理是指在对渠道成员关系分析和研究的基础上，为了预防渠道冲突、化解渠道冲突、防止渠道冲突升级而进行的建设性计划、组织、协调和控制的过程，从而使企业适应环境的变化。渠道冲突管理是非常必要的，它的目标就是保持渠道内部正常合理的运作，更好地发挥渠道成员合作的优势，提高渠道效率。在渠道冲突管理中我们要遵循四大原则，包括效率原则、系统性原则、创新原则、权变原则。即在冲突管理时秉持降低投入提高产出，提高渠道的运行效率；要保持系统性的思想，将渠道管理工作贯穿整个渠道；在处理渠道冲突时要有灵活性及创造性，不要因循守旧，要不断地调整应对方法。

营销渠道冲突管理是一项重要的管理工作，主要是为了预防和解决渠道冲突给渠道绩效带来不良的影响，并且充分利用建设性冲突，保持渠道活力，并保证渠道的良好运转，提升渠道运行绩效。在进行渠道管理时不仅要制定一定的规章制度预防冲突，而且在冲突发生后需要有及时的反馈调整。将冲突后的反馈与事前预防机制结合起来，形成闭环，才能更好地管理渠道冲突。

8.4.3 多渠道的协同管理

1. 多渠道整合

对多种渠道进行整合，意味着在一个系统中，任何一个渠道的销售战略都与其他渠道相辅相成，公司通过增加更多的渠道可以得到很多好处：首先，扩大了市场覆盖率，使更多的顾客可以在更多的地方买到公司的产品；其次，降低了渠道成本；最后，提供了更多的定制销售。当然引入新渠道可能会带来冲突或定制协调等方面的问题，公司需要综合各方面仔细考虑渠道的建设。多渠道方格图是多渠道建设决策的常用工具之一，如表 8-3 所示。

表 8-3 多渠道方格图

		收集相关信息	沟通和传播	达成价格协议	下订单	为存货筹资	承担风险	促成产品存放及转移	促成支付	监督所有权转移	
销售者	互联网										顾客
	全国性客户管理										
	直销										
	电话销售										
	直邮销售										
	零售店										
	分销商										
	经销商										

2. 渠道评价

评价营销渠道的目的就是希望建立一套与实现经营目标相一致的评价标准，引导渠道行为，与渠道目标相比较，找出差距，找出解决方案，保证营销渠道高效运行。

1）评价流程

渠道绩效评价流程如图 8-11 所示。

图 8-11 渠道绩效评价流程图

（1）明确并详尽了解企业的经营目标。经营目标的实现需要各个部门的协同合作，共同努力。为了完成总的经营目标会进行层层分解，其分解为一系列的销售目标。销售目标在渠道绩效指标中起着基础性的作用。在确定总（渠道间）销售目标时，一定要注意与公司目标和业务个体目标相一致，销售目标只是公司目标的分解，是为了更容易地实现企业目标。同时销售目标的制定要更加具体、明确和量化，当一系列完整的销售目标被清楚地表达出来时，第一步就完成了。

（2）设定渠道绩效的评价指标。评价指标是渠道管理的核心，是进行绩效考核的基础也是有效渠道管理的一个中心部分。合理的渠道绩效指标是基于销售目标和销售过程中的渠道。也就是说，设定的渠道绩效指标必须以能够帮助企业实现其销售目标为前提，同时也必须能反映销售过程中每个渠道各自扮演的角色。因此，企业为每个渠道设定的期望值必须能够反映该渠道在销售环节中承担的职能。

（3）制定渠道绩效评估制度。渠道的绩效评估使企业管理者能够随时追踪渠道的绩效情况，确保其与对应的绩效指标相符合，能够及时发现渠道绩效管理存在的问题并及时纠正问题，保证渠道绩效总体目标的实现。制定渠道绩效评估制度有助于科学、规范地执行渠道绩效评价的任务。

（4）识别绩效差距并制定渠道改进规划。管理者利用渠道绩效指标和渠道绩效评估制度，找出渠道现有水平与实现销售目标所需的绩效水平之间的差距，并确定为达到销售目标所需的绩效水平而必须采取的行动。通过对渠道的改进与调整，达到提升渠道绩效的目的。渠道行为规划是对为了确保渠道实现目标绩效而采取的强有力的管理措施，将销售目标和渠道绩效指标分解为具体的渠道行为。

2）渠道的财务绩效评价

评价营销渠道的财务指标工具主要有销售分析、市场占有率分析、渠道费用分析、获利能力分析和营运能力分析等。

（1）销售分析。销售分析是评估整个渠道系统的产出，并与销售计划作对比，从而了解销售目标的实现情况。对此，可以采用销售额或是销售量指标来进行评价。但销售额的变化不仅是销售量所引起的，还会是价格所引起的，因此可以进一步采用销售差异分析方法来了解价格和销售量分别对销售额所引起的差异。

$$销售量变化引起的差异 = \frac{销售量 \times 计划价格}{销售额的变化量} \times 100\%$$

$$价格变化引起的差异 = \frac{价格的变化量 \times 实际销售量}{销售额的变化量} \times 100\%$$

除了销售差异分析之外，还可以采用区域/产品分析方法进行销售分析，它是按产品销售区域或产品类别进行的比较分析，先找出影响销售额差异的主要区域或产品类别，再深入分析，找出影响销售差异的主要影响因素。

(2)市场占有率分析。企业销售额的增加可能是由于企业自身相对其竞争者对渠道进行改善引起的,也有可能是由于企业所处的整个经济环境的发展所引起的。市场占有率能够反映相对竞争企业的经营状况的指标,用来消除整个经济环境的影响。企业的市场占有率越高,表示它相对其竞争者的绩效越好;如果市场占有率有所下降,就要引起管理者的注意,找出影响市场占有率下降的原因,做出调整以保持其竞争地位。

市场占有率有三种不同的计算方法,即全部市场占有率、可达市场占有率以及相对市场占有率。全部市场占有率是以企业的销售额占全行业销售额的百分比来表示的,它需要明确企业所在行业的范围以及该行业所应包括的产品和市场。可达市场占有率是以企业销售额占企业所服务市场的百分比来表示的。可达市场是指企业产品最适合的市场、企业市场营销努力所及的市场。相对市场占有率是以企业销售额占主要竞争对手的销售额的百分比来表示的。

(3)渠道费用分析。渠道费用分析是考察确保达到销售目标的投入情况,投入得越少,企业获得的利润也就越高,因此对渠道系统成本的有效控制对企业是十分重要的。在实际操作中,企业通常采用的指标是销售成本对销售额的比率。该指标衡量了渠道系统的运作效率。该比率越高,说明此渠道系统的运作效率越低,当投入产出比高时,应引起管理者的重视,全力找出控制渠道费用的方案。同样,该比率越低,说明企业的渠道系统运作的效率越高。渠道成本与销售额比率,用公式表示如下:

$$渠道成本与销售额比率 = \frac{当期渠道成本}{当期渠道销售总额} \times 100\%$$

(4)获利能力分析。评估获利能力可以选用销售利润率、成本费用率、总资产报酬率以及净资产收益率等指标。销售利润率衡量渠道系统销售收入的获利水平,其中销售收入净额是销售净额扣除销售折让、销售折扣以及销售退回的总和。计算公式如下:

$$销售利润率 = \frac{销售净利润}{销售收入净额} \times 100\%$$

成本费用率是企业为了取得利润而付出的代价,这一比率越高,说明该企业为取得收益而付出的代价越小,企业的获利能力越强。计算公式如下:

$$成本费用率 = \frac{利润总额}{成本费用总额} \times 100\%$$

总资产报酬率适用于衡量企业运用全部资产获利的能力。资产总额即投资总额包括负债总额和所有者权益总额。利润总额与利息支出之和称为息税前利润,利息支出是使用资金所付出的代价,实际上也是企业所得利润的一部分。计算公式如下:

$$总资产报酬率 = \frac{利润总额 + 利息支出}{平均资产总额} \times 100\%$$

$$平均资产总额 = \frac{期初资产总额 + 期末资产总额度}{2}$$

净资产收益率是指企业运用投资者投入资本获得收益的能力。计算公式如下：

$$净资产收益率 = \frac{净利润}{销售收入净额} \times 100\%$$

（5）营运能力分析。评估营运能力可以选用总资产周转率和存货周转率进行具体分析。总资产周转率反映了企业全部资产的使用效率。如果该比率较低，说明该企业利用其资产进行经营的效率较差，会影响企业的获利能力，应采取措施提高销售收入，以提高总资产利用率。计算公式如下：

$$总资产周转率 = \frac{销售收入净额}{总资产平均占用额} \times 100\%$$

存货周转率是衡量企业在一定时期内存货资产的周转次数。一般而言，存货周转率越高越好，该比率越高说明企业经营效率高，库存存货适度。如果该比率较低，说明在渠道的某环节出现产品积压要及时处理。计算公式如下：

$$存货周转率 = \frac{产品销售收入}{平均存货成本} \times 100\%$$

3. 渠道的调整与完善

调整渠道政策。渠道是一个动态的系统，其系统要素构成和竞争环境都在不断地发生变化，所以，渠道不是固定不变的，渠道相关政策也不能一成不变，而要根据实际情况不断地调整。特别是通过渠道绩效的评估发现问题以后，更应该及时调整，以保证渠道运作的高效和良性发展。

（1）增减渠道成员。增减某些中间商经常是渠道调整的一种做法，但裁减渠道成员，是有一定风险的。调整渠道成员、改变渠道结构不仅会影响渠道的正常运作，也会对其他部门产生连带影响，因此，制造商在进行渠道结构调整前要对因中间商的替换产生的各方面影响进行综合分析，同时要考虑对渠道整体性功能所产生的影响，以便做出明智的选择。

（2）改进整个渠道系统。渠道系统的改进是一项复杂的系统工程，因为它不仅涉及改进，还涉及整个营销系统的修正和创新。整体渠道调整对企业及整个渠道运作的影响都很大，而且如果决策失误，短时间内又难以补救，损失将更大。所以，在渠道调整以前一定要做好可行性分析与渠道评价工作，认真考虑这种调整是否可行、中间商的反应如何、是否会引起某些重大冲突等问题。

（3）增减某些市场渠道。增减某些类型的市场渠道是一种战略的决策。当我们通过渠道绩效的评估发现，公司产品不适合在某类渠道销售，出现得不偿失时，就应该果断决策，放弃或删除某些市场渠道。当然，偶尔会出现很多经销商不能完成销售任务的情况，这种结果往往是由于生产企业设定的目标与实际不符造成的，但也不排除其他原因造成经销商懒惰或有意抵抗。

案例 8-1：空调厂商的传统渠道模式

一、美的模式——批发商带动零售商

美的公司几乎在国内每个省份都设立了自己的公司，在地市级城市建立办事处。在一个区域市场内，美的公司的分公司和办事处一般通过当地的几个批发商来管理众多的零售商，批发商可以自由地向区域内的零售商供货。批发商负责分销、制造商负责促销。制造商和分销商共同承担售后服务。其销售渠道的组织结构如图 8-12 所示。

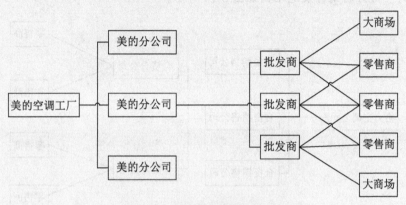

图 8-12　美的模式的销售渠道

二、海尔模式——零售商为主导的渠道销售系统

海尔营销渠道模式最大的特点就在于海尔几乎在全国每个省份都建立了自己的销售分公司，海尔工贸公司作为分公司直接向零售商供货并提供相应支持，并且将很多零售商改造成了海尔专卖店。当然海尔公司也有一些批发商，但海尔分销网络的重点并不是批发商，而是更希望和零售商直接做生意，构建一个属于自己的零售分销体系。在整个分销体系中制造商承担了大部分工作职责，零售商基本依从于制造商。海尔的销售渠道结构如图 8-13 所示。

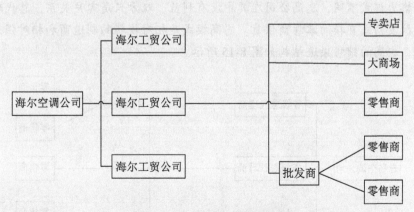

图 8-13　海尔模式下的销售渠道

三、格力模式——厂商股份合作制

格力渠道模式最大的特点就是格力公司在每个省和当地经销商合资建立了销售公

司，即所谓的使经销商之间化敌为友，"以控价为主线，坚持区域自治，确保各级经销商合理利润"。由多方参股的区域销售公司形式，各地市级的经销商也成立合资销售分公司，由这些合资企业负责格力空调的销售工作。厂家以统一价格对各区域销售公司发货，当地所有一级经销商必须从销售公司进货，严禁跨省市窜货。格力总部给产品价格划定一条标准线，各销售公司在批发给下一级经销商时结合当地实际情况"有节制地上下浮动"。在整个模式中制造商不再建立独立的销售分支机构，大部分工作转移给了合资销售公司。格力的销售渠道结构如图8-14所示。

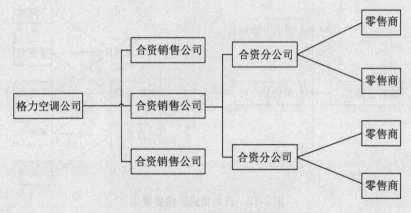

图8-14　格力模式下的销售渠道

四、志高模式——区域总代理制

广东志高空调股份有限公司前身只是一家空调维修商，从1998年开始生产空调，虽然短短几年，但销售增长迅速。志高模式的特点在于对经销商的倚重，志高公司在建立全国分销网络时，一般是在各省寻找一个非常有实力的经销商作为总代理商，把全部销售工作交给总代理商。这个总代理商可能是一家公司，也可能由2~3家经销商联合组成，和格力模式不同，志高公司在其中没有利益，双方只是客户关系，总代理商可以发展多家批发商或直接向零售商供货。志高模式是相对较弱的制造商和相对强大的经销商相结合，志高的销售渠道结构如图8-15所示。

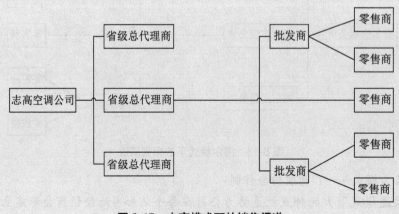

图8-15　志高模式下的销售渠道

五、苏宁模式——前店后厂

南京苏宁电器集团原本是南京市的一家空调经销商,自1990年至2001年,苏宁公司以超常规的速度迅速发展。从2000年开始,苏宁集团开始走连锁经营道路,在国内各地建立家电连锁经营企业,并在2001年参股上游企业,出资控股合肥飞歌空调公司,开始在其分销网络内销售由合肥飞歌为其生产的苏宁牌空调。苏宁模式由经销商承担了大部分市场责任,与海尔模式相反。苏宁的销售零道结构如图8-16所示。

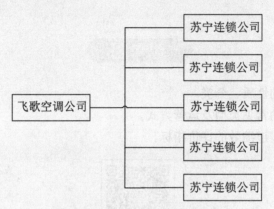

图 8-16 苏宁模式下的销售渠道

各种模式综合比较如表8-4所示。

表8-4 综合分析比较表

	渠道融资能力	管理难度	盈利水平	品牌价值	长期发展能力
海尔模式	低	很大	高	高	强
美的模式	较高	中等	一般	较高	较强
格力模式	较高	较小	一般	较高	存在问题
志高模式	很高	小	低	低	较弱
苏宁模式	最高	很小	很低	无	很弱

不同模式的适用性分析比较如表8-5所示。

表8-5 适用性比较表

	资本	管理能力	企业目标	品牌地位	市场阶段
海尔模式	雄厚	强	多元化	较强	成熟期
美的模式	无影响	较强	专业化	均可	成长期
格力模式	无影响	一般	专业化	均可	整顿期
志高模式	缺乏	弱	初创期	弱小	成长期
苏宁模式	少	无	较短	弱小	成熟期

案例 8-2：强生品牌的网络渠道模式

第八章 扩展阅读

思考题

1. 简要说明渠道的性质、分类。
2. 列举线上渠道的常见类型及运营方式。
3. 结合实际谈谈渠道绩效的评价指标。

即测即练

第九章 智能广告和促销

学习目标

通过本章学习,学员应该能够:

- 掌握什么是原生广告和程序化广告;
- 掌握数据洞察的基本方法;
- 掌握营销测量的算法和实现路径。

人工智能技术的发展,为基于营销大数据的计算广告带来了新的生机,智能广告成为其演化的必然趋势和高级形态,原生广告和程序化广告是其发展的重要阶段。同时,以人工智能技术为支撑的经济发展形态也让我们进入了智慧经济时代。在未来,依托数据和算法的智能广告将成为数字营销的主要手段。

9.1 原生广告

9.1.1 原生广告的起源与发展

科技的发展除了能够丰富人们电子设备的选择,也让生产者与消费者之间信息不对称的天平发生了根本性变化,特别是因为网络的存在,消费者由商品信息欠缺变成商品信息过剩的一方。在有限的屏幕空间中,那种常常打断人们正常浏览行为的传统展示型广告,如弹窗、横幅广告等形式越来越受用户厌恶。广告活动的传播逻辑应转变为剔除干扰人们正常浏览体验的过剩信息,确保消费者能从容获取真正需要的、有价值的信息,从而有效促进生产者与消费者之间的衔接。于是,原生广告应运而生。

"原生"概念于2011年第一次出现在广告领域,由联合广场风险投资公司的创始人弗雷德·威尔逊在媒体与广告在线营销全球会议上提出。原生广告的概念和实践均源于美国广告市场,并从2012年开始进入快速发展期。软文、搜索广告以及社交网络中的信息流广告都可以看作是原生广告的起源。但目前尚没有人能给原生广告一个明确的定义。

康瑾认为:"原生广告(native advertising)并不是某一种特定的广告形式,它包含能够将品牌内容融入用户使用体验的各种广告类型,是一种能够指导广告实践的理念。"王国中和李庆雯认为:"原生广告是一种基于互联网技术并且从用户体验出发、由内容驱动并整合了网站以及APP可视化设计的广告形式。"徐周和王慧灵认为:"原生广告是指将广告融入平台或场景信息,进而提升用户体验的一种商业模式。"

可见,原生广告是与品牌整合相关的一种广告形式,它将营销内容融入用户体验,能够为用户提供有价值的信息,使其与平台上的其他内容更加契合,具有"原生性"。它可能是微信公众号、朋友圈、微博、知乎等社交媒体上的一则分享,或者是品牌制作的视频、照片和网页,因为与平台的原生内容在形式和感觉上都很匹配,可以完美融入其中而不被察觉。

对原生广告而言,将广告"原生化"的直接目的是为了避免展示性广告为用户体验造成的负面影响,希望广告能在用户正常的内容消费中和谐地存在,从而达到良好的传播效果。图9-1展示的是常见的原生广告。

图 9-1　常见的原生广告

9.1.2　原生广告的特点

1. 内容原生,具有"去广告化"的形式

原生性指广告由内容驱动,内容的呈现不会破坏媒体原来传播的内容。原生广告的内容不具有侵扰性,不会为了抢占消费者的注意力而突兀地呈现,力求融入原有的媒体内容,没有一个固定的广告形式,或者说,原生广告是可以根据媒体的不同而任意"变形"的。以微博为例,微博的信息流广告以"好友微博"的形式出现,用户在使用微博的同时会在形式上将其视作一条普通微博而不会对其产生排斥感。

2. 广告内容和传播均具有价值性

内容的价值性主要体现在信息性、趣味性和共鸣性三个方面。具有价值性的广告内容,通常更容易满足受众的社交需求,因此更有可能被用户所接受,甚至主动分享和传播,从而产生良好的营销效果。原生广告最显著的特点就是内容具有价值性,除了展示广告信息之外,还向受众提供了满足其生活形态和生活方式的信息,甚至在情感层面与受众产生共鸣。例如,腾讯视频就曾携手大众途锐策划了一档"逐路远征之旅"的创新原生故事节目,邀请郎永淳驾车一路沿着中国的历史文化名城,寻找历史并且讲述自己的人生故事。以车践行,以行见人。该原生广告不仅让用户看到了产品和明星,也在潜移默化中看到了自己所认同的价值观。

3. 广告的投放更加精准

广告投放的精准性分别指内容的精准，即投放给有需要的用户；时机的精准，即在恰当的时间推送广告，或在不同的时间投放在不同的媒体；位置的精准，即根据用户的实际地理位置推送广告。原生广告主要采取信息流推送和用户搜索两种形式进行广告投放。在智能时代，基于大数据应用的媒体平台能够将原生广告准确地推送至相应的用户，而用户的搜索行为也会跳出基于数据检索匹配的广告。微博、微信等客户端软件将社交化（social）、本地化（local）、移动化（mobile）结合在一起，通过媒体使用者的地址信息和签到信息来判断广告受众的爱好、习惯和需求，使得原生广告的投放更加精准。

4. 广告传播渠道多元化

形式的多变和内容的价值让原生广告具有较高的媒体适配性，可以在媒体平台中进行广泛传播，拥有多元化的传播渠道。其主要表现为多平台传播和多层级传播两个方面，即原生广告可以适配不同的媒体，并且易于获得二次传播、三次传播甚至多次传播，甚至形成裂变式传播。

9.1.3 原生广告的程序化之路

随着机器学习和人工智能技术的发展，传播方式、媒体格局和当代文化样式处于变革之中，新的媒体环境对原生广告的互动性、精准性提出了更高要求。聚合了原生广告信息与内容高度融合和程序化广告精准推荐优势的程序化原生广告将内容、广告、用户和场景完美匹配，既能促使用户主动获取广告信息，又能达到贴合用户需求的营销效果，是原生广告未来发展的不二选择。但原生广告的程序化之路在现实中存在不小的困难。

首先，原生素材个性化需求多样与广告资源不足并存。不同媒体对同一广告素材的形状、字体、大小、颜色等属性有不同的需求，因此，广告交易平台需要根据各媒体平台的特定要求将各种类型的原生素材拼接在相应位置，建立个性化原生素材库，这就意味着广告交易平台将面临不小的工作量。但是，原生广告的几个主要平台大都自己搭建了广告投放平台来内部消化原生广告，提供给公共市场的资源较少。

其次，各平台间数据流通不畅，对接存在困难。原生广告如果要与用户浏览的内容匹配，就要开放上下文数据，特别是能够提供用户画像，使广告以原生的形式展现给具体不同用户属性参数的特定人群。然而该参数一般由媒介平台控制并传输，媒体不会轻易将其传送至广告交易平台的服务器中，从而造成了数据流通的局限性。同时，如果要大规模投放原生广告就需要和海量平台对接，并且准备数目庞大且优质的广告素材，那么广告制作成本也会随之大幅上涨。

9.2 程序化广告

2005 年，美国 RightMedia 建立了全球第一个 AdX 广告交易平台，程序化广告从此诞生。2012年，随着需求方平台（demand site platform，DSP）、供应方平台（supply side platform，SSP）、数据管理平台（data management platform，DMP）等广告技术公司在中国大量出现，标志着中国程序化广告元年的到来。在人工智能繁荣发展的背景之下，数据技术逐渐成熟，基于数据分析的精准营销让人们纷纷发出"在自己身上装有监控"的感叹，往往刚和朋友讨论完某件产品，再打开购物软件时就会出现相关的产品信息；或者刚刚看完一场电影，再打开娱乐软件时就出现了和主演有关的内容。以上场景的实现，都要依靠"程序化广告"这一体系。程序化广告能对目标客户精准投放，目前已经成为备受企业推崇的营销手段。

9.2.1 程序化广告的概念和特点

1. 概念

"程序化"是指通过编程建立规则或模型，使得计算集群能够对海量数据进行完全自动实时分析和优化，该手段贯穿程序化广告的始终。程序化广告包括程序化（广告）购买、程序化（广告）交易和程序化（广告）投放三个主要环节，同时还包括购买前的洞察、创意和购买后的优化等，但目前尚未形成程序化广告的正式定义。

综合多方观点，可以将程序化广告视为"一个由数据驱动的系统，通过对数字展示广告的媒体库存进行实时竞价，以自动化的方式实现广告销售交易，向潜在消费者提供规模化、个性化的营销信息"。通过程序化广告，卖家可以自定义购买对特定人群的媒体展示，也可以按用户的不同行为展现不同的广告，买家可以挑选他们需要的受众并进行竞价，竞价获胜者就可以将他们的广告在合适的时间推送给合适的受众。程序化广告解放了人力，借助大数据技术解决了广告投放效率低的问题，实现了实时、精准的广告投放。

2. 特点

首先，与传统广告相比，程序化广告最显著的特点是投放目标更加精准，既可以帮助企业精准匹配广告信息与目标消费者，更能让不同的目标消费者在恰当的时间、场景中看到恰当的广告内容。在移动互联网时代，每一台智能终端设备就是一个人，营销环境呈现高度碎片化，如果只是对单一屏幕进行割裂分析已无法保证数据的精确性和沟通的效率。而程序化广告拥有强大的受众识别能力，可以通过海量的数据分析将人群标签化、数据化，精准地触达目标受众，在避免预算浪费的同时获得较高的转化率。此外，技术的进步已经使得跨屏 ID 识别成为可能，程序化广告可以通过对多屏幕下的同一个用户进行更加深入的分析，找到适合广告主的跨屏人群，从而实现营销活动的精准化。

其次，程序化广告的购买与传统广告的购买最大不同在于其可以实时调整。一方面，在注重"受众购买"的程序化营销中，技术与大数据的互联实现了广告内容与投放场景的互联互通，广告创意能够实现动态化产出，即同一品牌的不同目标消费者在不同时间、不同场合下所看到的广告内容也不同，推动营销传播效果的最大化。例如，某产品目标对象包括大学生、职场新人和奶妈奶爸等，而每一个族群又可以根据性别、区域等再进一步细分，在程序化广告发布的时候，不仅不同目标对象看到的是不同的广告内容，而且同一目标对象中的男性和女性所接受的内容也不完全相同；再进一步，同一目标对象中的男性和女性在上午和下午、不同区域看到的广告内容亦不相同，系统可以根据不同的时间场景和地域特点，推出更有针对性的广告内容。另一方面，程序化广告购买可以让广告主实时通过不同的投放组合合理分配自己的预算，提升每一部分的贡献价值度，提高广告营销投资回报率。同时广告效果也是实时可见的，在许多 DSP 系统中有多个报表维度，可以自由组合，广告主可以根据效果的好坏和竞争情况随时调整自己的出价，进行实时优化，整个广告的选择和投放都变得很可控。

此外，如果将广告投放比作捕鱼，那么传统广告就是在人工湖泊里打捞，而程序化广告则是在海洋里作业，资源海量且天然，而且方法更加科学有效。从对广告位的购买变成对受众的购买，从媒体投放变成采用广告交易所的方式投放，广告主及代理商从被动投放到主动选择，实现了媒体和广告主的双赢。同时，伴随消费者对程序化营销投放内容的点击、购买等行为轨迹，广告主也会相应获得更多消费者复杂行为数据，使下一轮广告营销更加精准有效，即程序化广告增强了广告流量的变现能力。

9.2.2 程序化广告的参与者

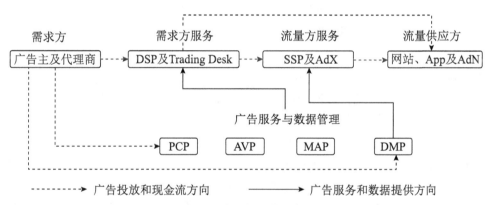

图 9-2 程序化广告的参与者

一般而言，程序化广告的投放需要先由需求方通过需求方平台或和采购交易平台（trading desk，TD）预先设定好自己的广告信息、目标受众、愿意为广告支付的价格等，然后在供应方平台（SSP）或广告交易平台（AdX）进行交易，通过实时竞价和非实时竞价两种方式进行竞价。当 SSP 或 AdX 中含有符合条件的媒体时，广告主的广告就自动出现在该媒体的某个广告位上，如果不符合条件，广告就不展示。并且在整个程序化购买的过程中，可以根据广告投放的效果对广告进行适时修改，不断完善广告投放效果。

如图 9-2 所示，程序化广告的参与者和服务主要涉及：一是广告的需求方，包括广告主或代理商；二是需求方服务，包括需求方平台和采购交易平台，主要提供精准的广告投放和管理服务；三是流量供应方，包括媒体网站或 APP、广告网盟 AD Network 等；四是流量方服务，包括广告交易平台（AD Exchange）和供应方平台，主要用于整合市场流量；五是广告服务和数据管理，包括程序化创意平台（programmatic creative platform，PCP）、广告验证平台（advertisement verification platform，AVP）、数据管理平台（data management platform，DMP）、测量分析平台（measurement&analytics platform，MAP），它们为广告投放策略优化提供数据支持，以及为品牌安全提供保驾护航等服务。

1. 需求方

需求方即广告主（advertiser）或代理商（agency），为广告主的业务代理人，是广告的发布者和广告需求的主体，一般分为效果类和品牌类。

效果类需求方包括效果广告主和广告代理公司。效果广告主一般是游戏、电商等行业内的企业或者其他中小企业。它们的广告投放需求以提升直接转化效果为主，并附带额外的品牌宣传，是程序化广告市场的主力军。典型的效果类广告主有游族、唯品会、京东、携程、同程等。品牌类需求方包括品牌广告主和4A广告代理。品牌广告主主要是汽车、快消品等传统行业的企业。它们的广告投放需求以品牌宣传为主，并在此基础上提升转化效果。以公司规模和投放预算为标准，品牌广告主可以分为大型品牌广告主（如宝洁、伊利、欧莱雅等）和中小品牌广告主。大型品牌广告主的代理商一般是4A广告代理公司。4A广告代理公司分为国际4A和中国本土4A。国际4A代表有电线与塑料产品集团、宏盟集团、阳狮集团、电通集团、IPG集团等；中国本土4A公司代表有蓝色光标、广东省广告有限公司、昌荣传播、利欧股份等。

2. 需求方服务

1）需求方平台

DSP即需求方平台，是指面向并服务于广告主的广告投放管理平台。广告主在DSP上管理广告活动及其投放策略，根据自己的营销策略设定目标受众、投放区域、广告竞价等条件，DSP会借助大数据技术对用户行为及相关信息进行深入分析，自动优化投放效果并提供数据报告，帮助广告主找到所需要的目标受众。国内目前已经出现了大量的DSP服务商和技术提供商，其中具有代表性的包括品友互动、传漾、易传媒、悠易互通等。DSP必须具有两个核心的特征：一是拥有强大的实时竞价的基础设施和能力；二是拥有先进的用户定向（audience targeting）技术。

DSP根据对数据掌握的不同可以分为独立DSP、流量方+DSP和DMP+DSP三种类型。

独立DSP平台不掌握广告资源和特殊的数据库，仅通过交易过程中产生的数据完成用户数据积累并优化用户定向。像舜飞、力美科技、品友互动等独立DSP通常以技术为导向，拥有专业的技术团队和数据分析工具，通过不断更新和优化服务来提升竞争力，对于广告的程序化购买站在一个相对中立的立场。

流量方+DSP，又称为依附于流量方的DSP，如腾讯的智汇推、sina的扶翼、Google的DBM、聚效、广告家等，因其本身掌握大量的广告资源、用户数据或具有强大的技术支持而在市场竞争中有一定优势。但当广告主需要多种媒体的广告资源，要求广告投放跨媒体联合品控时，这类DSP就稍显不足。

DMP+DSP，即具有 DMP 平台的 DSP，如掌慧纵盈握有线下大交通等场景数据 DSP 变现，平台利用自身独有的数据库优势为广告主提供服务，两者在同一个系统内，省去对接流量的过程。这样的 DSP 平台的流量也相对中立，依靠特殊的流量提升竞争力。但同时，由于二者处在同一个系统内，广告投放如果想对接多家 DSP 平台或更换 DMP 等就会受到一定限制。

2）采购交易平台（trading desk，TD）

TD 是广告代理商进行数字化广告投放的一般工具。TD 平台的基础是通过 API 接口与 DSP 对接，广告主或代理商可直接在 TD 上进行多平台的广告投放并获取相应的数据报告，即 TD 为需求方提供整合多个 DSP 平台的技术解决方案，需求方可以在 TD 上统一管理多个 DSP 平台的投放，包括分配投放预算、制定和调整投放策略、查看数据报告等。同时，通过 TD，代理商也向互联网广告的自动化投放迈进了一步。DSP 和代理商在这个方面形成了互补，它们专注于各自的领域，发挥各自的优势。

TD 平台的类型主要有代理商采购交易平台、独立采购交易平台和品牌广告主内部采购交易平台三种。

代理商采购交易平台（agency trading desk，ATD）能够提供程序化技术方面的服务，主要负责广告活动管理，一般是 4A 代理公司服务多个品牌广告主的采购交易平台，其代表有 Xaxis、Accuen、AOD、昌荣等。

独立采购交易平台（independent trading desk，ITD）类似于 ATD，但是不从属于任何广告集团，ITD 可以服务多家广告代理公司。部分 ITD 供应商是提供广告投放产品，其代表有 Chinapex 等；有些是纯提供广告技术服务，一般不走广告投放流水，只收取技术服务费，其代表有 Marketing、ReachMax 等。

品牌广告主内部采购交易平台（brand trading desk，BTD）是由广告主自己搭建或由技术提供商搭建的仅供广告主内部使用的自有采购交易平台，其代表有伊利 TD 等。

3. 流量供应方

流量供应方主要包括媒体网站或 APP、广告网盟。

媒体网站或 APP 是流量的拥有者，为广告主提供接触受众的平台，是现金流方向的终调。按照载体来分，媒体包括计算机 Web、移动 Web（一般称为 WAP）以及 APP 三大类资源。在 APP 媒体中，拥有大流量用户的产品称为超级 APP（如今日头条），其他的一般称为中小 APP。按内容来分，媒体包括综合门户、垂直网站、视频、社交平台等。

广告网盟（advertisement network，AdN），又称广告平台或者广告网络，可以理解为媒体代理公司，它们通过为广告主采购媒体方流量，赚取中间差价，其代表有百度网盟、阿里妈妈网盟等。但在实际情况中，每家 AdN 掌握的媒体和广告主资源毕竟有限，其媒体流量也不一定能符合广告主需求，这就导致供需不协调，流量无法卖出最优价格，甚至还可能出现大量剩余。Ad Exchang/SSP 正是为了解决这个问题而诞生的，它们将众多媒体网站或 APP、AdN 都整合在广告交易市场中，从而缓解了流量市场信息不对称的问题。

4. 流量方服务

（1）供应方平台（supply side platform，SSP），即流量的供应方平台，是指对媒体的广告投放进行全方位分析和管理的平台，负责整合多种媒体渠道的广告资源，根据业务需求，完成用户的标签化处理，并将流量接入广告交易平台，在用户点击网页并产生广告曝光机会时，向交易平台发送竞价请求，参与广告投放竞价，即 SSP 通过 Ad Exchange 与 DSP 相联系，形成程序化购买的产业链条。目前，国内主要的 SSP 平台有传漾、易传媒、品友互动、互动通等。

供给方平台可以按照流量来源分为两种，第一种是自有性 SSP，即自己手握流量的大型门户网站、媒体方等，通过建立自身的 SSP 来实现剩余流量变现，如传统门户网站新浪、搜狐、腾讯等；第二种是聚合性 SSP，即本身不具备广告资源，依靠聚合中小媒体的流量、大量长尾流量等对接交易平台，如百度联盟、谷歌联盟、聚效等。

（2）广告交易平台（advertisement exchange，AdX），它在媒体方与广告主之间起重要的连接作用，为买卖双方提供了一个交易的场所。卖方通过程序化的方式将广告流量接入广告交易平台中，并设定底价，每当一个用户浏览媒体内容页时，会有一个广告位需要展示广告，此时卖方将该广告曝光机会通过广告交易平台向各程序化买家（DSP）发起竞价请求，各程序化买家根据对该广告曝光机会的评估背对背出价。广告交易平台收到各个程序化买家的出价后，进行比价，找出出价最高的买家，将出价最高的广告素材在媒体端进行展示，同时将竞价成功的结果返回到胜出的程序化买家，整个过程都是通过程序化的方式在 100 毫秒内完成的。目前，国内主要的广告交易平台有谷歌的 DoubleClick Ad Exchange、新浪、搜狐等。

5. 广告服务与数据管理

（1）程序化创意平台（programmatic creative platform，PCP）专注于广告创意的投放优化，通过技术自动生成海量创意，并利用算法和数据对不同受众动态地展示广告并进行创意优化，这个过程叫做动态创意优化（dynamic creative optimization，DCO）。每个人看到的广告都可以是不一样的，即使同一个人，在不同场景下看到的广告也是不一样的，可以说是千人千面。PCP 代表有舜飞科技、Sizmek、筷子科技等。

（2）广告验证平台（advertisement verification platform，AVP）通常也是为品牌广告主服务，为其提供广告投放过程中的品牌安全（brand safety）、反作弊（anti-fraud）、可视度（viewability）、无效流量验证（invalid traffic verification）等保障，通过分析投放媒体的内容合法性、正面性，为品牌广告的投放提供和谐健康的媒体环境。其代表有 Adbug、RTBAsia、Sizmek、IAS 等。

（3）数据管理平台（data management platform，DMP）是无缝整合跨不同接触点的消费者数据的技术，能够为广告投放提供人群标签，进行受众精准定向，并通过投放数据建立用户画像，进行人群标签的管理以及再投放，以帮助企业对何时及如何与每个用户互动做出更好的决策。目前，国内主要的 DMP 有百度、易传媒等。

DMP 可以分为第一方 DMP、第二方 DMP 和第三方 DMP。第一方 DMP：广告主自己搭建的或寻求第三方技术搭建的数据管理平台，指广告主自有用户数据，主要来源于其自身与用户互动产生的数据信息，如官网浏览数据、线下门店会员信息或交易记录等，这类数据通常最少，但质量高、内容精细，可以为营销决策提供支撑，广泛应用于电商、游戏、旅游等行业；第二方 DMP：需求方服务提供者搭建的数据管理平台，指广告投放过程中形成的业务数据，如 DSP 平台业务中积累的用户浏览量、点击量、转化率等，旨在兼顾投放的质量和数量，但数据往往会受 DSP 等平台的干扰，可靠性有所降低；第三方 DMP：不直接参与交易，且掌握大量数据的服务方搭建的数据管理平台，指独立数据监测公司或各类运营商拥有的数据，如运营商数据、百度的搜索人群数据、阿里的电商人群数据、腾讯的社交人群数据等，该类数据量巨大且相对客观中立。

（4）测量分析平台（measurement&analytics platform，MAP）。在程序化广告的投放过程中，受互联网不可见性的影响，以及 DSP、ADX、SSP 等环节参与者对数据具有一定的掌控能力，广告投放平台很可能为了自身利益而进行数据造假，广告主会对投放数据的真实性产生担忧，因此，通常会选择信任的第三方监测分析平台对广告投放数据进行同步监测，评估广告投放平台数据的可靠性，验证投放的数据如展示量、点击量、受众属性等是否与第三方监测报告一致。传统第三方监测公司有秒针、AdMaster 等，新兴的广告环境验证公司有 Sizmek、RTBAsia 等，主要通过技术手段监测广告曝光时的媒体内容页的品牌完全环境、广告可见性等。网站分析工具有百度统计、Google Analytics 等，移动监测公司有 TalkingData、友盟等。

9.2.3 人工智能驱动下的程序化广告

随着人工智能的飞速发展和广泛应用，网络上的信息量呈指数增长，与此同时，使用网络的用户也在数字的世界里留下了行动轨迹，产生可量化分析的数据行为，从而使我们进入了智能化的大数据时代。数字技术的应用与广告交锋，人工智能驱动下的程序化广告由此诞生。虽然程序化广告生态体系已经初步形成，但在程序化广告的发展中仍存在不少阻碍。

首先是数据不足。在智能化的大数据时代，数据就仿佛人体般"血液"重要，没有数据资源的广告商可谓寸步难行。但当前，制约程序化广告发展的重要因素恰恰是数据不足，即大量的数据没有进入程序化广告的流程之中。一方面，一些既是经营性企业，也是互联网媒体的大型互联网企业掌握着高质量的用户数据，如阿里巴巴掌握大量电商交易数据、微博掌握大量用户的社交数据、百度掌握大量用户的搜索数据，但由于程序化广告的参与者众多，而行业内部的数据安全规范尚未成熟，企业之间往往存在对彼此数据合规性的担忧，因此其数据资源呈现一个个孤岛，并未实现共享，无法实现大数据的应用价值变现。另一方面，隐私问题的存在也是造成数据不足的一大原因。在大数据时代，个人信息安全始终是用户关注的焦点，监管部门更是对数据隐私安全日益重视，《通用数据保护条例》《信息安全技术个人信息安全规范》等政策的实施为程序化广告的从业者敲响了警钟，英国航空公司就因违反《通用数据保护条例》而受到了超过 1.8 亿英镑的巨额罚款。可见，企业对数据的依赖和监管部门对用户隐私的保护之间存在着矛盾，这也让从业者不得不更加小心地使用数据，避免用户数据的泄露。

在未来程序化广告的发展过程中，首先要解决数据不足的问题，让程序化广告的各参与方建立起数据流动与交易的机制。数据的开放与共享，并不是一个自然的过程，但是数据的流动与交易，却是产业发展的必然趋势。这不仅可以让 DSP 公司精准定位人群和定向投放广告，提升广告效果，而且有利于用户隐私保护的法律法规和行业自律规则的完善，从而构建一个良性的程序化广告链条。

其次，对程序化广告而言，衡量其效果的重要标准之一便是流量。流量作弊问题也是制约程序化广告发展的一个重要因素。以流量供应方为例，流量意味着其用户数量的多少和影响力的高低，与广告的投放效果息息相关，因此，这也是其核心竞争力的重要构成，是向广告主推销的核心资源，直接影响其经济效益。因此，流量供应方对流量造假不足为奇，但虚假流量并不能让广告在现实中达到预期效果，这必然会伤害广告主的利益。一旦广告主的投入产出比与预期效果相差甚远，就会对这些公司产生质疑和不信任，可能会导致整个行业的信任危机，这显然会阻碍程序化广告的发展。

针对流量作弊的问题，一是需要相关部门积极作为，出台程序化广告行业的标准，并发挥广告监管机构与行业协会的职能，确保行业标准的具体实施。例如，2015 年 7 月，全国信息技术标准化委员会分委员会审议通过了中国数字化营销与服务产业联盟提交的行业标准，包括《程序化营销技术：协议》《程序化营销技术：执行规范》《程序化营销技术：数据规范》《程序化营销技术》。二是推动"AI+ 区块链"的营销组合在程序化广告行业的应用。在金融领域，区块链可用于追踪每一笔虚拟货币的创建和交易，一切实时交易行径在其中清晰可见。对程序化广告而言，"AI+ 区块链"的运用既可以让广告根据流量进行投放，达到更加精准有效的效果；也可以确保每一笔交易都有迹可循，保障路径的透明与安全，规避流量造假的风险，增进产业各方的信任。

9.3 数据洞察

9.3.1 数据洞察的含义

在大数据时代，数据的重要性不言而喻，不论是传统的制造业企业，还是新型的互联网公司，都需要通过数据分析来对客户加以了解，以求精准服务。广告主们也不例外，大型广告主可以在短期内投入大量成本收集海量数据，如某消费者看过什么广告、在自己官网上的行为、历史购物记录等。

如果把数据分析的过程和做菜相类比，那么，数据收集就是种菜，数据治理就是洗菜，数据管理就是准备厨具，而数据洞察则是烹饪。可见，数据洞察是数据分析的最重要一环，是使用数据前的最后一步，但同时也是广告主最难构建的能力。传统的数据分析比较简单，广告主们收集的主要是基于用户，即"人"的个人识别信息（personally identifiable information，PII），如姓名、年龄、联系方式等，每个字段都有清晰的定义，初级数据分析师依靠传统统计学和算法工具就能完成数据分析；而互联网的普及和电子设备的更新换代使得用户行为发生了变化，用户更多通过线上渠道浏览和购买产品、服务，因而广告主收集的消费者信息不再仅限于 PII，更多的是通过其"设备"获取的数据。与传统的数据分析相比，这些数据的解读没有以往那么"直接"，顶级广告主在 2018 年才开始构建自己的分析能力，如图 9-3 所示。

用户姓名	性别	年龄	历史消费金额	最近一次购买时间
小吴	男	28~33	200元人民币	一周前

设备ID	设备型号	浏览URL	访问时间	经纬度
D1E2F2	Iphone12	www.sohu.com	13:30	（10.21,11.09）

用户的 PII 数据样本 VS 用户的数字数据样本

图 9-3　用户 PII 数据样本和数字数据样本的对比

9.3.2　数据洞察的方法

目前，数据洞察的方法主要包括以下两种：

1. 基于广告主收集的 ID，直接采购外部供应商制作的现成标签

正如前文所述，数据洞察是广告主最难构建的能力，顶级广告主分析能力的构建仍处于起步阶段，国内很少有广告主拥有强大的数据分析团队。因此，收集用户 ID 后，直接采购外部供应商制作的现成标签是现阶段大部分广告主解决数据分析最常用的方法。例如广告主可以收集浏览过官网的设备 ID 和浏览行为，但是无法直接通过少数浏览行为得到高质量的分析结果，唯一的方法就是把 ID 结合外部数据源，对这些 ID 补充年龄、收入等标签，这个过程被称为"数据扩充"。

2. 通过"知识图谱"结构化数据后，建立自定义标签

在图书情报学领域，知识图谱称为知识域可视化或知识领域映射地图，是显示知识发展进程与结构关系的一系列各种不同的图形，用可视化技术描述知识资源及其载体，挖掘、分析、构建、绘制和显示知识及它们之间的相互联系。而在大数据分析中，"知识图谱"是对消费者各种行为数据的"翻译器"，对各种复杂的原始数据进行初步的标准化和标签化。例如，广告主收集了某用户某工作日的 2 000 条位置数据，如果能够掌握该地区所有工作场所的位置，就能知道该用户的工作地点；如果掌握该地区所有健身房的经纬度，就能推测该用户是否有工作日健身的习惯……这些对于原始数据结构化的"词典"，就被称为"知识图谱"。不过，同样的行为数据，利用不同的知识图谱进行解读，可以获得不同的洞察结果和客户标签体系，因此，知识图谱是广告主透过大数据本身，挖掘其背后价值的"密码"，所以，这是广告主构建自身分析能力的必经之路。但是，知识图谱的构建非常复杂，除了高度依赖行业经验的体系，还需要结合行业经验和人工智能算法，包括 NLP 自然语言识别、机器学习等。常规的知识图谱包括统一资源定位符 APP 图谱、定位（location）

图谱、互动行为图谱和产品分类图谱五种。

统一资源定位符（uniform resource locator，URL），是对可以从互联网上得到的资源的位置和访问方法的一种简洁的表示，是互联网上标准资源的地址。URL 图谱指消费者浏览的每个网页所代表的意义。例如，某条数据描述某用户正在通过网页观看视频，通过获取这个 URL 页面上的内容，广告主发现这是一场赛车比赛的直播，因此就可以给该用户打上"赛车爱好者"的标签。

APP（application）指智能手机的第三方应用程序，是智能手机用户日常生活中不可缺少的重要工具。APP 图谱则指用户手机上安装的 APP 所代表的含义。例如，某用户在手机上安装了"Owhat"这一 APP，通过图谱的翻译则可发现这个 APP 是一个和明星周边有关的购物分享平台，因此就可以为该用户打上"追星族"的标签。

location 在生活中多表示地点的意思，location 图谱指的是经纬度所代表的含义。例如，某一长串经纬度数字代表南京一房价为每平方米五万元的小区，当某用户 90% 的夜晚都出现在这个经纬度时，就可以为该用户打上"高收入人群"的标签。

互动行为图谱，即消费者在网上各种行为的含义。例如，某用户在逛购物网站时，如果点击了该网站推送的产品，却在 0.1 秒后就选择了关闭，那么这很可能是一次误点；而如果该用户在点击某推送产品后进行了一分钟以上的浏览，甚至将产品收藏或加入购物车，则发生了深度互动，可以为其打上"潜在购买人群"的标签。

产品分类图谱，顾名思义，即以用户各种行为对标的广告主产品为分类依据，对其进行分析。例如，某用户在广告主官网某个页面上停留了较长时间，广告主发现该页面是对某款电脑的介绍，则可以为该用户打上"电脑产品潜在消费者"的标签。

9.3.3 广告主自有数据分析的模式

顶级广告主具有大量的自有数据和雄厚的资金、技术优势，已经纷纷开始构建其分析能力，试图摆脱对外部供应商的依赖，其对自有数据的分析主要包括以下几步。

首先，对于比较简单和基础的 PII 数据，广告主们往往可以自行解读。

其次，对于用户的数字数据需要通过叠加知识图谱的方式打上标签。例如，在图 9-4 中有两条点击某 URL 和打开某 APP 的行为，在分解叠加了 URL 知识图谱和 APP 知识图谱后可以看到它们分别对标的广告主产品及采购决策链阶段。

然后，通过技术手段打通 PII 数据和数据 ID，对数据进行深入分析。例如，在图 9-4 中，广告主在打通了自有 PII 数据和数据 ID 之后，可以发现四条数据是由两个用户产生的。

最后，通过统计学算法，得到营销人员可以实际使用的标签，如图 9-4 中显示的标签为"小吴"。

在未来一个月购买 a 产品的可能性为 60%，两个月的可能性为 40%，均为高质量的潜在用户；而"小刘"在未来一个月购买 b 产品的可能性为 40%，两个月的可能性仅为 25%。

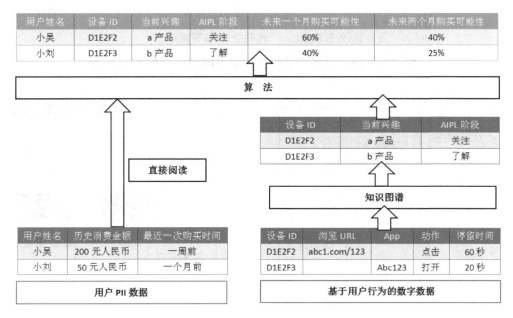

图 9-4　广告主自有数据分析的模式

9.4　营 销 测 量

商品和信息充分是智能数据时代的一大特征，与以往相比，用户有更加多样的选择，消费行为的背后往往会有复杂的决策过程，如会考虑品牌的形象、价格与功能的匹配度、卖点是否吸引人等。因此，营销效果的评估也变得复杂起来，只有构建科学的评估体系和采用恰当的参数体系，才能更加合理地对营销效果进行测量。同时，如何解决无效流量也是营销测量中的关键环节。

9.4.1　营销评估体系

1. 单个消费者接受单次营销触达后的效果评估

假设用户在接受单次营销接触（不管之前接触过几次，仅按最后一次）后直接产生了销售，通过测量技术收集用户在采购决策链每个节点的行为，从而观察和评估用户的转换历程，如图 9-5 所示。

如图 9-6 所示，在借助测量技术追踪单个用户在转换过程中每个节点的行为后，如果要将这些行为拼合出其完整的转换路径，就需要打通各种技术收集的用户 ID。但没有两种 ID 可以完全匹配，在数据拼凑的过程中会存在一定的流失率，而且在现实中也无法实现对每个用户转换路径的追踪。例如，广告主无法得知电商平台上看过自己广告的用户，是否会在线下实体店进行购买。

图 9-5 单个消费者接受单次营销触达后的效果评估

		大数据测量				购买	小数据洞察
		广告监测(外部触点)		网站分析(自有触点)			
		看到广告	点击广告	到着陆页	深度互动		
完全数字化	网页端(PC)	广告曝光代码 JavaScript代码	广告点击代码 Linktag	网站监测	JavaScript	自有渠道购买	正确的消费者年到广告
	移动端	SDK		SDK 埋点		CRM	
半数字化	OTT电视	SDK(终端设备)	二维码	—	—		真人样本库(Panel)
	OOH户外						
封闭花园	社交媒体(微信)	API				第三方电商购买	消费者对内容感兴趣
	电商	—					
	搜索引擎	—	Linktag	网站监测	JavaScript	A2S(电商)	眼动/脑电仪
自有数字渠道	短信	广告曝光代码 JavaScript代码	广告点击代码 Linktag	网站监测(同网页端)	JavaScript(同网页端)		
	电子邮件						
非数字化	品牌植入						
	非数字广告						

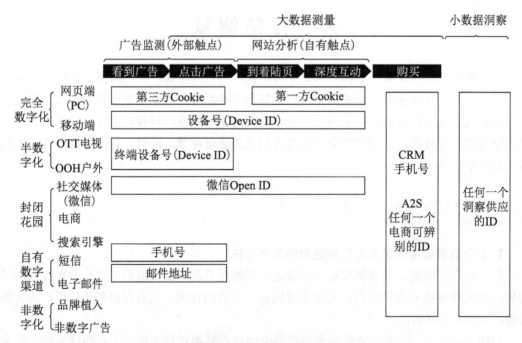

图 9-6 用户识别 ID 的收集

2. 单个消费者接受多批次营销触达后的效果评估

在现实生活中,用户很少会因为只看到一个广告就马上激发兴趣并且直接完成购买,因此,还需要评定"多批次营销"对于单一用户影响作用。其实现路径是需要打通更多的用户行为数据,再通过算法来评估不同营消活动的影响力权重。例如,奢侈品广告主会在假设用户决策链时间为三至四周的情况下，收集大量用户购买前的所有行为，分析其在决策链各个时间点不同营销方式的价值权重。例如，60%的用户会在决策链早期在社交媒体上查看各种奢侈品的评价；80%的用户在决策链中期在奢侈品垂直媒体上进行包型对比和询价；70%的用户会在决策链后期在奢侈品销售网站上注册为会员。基于以上分析，奢侈品广告主能更好地了解用户的转化路径。这样的算法在行业中被称为归因算法模型（multi touch attribution，MTA），如图9-7所示。

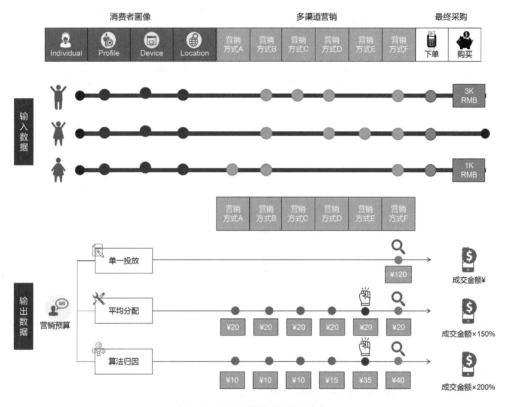

图9-7　MAT算法的实现路径

现实中的广告主既无法收集所有的消费者行为数据，也没有强大的ID打通能力来连接消费者所有的行为数据碎片，而且还要面对单个消费者采购决策链的随意性和复杂性，因此中观评估的目标是庞大用户基数的共性。即任何单体用户的部分行为数据都可能被错失，但是当用户数量足够大，收集的行为数据足够多时，在单条数据中错失行为数据，在大数据前错失的概率就会大大下降。中观评估解决的问题，是在用户不同采购阶段的营销方式和资源配置的最优化。

3. 消费者群体接受多批次营销触达后的效果评估

该评估不做单一用户的ID打通，只把所有测量数据打上分类标签。简单来说，即把所有数据放在固定的"细分市场"里，然后针对这些"细分市场"进行深入分析。最常用的评估办法是广告主收集海量用户的行为数据，把每条数据打上地域（如用户所在地区）、时间（一般为周）和营销方式的标签，这样就能获取在不同地区每种营销方式接触用户的次数。再把广告主的销售数据同样打上地域和时间的标签，就能在细分市场维度把营销和销售数据进行连接。常用的算法和分析模式包括营销组合优化（marketing mix optimization，MMO）和城市效率分析两种。

9.4.2 营销测量的评估参数体系

由于在营销全链中的前端、中端和后端所使用的测量技术和得到的数据类型都不相同，营销测量的参数体系在前中后三端也是不同的，如表9-1所示。

表9-1 营销测量的评估参数体系

前端广告测量参数	中端网站分析参数	后端销售参数
曝光 可见性 点击率 点击数 触达数 触达比例 多次触达 留资数 行为数 重合度	访问量 独立访客数 到达率 跳出率 页面停留时长 回搜率 转化量	用户转换率 销售量 消费者数量 复购率

■ 前端广告测量参数

在营销全链的前端是广告，测量参数除了用来评估营销效果，还作为广告主和媒体的结算依据。

1. 曝光

每千次曝光的价格（cost per mill，CPM），即广告被展示1 000次对应的价格，是大部分媒体的标准报价模式和常规测量方式，主要用于测量广告的曝光参数，即用户点开广告页面的次数。例如，某网站的CPM价格是50元，在某页面上放了100个广告（假设广告主没有配置频率控制），则用户每打开一个广告页面，广告主就此付出5元的成本。

该方法的优点是测量简单，缺点是用户并不一定能真实地看到广告，并且存在单个用户面前广告曝光次数过多的问题。

2. 可见性

"曝光"参数虽然不能反映消费者是否真正看到了广告内容，但通过复杂的代码可以限定广告内容在消费者面前出现的时间和面积，来保证消费者真实看到广告，不过，目前只有少数媒体针对大型广告主提供基于可见性次数的结算。

3. 点击率

广告的点击率（click through rate，CTR），即广告点击次数占广告展示次数的百分比。媒体一般不会以该参数作为结算方式，但却是广告主评估媒体是否优质的核心参数。

4. 点击数

每次点击价格（cost per click，CPC），即广告被点击一次对应的价格，也是大部分媒体提供的一种基本结算方式。如果广告主要考核 CPC，一般会从 CPM 和 CTR 着手，CPC=CPM/（CTR×1 000）。

5. 触达数

TA，即 target audience，指目标受众；TA reach，即 target audience reach，是目标受众中看到广告的总人数。例如，某广告主针对 28～33 岁的男性在 A 城市投放了广告，共计 50 万人看到这支广告，其中有 10 万人是 28～33 岁的男性（不管分别看过多少次数），则触达数为 10 万。

触达数目前多被快消品、美妆、餐饮等希望用最少的钱覆盖最多的目标受众的行业用于营销效果的衡量。

6. 触达比例

触达比例是基于触达数的延伸，指在所有目标受众中的覆盖比例。

7. 多次触达

多次触达也是基于触达数的延伸，被称为 TA N+Reach，N 代表广告曝光的次数。例如，2+Reach 指的是看到 2 次以上广告的目标受众数量，特别地，1+Reach 指目标市场中看到广告 1 次或 1 次以上的目标受众占总目标受众的比例，又叫 TA Reach 净达到率、1+到达率，简称为 Reach。该参数的理论技术是广告主认为消费者被埋没在各种信息中，只有在短期内让消费者看到 N 次广告，才会让消费者有最基本的记忆，算是一次"有效触达"。

N+Reach 被用来控制在有限曝光数量和有限的可触达消费者数量的情况下，让更多的消费者看到足够多的广告次数，减少大量目标消费者看到广告数量不足和过多两种极端的情况。

8. 留资数

每位潜在客户获取成本（cost per leads，CPL），即获取一个潜在客户信息对应的价格，是少数媒体开放给大型广告主的测量和结算标准，主要应用于汽车、银行信用卡、B2B 等广告主希望消费者看到广告后直接留下购买意向信息，供销售团队跟进的行业。例如，用户点击了汽车广告后会进入一个预约试驾页面，用户可以留下姓名、手机号和感兴趣车型的信息，汽车广告主在确认后安排消费者到线下 4S 店试驾。

9. 行为数

每行动成本（cost per action，CPA），行业内常用于计算每注册成本，即获取一个注册用户对应的价格，是大型广告主让媒体接受的个性化结算方式，CPL 也可以被视为一种特殊的 CPA。例如，下载 APP 的数量、游戏在线时长等都可以按照用户行为数进行结算。

10. 重合度

大部分广告主不会把预算投入单一媒体渠道，因此用户有可能在多种触点看到同一个广告。在 ID 打通后，广告主可以评估不同媒体间的重合度，来分配媒体间的预算。

■ 网站分析参数

相对于前端广告的测量，网站分析不需要考虑跨平台跨终端等问题，参数的设置和获取相对简单。

1. 访问量

访问量（page view，PV）指页面的访问次数，也称点击量。

2. 独立访客数

独立访客数（unique visitor，UV）指在特定时间内访问页面的用户总数。例如，某页面被 30 个 ID 访问了 100 次，则 PV=100，UV=30。

3. 到达率

到达率（landing rate），指用户在外部媒体点击广告后，成功跳转到落地页的比例。例如，前端媒体有 100 次广告点击行为被测量到，但是只有 60 次到达官网，则到达率为 60%。

4. 跳出率

跳出率（bounce rate），指用户只浏览了落地页面后就离开的数量占总访问量的比例。例如，页面被用户打开 100 次，但有 30 次是打开后直接关闭了页面，则跳出率为 30%。该参数往往被用来评估页面内容的质量，对用户是否具有吸引力，以及页面是否有技术问题等。

5. 页面停留时长

用户在页面上的平均停留时间，和跳出率一样，也可以用来评估页面内容对用户的吸引力。

6. 回搜率

回搜率（search conversion），指看过广告的用户在此后的一段时间（如 1 天后、7 天后、30 天后等）在各个平台（包括百度、360、新浪、淘宝等）搜索广告主相关关键词的数量，占总数的比例，该参数可以结合回头率，即页面的浏览者中同一页面的二次访问者占总数的比例，来衡量广告对用户品牌认知的提升程度。

7. 转化量

转化量包括注册量、激活量、创角量、会员量等。在电脑环境中，注册量是指在着陆页面（landing page）注册成为玩家的用户数量；在移动设备中，注册量是指通过点击广告进入应用市场或者 APP Store 下载、安装并打开应用进行注册的用户数量，一般称为激活注册量。有些广告主的激活定义可能是注册成为玩家并成功创造角色，甚至是玩游戏升级至某个级别；而有的广告主的激活定义则指称为会员的数量，如微信公众号的粉丝数。

■ 销售参数

营销和销售数据的打通仍然是行业难题，通过销售数据的测量参数只能有限证明营销的效果。

1. 用户转换率

用户转换率，指前端广告从接收来自媒体的用户信息，到最终用户的成单率。例如汽车行业在媒体投放了一轮广告，产生了 100 个预约试驾，之后有 70 个消费者实际到店，

15 个购买了汽车，则用户转化率为 15%。

2. 销售量

与传统意义上的销售量有所不同，该参数指实际产生的收入金额。某些同时拥有营销触点和销售通路的渠道（如电商），能够在自有体系内完成营销触达与销售的闭环，因而可以通过销量收入直接证明体系内的营销效果。

3. 消费者数量

顾名思义，消费者数量指购买商品的用户数量。

4. 复购率

复购率（repeat purchase rate），指购买商品的用户中老用户的比例。

9.4.3 无效流量

自世界上有了第一个互联网广告开始，无效流量就一直是数字营销生态圈的黑暗面。无效流量（invalid value traffic），也称为广告作弊、虚假流量等，包括灰色流量和黑色流量。灰色流量，主要指用户误点、网络爬虫等行为让广告主支付了广告费用，却没有让用户真正看到广告。这种无效流量的成因多样，但并非系统性造假，是常规的无效流量。黑色流量，是被行业诟病最多的"虚假流量"或"广告作弊"，主要指广告黑产中的"作弊者"利用技术手段故意造假来骗取广告主预算。二者的主要表现如表 9-2 所示。总的来说，无效流量主要来源于消费者的误点、广告主故意为之、以次充好和广告黑产的作弊等方面。

表 9-2 常见的灰色流量和黑色流量

灰 色 流 量	黑 色 流 量
非浏览器用户代理或其他形式的未知浏览器带来的流量	高度模拟真人访客的机器人和爬虫流量
来自声明的机器人爬虫的流量	广告插件、恶意软件产生的流量
依据投放项目维度的参数设定，超出合理访问频度、访问时间间隔等目标设定的流量	被劫持的设备产生的流量
	虚拟化设备中产生的流量
已知的来自数据中心的执行了预加载且没有指定加载后触发时间的流量	被劫持的广告代码产生的流量
媒体方发起的对广告主提供的点击链接的定期例行检测流量	广告伺服时故意隐藏、叠加、掩盖、自动刷新或使过程模糊
	通过作弊代理服务器产生的流量
来自已知高危作弊来源的流量，依据预设列表判断	以金钱补偿为动机的操纵测量数据行为
带有非法参数及字符的流量，包括通过伪造等非正常手段生成的唯一标识等关键参数	伪造的可见性曝光判定属性参数的流量
基本信息缺失或信息矛盾的流量（如缺失用户代理信息）	篡改或重复使用窃取获得的 Cookie 信息的流量

根据秒针发布的《中国互联网广告异常流量 2019 年度报告》，如图 9-8 所示，国内的生态圈无效流量占据了总流量的 31.9%，较 2018 年增长 1.7%，损失的费用约为 284 亿元人民币，与 2018 年相比增加了 24 亿元；如图 9-9 所示，按照曝光异常计算，垂直媒体依然是重灾区，异常曝光占比近 4 成；如图 9-10 所示，无效流量最严重的前十大行业与 2018 年相比出现了较大变化，母婴用品、美妆个护和医药保健掉出了前十，新增了建筑房产、

旅游住宿和家用电器，而且网络及通信、家装家具家居和零售及服务排名有所上升。

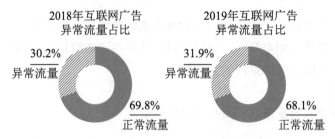

图 9-8　2018 年与 2019 年互联网广告异常流量占比

图 9-9　2019 年分媒体类型异常曝光占比

数据来源：秒针系统AdMonitor监测数据，2019.1.1-2019.12.31
数据说明：异常流量指触发秒针系统异常流量排查规则的流量以及主设备ID缺失、ID无效的流量，终端覆盖PC、移动

图 9-10　2018 年与 2019 年分媒体类型异常曝光占比对比

"百货商店之父"约翰·沃纳梅克在一百年前就提出了广告营销界的哥德巴赫猜想："我知道在广告上的投资有一半是无用的，但问题是我不知道是哪一半。"当今，通过技术手段更好地"测量"，从而"优化"预算是人工智能时代营销人员和相关技术人员需要努力的方向。与此同时，对于无效流量的甄别技术也在不断发展，相对简单的反作弊算法有以下几种：

（1）曝光时间异常，即监测用户打开和浏览广告所在页面时间的合理性。例如，当分析结果显示用户在一秒内完成了打开网页、点击广告、跳转到广告主落地页的一连串行为时，则意味着这是一条无效流量。

（2）浏览器分布异常，即分析用户使用的浏览器的合理性。例如，当某高端商品的广告页面显示有大量来自某款低端智能手机的浏览器时，则意味着这可能是一些无效流量。

（3）时间分布异常，即分析用户浏览广告的时间合理性。例如，如果某广告页面显示有大量浏览量是发生在半夜，而该产品或服务与夜晚又毫无关系，那么这很可能是一些无效流量。

（4）地域分布异常，即分析用户 IP 地址对应的地域分布合理性。例如，如果针对南京用户推送的广告，却出现了大量海南用户的浏览量，那么这也极可能是无效流量。

（5）短时间大量曝光或规律性曝光，主要指用户在不同平台看到广告时间间隔的合理性。如果在很短的时间内出现了大量的浏览信息，或者平均每分钟或每十分钟等有间隔规律的浏览记录时，则可能是一些无效流量。

（6）消费者行为轨迹异常，即分析用户浏览广告或者网页的行为合理性。例如，当用户打开某广告页面后，却"一路直下"，仅查看页面底部的内容，没有其他的浏览记录，那么可能是出现了无效流量。

（7）ID 异常，指用户 ID 的合理性。例如，某用户的手机操作系统显示为 IOS，但其识别 ID 是安卓 ID 时，则显然出现了异常，是无效流量。

可见，现有的营销测量技术已经能够对无效流量进行抑制，在未来更多的是要应对可能出现的新型作弊手段和技术更迭。反作弊的实现主要依靠对数据的测量和计算，更多的数据就意味着有更强的反作弊能力，因此，最核心的方法是要让第三方广告监测机构、供应商和广告主等智能广告和促销的参与者实现更多数据的互联互通，如通过区块链等技术实现数据共享。2019 年 2 月初，中国广告协会正式启动"一般无效流量数据"服务，使用开源项目——DIF 联盟链，打造了基于区块链的黑名单机制与体系，能极大提升反异常流量的准确性和效率。一般无效流量数据，是由中国广告协会统筹指导，中国无线营销联盟为组长单位，依据《互动广告第 2 部分：投放验证标准》国家标准，组织行业力量定期更新的数据产品。数据内容包括 IP 地址黑名单、IP 地址白名单、Device ID 黑名单、Device ID 白名单，由中国广告协会面向全行业统一发布。

为构建良性的智能营销生态环境，除了从业者的努力，还需要寻找"卖流量"的供应商和"买流量"的广告主利益间的平衡点，也需要独立的第三方，即相关行业协会的积极作为。目前普遍认可的机构包括美国互动广告局、美国媒体评级委员会、中国广告协会互动网络分会、中国无线营销联盟等机构或组织。

案例 9-1：从海底捞"抖音吃法"看原生广告的未来前景

2018 年 6 月 1 日，抖音企业号正式上线，也就是所谓的蓝 V 认证，最直观的就是头像右下角的蓝 V 标识。抖音列举出了权威认证标识、营销工具、数据监测、粉丝管理等多项认证福利。同时自 2018 年 6 月 1 日起，企业认证将开启平台认证打通，即一次认证，享受今日头条 APP、抖音短视频 APP、火山小视频三大平台的认证标识、专属权益。这是抖音在商业化道路上的又一次大动作。符合认证条件的企业主，均可通过申请抖音企业号，获得官方认证标识，并使用官方身份，通过视频、图片等内容输出形式来进行企业推广。图 9-11 是抖音企业号上线发给用户的通知。

图 9-11　抖音企业号上线通知

2018 年 3 月，短短一星期，"海底捞番茄牛肉饭"已经成为了到店顾客的一个接头暗号。原来，一个抖音视频在网上广为流传，一位网友展示了自己的独特吃法，在海底捞点一碗米饭，配上料台上的牛肉粒和火锅番茄底料，3 块钱就得到了一碗美味的牛肉饭，走红后成为了最近海底捞就餐标配。

其实，海底捞的"自制番茄牛肉饭"，并不是刚刚发明出来的，各种"吃穷海底捞"的方式，一直在美食论坛上常换常新。而这一次忽然受到了全国吃货的一致关注和追捧，作为传播平台的"抖音"功不可没。

于 2016 年 9 月上线的抖音 APP，提供了各种各样的背景音乐，让每个人都能通过自己的创意录制和软件内自带的剪辑功能，拍出极具个性化的 15 秒"大片"。2018 年春节期间，抖音彻底火爆全国。数据显示，在春节期间，抖音增长了近 3 000 万日活跃用户量，最高日活达到了 6 646 万，呈现爆发式增长。随着更多网络社交软件的问世，人和硬件开始产生交互的飞跃，抖音上大量的视频内容给人以真实、亲近、有冲击力的感觉，其互动性和社区性更上一层台阶。这也就解释了为什么在抖音平台迎来流量爆发时，首先是一大波关于饮食的内容。抖音一时间变成了"舌尖上的抖音"，这为餐饮品牌提供了极有营销价值的天然土壤。

在"海底捞番茄牛肉饭"走红之后，立刻有部分海底捞门店要求前厅服务人员，在顾客到店时主动告知他们的"抖红款"。在服务员的"安利"下，到店客人的兴趣和创造力被激发了出来，海底捞"抖红款"的隐藏菜单正在越变越长，不但有了抖红蘸料，还有抖红海鲜粥。服务员对于这些"抖红款"的心领神会，则成为了一种奇妙的默契感。除此之外，抖音上还"别有用心"地流传着许多高难度的操作，比如塞了鸡蛋、虾滑和香葱的油面筋，塞了虾滑、海鲜酱的酿豆腐。不管尝试成功还是手残失败，都是一种独特的参与感。对于由线上营销引入的流量，利用线下的特定流程和话术，可以促进其反流至线上，制造更多连锁反应，不断延长传播的持续热度。

2019年初，抖音的兴趣点（Point of Interest，POI）产品再次浮出水面。抖音联合上海餐饮商家开展为期8天的"跟着抖音嗨吃上海"活动，取得了很好的效果。参加此次活动的商家，之所以能获得强转化的效果，跟POI关系甚密。POI功能可以让企业获得独家专享的唯一地址，呈现方式就是抖音视频中的定位图标，只要视频添加了POI信息，用户就可以一键跳转到该店铺的主页，相当于进入该商家在抖音上的门店（POI详情页），了解店铺地址、客单价等信息，收藏种草、领取优惠卡券。用户到店后，商家引导发布抖音视频，添加拍摄地点（POI信息），也会缩短其他用户的种草路径，如图9-12所示。视频内容与线下场景联系得更紧密，建立起了线下门店与线上用户直接互动沟通的桥梁，提升转化效率，有效为线下门店导流。以这次"嗨吃"活动为例，全国领券数超过20万张，活动期间，抖音带来的客流量占商家总客流量的43%。关注活动商家企业号和私信的用户数共计4万，为活动前的37倍；收藏数为1.8万，为活动前的18倍。

图9-12 抖音POI定位图标

抖音或将成为地方生活服务行业新的流量入口。短视频原生广告场景化传播的关键在于洞察用户的需求，核心在于为用户提供优质的情景体验。此外，抖音中的原生广告适应抖音中的信息流时长，通常采用15秒来展示内容，用嵌入的方式把广告隐藏于其他内容中，这样，原生广告因时间短、内容有趣而不易引起用户反感，用户在享受刷屏的同时，对广告的接受度也有所提升。结合地理位置标记，品牌不仅在平台中和用户连接，更有可能在现实场景中和用户连接。基于地理位置的短视频分享与推送，为广告的变现带来了可能性。

毫无疑问，原生视频广告将是原生广告的下一个风口，同时，原生广告是否会引领广告趋势？是否会越来越受广告主青睐并为其产生价值？这些都是我们值得追踪的话题。

案例 9-2：Coppertone 水宝宝借助程序化广告为自己正名

第九章
扩展阅读

思考题

1. 什么是程序化广告？
2. 描述基于标签的数据洞察基本方法。
3. 列举营销测量的评估参数。
4. 举例说明无效流量及其来源。

即测即练

第十章 精准营销

学习目标

通过本章学习,学员应该能够:

- 掌握数字化消费者态度、偏好测量方法;
- 掌握用户决策路径分析模型与接触点整合营销技术;
- 了解生物信息识别技术及人工智能营销伦理。

10.1 消费者行为分析与市场塑造

10.1.1 消费者行为

消费者行为是指个人或群体为满足需要和欲望而寻找、选择、购买、使用或处置产品和服务的过程,是以消费者的心理活动为基础的行为。

1. 消费者行为特点

传统营销中消费者行为具有多样性、复杂性、诱导性和发展性等特点。而随着智能营销的发展,消费者行为呈现出以下特点。

(1)消费行为个性化。不同于传统工业时代,数字化时代的信息传播便捷快速,文娱产品种类繁多,消费者思想观念转变,对于个性化消费的追求愈加明显。消费者更多关注产品和服务的创新,倾向于选择具有个性化特征的商品以反映其精神世界,树立个人形象。

(2)消费行为理性化。在数字化时代,相比于传统的广告媒体,大多数消费者会选择通过互联网来收集商品信息并对比分析,对于商品的了解更为全面和客观,不再会轻信传统营销传播的信息。消费者主动、理性的行为在增加,盲目消费的行为正逐步减少。

(3)全渠道消费成主流。线上线下相融合的全渠道消费方式已成为主流。不同的消费者可以根据自身诉求选择合适的消费渠道。例如,对于体验感较强的产品,消费者更倾向于线下消费;对于具有较高品牌辨识度的产品,则可以线上线下比较来选择消费渠道。消费者行为的多样性和复杂性给予了全渠道消费发展空间。

(4)消费者注重参与体验。随着信息技术的发展和主动消费行为的增加,消费者参与及体验的需求日益增强。由于信息科技的快速发展,兴趣相同的消费者可以便捷地通过各类媒体平台聚集在一起,形成社群,与企业一起参与价值链的各个环节,以满足消费者在精神层面对产品或服务的需求。

2. 影响消费者行为的因素

市场营销者在采取营销策略前通常会分析预测消费者的反应。如图10-1所示购买者行为的"刺激—反应"模型,市场营销和其他环境刺激会进入购买者的大脑,即"黑箱",由此产生多样的购买者反应。在此过程中应分析哪些因素会影响购买者行为。

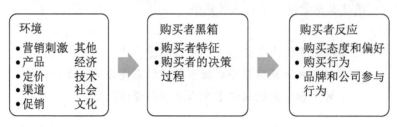

图 10-1 "刺激—反应"模型

1) 文化因素

文化因素对消费者行为具有比较深远的影响。消费者的价值观、认知、喜好和行为等都受成长中所接触的文化的影响。营销者应注重文化的发展变迁,因为同主导文化一致的商品普遍更被消费者所接受,并且某种文化的兴起往往会引发新产品的研究和革新。

亚文化和社会阶层文化也起着重要的影响作用。亚文化是某些群体所共有的独特价值体系,包括民族、宗教、种族和地域等,是企业的重要细分市场。经营者通常根据不同亚文化的特点进行营销设计,以满足不同需求。社会阶层与消费者的职位、收入、教育、财富等密切相关。通常,社会阶层相同的消费者具有相似的价值观、生活习惯和兴趣等,这也导致他们会有相似的购买行为。

2) 社会因素

消费者行为还会受社会因素的影响,不同的社会群体、家庭等的消费者行为具有相似的特点和规律。

个人行为极易受各类群体的影响。同一个群体内的成员往往会相互影响,除此以外,消费者还常常受所在群体之外的参照群体的影响。例如,企业一般会选择流量较大的明星作为品牌代言人,以此带动粉丝消费。此外,近年来随着社交网络的发展,网络上出现了一批批具有较大影响力的网红,消费者通常会受其影响进行网红打卡。

家庭也是影响消费者行为的重要因素,家庭的结构、成员角色、生命周期等都会产生不同的影响。例如,没有孩子的家庭通常是买休闲娱乐产品较多,有孩子的家庭则较多购买教育用品等;在家庭中妻子通常采购日常家居用品,丈夫则较多购买车辆、不动产等。

消费者行为还会因个人的角色地位变化而发生改变。每个人在不同的群体中都承担着不同的角色,代表着不同的地位。例如,一个学生在学校时是学生,主要购买学习用品、出行娱乐等;在实习单位是员工,主要购买办公用品、工作服饰等。

3) 个人因素

个人的年龄、性别、经济情况等因素都会影响消费者行为。例如,年轻群体在购买服饰装配方面多追求个性、时尚,而较成熟的群体则较多追求品质、性价比。

性别也是消费者行为的影响因素。男性与女性的消费行为具有较大差异。成年男性消费多为理性消费,购买决定较谨慎,年轻男性在品类上多购买游戏、品牌鞋类等;而女性消费较为感性化,易受他人评论的影响,多购买服饰类。

个人的经济情况也会影响消费者行为。经济情况较好的消费者购买较果断，受促销等营销手段的影响较小，追求品牌时尚；而经济情况较差的消费者习惯于"货比三家"，对于折扣较敏感，追求高性价比。

4）心理因素

消费者行为与动机、感知、学习、信念和态度四种心理因素密切相关。

消费者的购买行为本质上是为了满足个人物质和精神上的需求，这就构成了消费者的购买动机。有些是生理方面的，如饥饿、干渴；有些则是心理方面的，如归属、尊重等。

个人的消费行为还取决于对外界的感知。消费者通过视觉、听觉、嗅觉、触觉和味觉接收外界的各种刺激，通过选择性关注、选择性曲解和选择性记忆产生不同的感知，从而影响消费行为。

学习是指由经验引起的个人行为的改变，是通过驱动、刺激、诱因、反应和强化间的相互作用而发生的。例如，消费者的购买想法会因为商品的价格、朋友的评价等诱因而变化；对于某个品牌的商品的使用感受较好，这种感受就会得到强化，下次购买时会倾向于相同的品牌。

消费者在实践中形成信念和态度，信念和态度又反作用于消费者行为。经营者通过品牌和口碑的塑造，影响消费者对其品牌的信念和态度，由此影响购买行为；有些信念和态度会导致消费者偏好某类产品，经营者就应进行重新定位或扩展。

10.1.2 消费者行为分析方法

常用的行为分析方法有以下几种。

1. 观察法

观察法是消费者行为分析法中最基本的研究方法，是指在日常生活中有目的、有计划地观察消费者的语言、行动和表情等方面以探究其心理活动的方法。这种方法主要用于研究新产品的吸引力、产品定价对消费者的影响及销售策略的效果等。

2. 实验法

实验法是研究者有目的地严格控制或创设一定的条件，以引起消费者某种心理或行为变化的研究方法，是心理学研究中应用最广且成效也最大的一种方法，包括实验室实验法和自然实验法两种。实验室实验法是指在实验室里借助仪器、设备等，控制一定的条件，进行心理测试和分析的方法。自然实验法是指通过创造或变更某些条件，刺激和诱导消费者以了解其心理和行为的方法。

3. 问卷法

问卷法是调查者事先设计好调查问卷内容，向被调查者提出问题，并由被调查者予以回答，从中分析研究被调查者的消费心理和行为的方法。在互联网时代，常用在线调查的方法，将调查内容和分析方法在线化、智能化，以保证调查数据的准确性和真实性。

4. 大数据智能分析法

在大数据技术广泛应用的背景下，消费者行为都可以根据网络数据进行分析，主要包括 Cookie 数据、搜索数据、社交数据、电商数据及跨屏数据。企业采用大数据智能分析法，通过实时监测或追踪消费者在互联网上产生的数据，借助智能技术对消费者行为进行精准分析。图 10-2 简要说明了大数据智能分析的流程，从流程图中可以看出主要包括三个层面的工作：数据层，主要用于采集和处理数据；业务层，主要用于建模分析数据；应用层，主要用于解读数据。

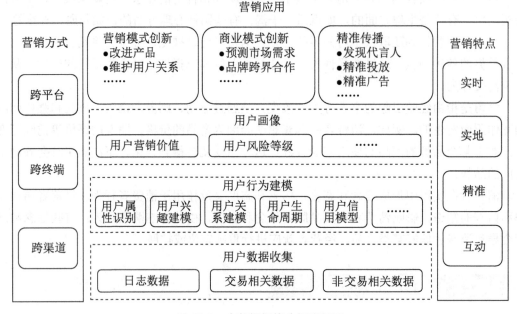

图 10-2　大数据智能分析流程图

10.1.3　市场细分、选择及定位

面对复杂多变的大市场，任何一个企业都不可能满足全部消费者的需求。在这种情况下，企业只能根据自身的优势，选择某方面进行市场塑造，开展生产营销活动。

1. 市场细分

任何市场中的消费者在欲望、资源、地点、态度及行为等方面都存在很大的差异。通过市场细分，企业将复杂的大市场分为若干个提供不同产品和服务的较小的细分市场，以此发现市场机会，开拓新市场，并能更便捷地掌握目标市场的特点，制定营销战略。

消费者市场的细分标准可根据企业自身情况进行调节，但共同的标准包括地理因素、人口因素、心理因素和行为因素四个方面。地理细分市场的主要细分变量为区域、地形、气候、城镇大小和交通条件等，是大多数企业采取的主要标准之一。人口细分市场的主要细分变量为年龄、性别、职业、收入、教育、家庭规模、宗教信仰、民族及国籍等，是市场细分惯用的和最主要的标准，并且是其他市场的细分基础。心理细分市场主要的细分变量为生活方式和个性，是市场细分的重要标准。行为细分市场主要的细分变量为购买时机、利益要点、使用情况、更新频率及忠诚度等，是一种较深入的细分方法。

2. 目标市场选择

目标市场是指企业在市场细分的基础上，根据细分市场的规模和增长潜力、结构和吸引力以及企业的目标和资源进行评价，以选择哪些细分市场作为目标市场。根据各细分市场的特点及企业目标，存在以下几种模式。

（1）无差异（大众）营销：企业忽视细分市场的差异，注重消费者需求的共性，只选择一种产品和服务来满足整个市场。

（2）差异化（细分市场）营销：企业选择几个细分市场作为目标市场，并为其分别设计产品和服务，实施不同的市场营销计划。

（3）集中（补缺）营销：企业选择一个或几个较小的补缺市场为目标市场，力求占据大份额，通过补缺市场进一步了解消费者需求，增强市场地位。

（4）定制营销：针对特定个人或特定地区的偏好而调整产品和营销策略。具体包括当地营销和个人营销。

3. 市场定位

市场定位是根据竞争者现有的产品在细分市场所处地位和消费者对产品某些属性的重视程度，塑造个性化的、代表企业独特形象的产品，以使其在细分市场占据一席之地。市场定位并不是针对产品本身做什么，其本质是将企业与竞争对手严格区分开，以期望企业的品牌能在消费者心中占有独特的位置，如法拉利定位为"速度"、保时捷和宝马定位于"性能"、七喜定位为"非可乐"。

市场定位包括四个步骤：确定企业定位基于的可能的价值差异和竞争优势；选择恰当的竞争优势；制定整体的定位战略；向目标市场有效传达企业的定位。

10.1.4 制定精准营销策略

在数字化时代，市场会越来越细分，面对庞大的市场，消费者只会选择其中极小部分的市场，因此精准营销对于企业愈加重要。在数字化时代企业要成功制定精准营销策略，精确采集信息是基础，基准投放是核心，并以智能营销方案为辅。

1. 精准采集信息

精准采集消费者信息是实施精准营销的基础，只有以信息为支撑，才能把握消费者的真实需求，占据市场。

随着大数据的发展，消费者可以借助各种信息手段产生消费行为，包括通话、购物、网上浏览等，由此在信息通道留下消费行为的轨迹和数据，我们可以利用大数据技术对消费者基础信息及线上浏览信息、购买信息、行为轨迹、生活习惯等数据进行挖掘、整合和分析。常用的分析工具有Usefly、ClickTale、Mouseflow、Mixpanel、测眼仪等。

2. 精准投放

精准投放是精准营销的核心内容，以精准信息的采集和分析处理为基础，进行市场细分，有效组织企业资源，实现消费者和资源的精准匹配，以此更好地满足消费者的需要。在大数据背景下，现代网络广告精准投放的主要形式包括搜索引擎广告、社交网络广告、电子直邮广告及电商网站广告等。

准确定位投放目标的基础是必须对消费者需求进行精准洞察，消费者既是整个投放流程的起点，也是投放流程的终点。面对海量的消费者数据，企业可以借助大数据技术和人工智能技术建立消费者数据库，对数据进行深度分析和挖掘，精准把握消费者的态度、偏好，对消费者的人群属性、兴趣、购买行为进行分析，向消费者推荐合适的产品和服务，从功能、情感、社会属性等多方面满足消费者。例如，百度、阿里巴巴、Google 等都掌握海量的用户数据，可通过大数据进行需求预测。

在信息化时代，消费者时刻都在产生需求。企业只有在消费者最需要的时候及时提供产品或服务，才能让其在惊喜中感受服务和产品溢价，此时触发营销计划的执行，才是最佳的营销时机。此外，人工智能和大数据的结合使得企业可以实时检测广告营销效果，及时产生反馈数据，如谷歌对广告投放进行追踪和检测，记录广告的曝光、点击、转化等数据，分析广告与品牌效果间的因果关系。

在进行了定位投放目标、把握营销时机之后，就要把握消费者在特定场景下的兴趣，这样才能够提高广告的转化率。不同于传统营销的依靠业务经验，智能营销主要利用大数据和智能技术，对商品之间和消费者之间进行相关分析，以此进行精准场景投放。网络广告精准投放的模式不断发展，如实时竞价投放、快速试错投放、互渗关联投放等。

3. 智能营销方案

1）基于 AI 技术的线上线下一体化智能营销

面对消费者日益变化的需求，传统的线下营销或单一的线上营销已经不适用，唯有利用大数据与智能技术，打造线上线下一体化的智能营销平台，满足各个渠道的消费者需求，企业才可形成可持续发展的竞争力。线上营销可借助大数据、自然语言处理、机器学习等技术对消费者的轨迹数据、可穿戴设备的实时身体数据以及社交媒体的内容数据等进行分析，以洞察消费者的内在需求；线下营销可充分利用人工智能技术，在实体店配置摄像头、智能货架、移动支付等，收集有关消费者偏好、购买习惯、外貌特征等信息，实现线下流量的数据化，由此通过线上线下一体化进行智能营销。目前，人工智能已可赋能零售全链条，不仅有线上的精准用户画像和推荐服务，也有线下的智能物流、智能选址、智能识别商品、优化商品运营、客流统计及消费者行为分析等。

2）AI+ 短视频的场景营销模式

随着自媒体、平台与用户注意力的碎片化，短视频行业自 2017 年大爆发，用户数量快速增长，各类短视频平台层出不穷。短视频因其技术门槛低、视觉体验直观真实、互动性强等特点获得了广大网民的热情参与。凭借其巨大的用户流量，短视频成为市场营销的新媒介。

并且借助 AI 智能技术进行短视频营销成为趋势。如短视频行业的领军者微播易，在 2018 年进行了定位升级，定位为智能营销平台，研发出了人工智能投放系统，通过智选、智算、智投，赋能广告主在社交媒体上进行精准、高效、透明的投放。智能投放系统可帮助广告主快速锁定可合作资源，最快可支持数万订单在 15 分钟内执行完成。

3）多屏整合促进移动整合营销

根据第 47 次中国互联网络发展状况统计报告显示，截至 2020 年 12 月，我国网民使用手机上网的比例达 99.7%；使用电视上网的比例为 24.0%，使用台式电脑、笔记本电脑、平板电脑上网的比例分别为 32.8%、28.2% 和 22.9%。在新媒体时代，消费者可以在不同地点通过不同媒介接收各类信息。多屏整合营销在此环境中迅速发展，兼顾了各种屏幕后的用户、环境、时间等，以各类屏幕为平台进行营销。多屏整合营销的实施可以扩大消费者的利益，迎合了消费者"货比三家"的需求；提升品牌知名度和忠诚度，通过各类媒体加深消费者对产品的印象；实现精准营销、节约成本，通过多屏传播兼顾消费者的各类需求，拓宽信息传播范围。

10.2 数字化消费者态度、偏好与引导

10.2.1 消费者态度及测量

1. 消费者态度

消费者态度是指消费者在购买活动中对商品、商家、服务等持有的一种总体评价，是基于认知性、感受性和意向性所构成的，具有倾向性、稳定性、对象性及内隐性，对预测购买决策具有重要意义。

2. 消费者态度的测量

消费者态度对其产品的选择、评价、购买意愿都具有影响作用，通过测量消费者态度可以解释和预测消费者行为，更好地制定和实施销售策略和手段。

有关态度的测量有一系列不同的方法，包括问卷法，如瑟斯顿量表、李克特量表和语义差异量表；投射法，如罗夏墨迹测验、默里的主题统觉测验、造句测验、词语联想测验；实验法，如情境法、行为观察法和生理反应法；多属性模型，如组成模型、分解模型等。其中比较传统且常见的就是问卷法，以下就三种量表进行简述。

1）瑟斯顿量表

瑟斯顿量表又称为"等现间隔量表"，于 1929 年由美国心理学家瑟斯顿和契夫提出。瑟斯顿量表的基本思路是围绕一个态度主题，选取若干与主题相关的语句，选取一定数量的评审员，并对语句按肯定态度、中立态度、否定态度的顺序分为若干等级。最后对结果进行选择和分析，通过计算被调查者同一项数的平均量表值或中项分值，求得其态度分数。瑟斯顿量表的设计过程虽然较为复杂，但其提出的在赞同或不赞同的基础上测量态度的方法至今仍被多数量表使用。

2）李克特量表

李克特量表是评分加总式量表中最常用的一种，是由美国心理学家李克特在原有的总价量表的基础上改进而成。该量表由一组陈述组成，每一陈述有"非常同意""同意""不

一定""不同意""非常不同意"五种回答，分别记为5、4、3、2、1，每个被调查者的态度总分就是他对各道题的回答所得分数的加总，这一总分可说明他的态度强弱或他在这一量表上的不同状态。李克特量表中的问题可以更精准地体现被调查者的态度，因此被广泛用于衡量态度和意见中。

3）语义差异量表

语义差异量表又称为语义分化量表，是语义分化的一种测量工具，于1957年由社会心理学家奥斯古德和同事萨西、坦纳鲍姆等编制。此类量表不是通过向消费者询问问题进行态度分析，而是通过对主题概念地分析，由一系列两极性形容词词对组成，将其划分为7～11个等值的评定等级，主要含有3个基本维度，即情感或评价维度（如好的与坏的、美的与丑的、干净的与肮脏的）、力度维度（如大的与小的、强的与弱的、重的与轻的）、活动维度（如快的与慢的、积极的与消极的、主动的与被动的）。由于语义差量表的构成较简单、功能较多样，也被广泛用于消费者行为研究。

在数字化时代，在分析消费者态度时，企业常通过消费者的行为数据进行分析。例如，天会集团针对拥有连锁门店的企业研发了天会智数平台，利用互联网技术和O2O思维，实时获取真实、连续、高效且低成本的消费者态度数据，为客户企业提供态度大数据和营销方案。

有关消费者的行为数据，现已有大量分析工具，以下就几种用户分析工具进行简述。

（1）Userfly。Userfly是网页访客动作记录器，可以提供免费的网页访客动作记录服务。只需要在网页中添加一段简单的Javascript代码，就可以记录访客从打开网页到关闭的整个过程中的动作，包括用户的鼠标移动、点击和键盘输入等。Userfly还支持身份验证和网页加密功能。对于网站拥有者来说，Userfly可以很方便地对用户的行为进行检测和分析。

（2）Clarabridge。Clarabridge是一种文本分析和客户体验管理的软件，结合AI技术可以从包括社交媒体、录音、聊天记录等各类渠道捕获反馈，根据结构化和非结构化的用户数据，提供高级的情绪分析，并在数据提示和用户体验异常时提供实时电子邮件预警。

（3）ClickTale。ClickTale是一种基于网页的创新型工具，可用于追踪用户行为，促进用户体验的优化。ClickTale用户只需在网页中添加一段JS Code，就可以用录像记录访客的一切交互动作。除了录像功能，ClickTale还提供热力图、转化漏斗和表单分析等功能，可以显示访客对网页的注意点和兴趣点等。

10.2.2 消费者偏好及衡量

1. 消费者偏好

消费者偏好是指在某特定时间段消费者对于某评估对象的倾向程度。对消费者偏好的理解、挖掘和度量，是搜索、推荐、广告系统中不可或缺的一环。不同平台的用户使用产品的目的不尽相同：搜索引擎通常使用用户搜索词与候选项的匹配情况以及用户过去浏览情况来反映用户的实时偏好；推荐系统和推荐广告则依据当前场景来推测用户的偏好。

2. 消费者偏好的衡量

在营销中，通过分析用户偏好可以帮助用户发现自己的兴趣，为用户提供个性化的服务，由此增强用户的黏性与忠诚度。对于用户在网络上发表的评论、浏览的内容等，都可以利用机器自动提取关键词、话题和内容等，借助自然语言处理技术、情感识别技术等分析预测用户偏好。

通常经营者会使用推荐系统，根据用户的历史数据分析用户偏好，然后自动将用户可能感兴趣的内容推送给用户。推荐系统的核心是推荐算法，目前大多数的推荐系统都是基于协同过滤算法。协同过滤算法的基本思想是分析用户的兴趣偏好，在众多用户中寻找与目标用户兴趣相似的用户，综合分析这些用户对每类信息的关心程度和评价，由此得出目标用户对这类信息的偏好。协同过滤算法最早应用在 Tapestry 系统中，主要是解决电子邮件的筛选问题，随后通过 GroupLens 的发展，已成为如今互联网行业推荐系统的基础，大量应用于电影推荐系统、音乐推荐系统、商品推荐系统等。但这种算法仍有改进之处，存在数据稀疏、冷启动、非热门对象推荐等问题。

由于现有的多数推荐系统是利用用户的历史行为信息和用户间的相似性来分析用户偏好，忽略了时间、教育、环境、职业等变化因素，上下文感知技术成为推荐领域的研究热点。上下文感知推荐算法是通过上下文信息融入"用户—项目"的二维关系模型中，然后定量分析其对用户偏好的影响。

除了推荐系统，经营者还会综合利用其他大数据手段对消费者偏好进行简单的分析。具体如美团的系统通过追踪消费者在应用程序上的操作，将消费者主动搜索的词、筛选的品类以及点击浏览过甚至下过单的店家等数据进行量化，主要依据下单、点击、曝光三种行为，统计商品的点击率和转化率，反映消费者的偏好强度。

10.2.3 数字化时代搜索引导

引导式营销是以"出售方案"为目的，以满足消费者需求。传统的引导式营销主要是通过引导式提问，即通过开放型提问与消费者拉近距离，挖掘其需求，通过封闭型提问明确消费者需求，有效引导购买意向，鼓励消费者做出购买决定。

智能营销则主要利用搜索引擎进行引导式搜索，帮助用户明确搜索目标并进行深入探索。搜索引擎是指根据给定策略在互联网上收集信息，使用特定计算机程序，组织和处理信息并将其显示给用户以提供搜索服务的系统。随着我国信息化进程的不断加深，搜索引擎对网络信息资源的整合功能不断完善，搜索引擎营销被视为投资回报率高的营销方式之一。

发起搜索需要用户完成查询词的输入，有效减少用户的输入成本，是搜索产品智能化和易用性的体现。以下就搜索引导消费者的三个阶段进行简述。

1. 搜索前引导

用户在打开搜索引擎时，在搜索框内通常会有默认搜索词或是在界面首页设置推荐选项或热搜列表。因为此时并不能明确用户的搜索目标，只能根据用户的历史记录提供关键词和热词进行推荐。例如美团搜索，在首页的搜索框内根据用户的近期偏好，默认了关键词"东北菜馆",并在"猜你喜欢"选项下罗列了用户附近的或过往消费的店铺,如图 10-3 所示。此时,如果猜中了用户搜索目标,则可直接点击搜索,若没有猜对,用户也可以进入搜索首页,对搜索框下提供的历史搜索和热词进行参考,如图 10-4 所示。

图 10-3 美团首页关键词与"猜你喜欢"

图 10-4 美团历史搜索及热词

2. 搜索中引导

在搜索中阶段,用户已经输入了部分查询词,给出了明确的提示,这时搜索引擎主要是根据用户输入的查询词进行联想和扩展,以补全为主,对查询词进行补全,使得用户不必完整输入,提高搜索速度并提供多方面的选择。例如,用户想搜索新冠疫苗,输入了"新冠"二字,在搜索框下就出现了各类有关新冠的内容,如图10-5所示。有关查询补全的数据源,通常考虑搜索日志、行业名词和组合词等作为候选集合。其中搜索日志最为重要,当用户规模足够大时,搜索日志中的查询几乎能覆盖所有问题。

图 10-5　百度查询词补全

3. 搜索后引导

搜索后引导以细化和相关查询词为主,用户一旦使用这类产品,必然是对当前的搜索结果不甚满意。我们可以根据查询词以及同时段内的用户行为作判断,对于意图太宽泛的查询词尝试递进、细化,提供相关的搜索词。这里的相关搜索是有别于前述的热词,热词是在搜索前提供的,是对用户目标的广泛猜测,而相关搜索是在用户搜索后提供的,是对搜索的补充,如图10-6所示。

图 10-6　百度相关搜索

10.3　决策路径与接触点整合

10.3.1　用户决策路径

学术界最常见的用户路径划分依据是 AISAS 模型。AISAS 模型是一种用户决策分析模型，基于 AIDMA 模型，由日本电通广告集团于 2005 年提出。相比于传统的 AIDMA 模型，AISAS 模型引入了互联网的两个典型的消费者行为：搜索与分享，准确地概括了互联网对消费者行为的影响，更适用于数字化时代的消费者决策路径分析。

如图 10-7 所示，根据 AISAS 模型，用户的购买路径可以划分为以下五个阶段：引起注意（attention）、引起兴趣（interest）、搜索（search）、行动（action）、分享（share）。

图 10-7　AISAS 模型

1. 引起注意

在引起注意阶段，用户主要是通过线上线下的各种渠道，偶然地注意某件商品，进而引起关注。在此阶段企业要吸引用户的注意，让用户从不知道到知道企业的商品或服务。相较于传统媒体时代的广告、纸媒等，数字化时代吸引用户的方式要更为多样化，也更为精准。企业可通过内容媒体和效果广告等多种渠道向用户传播信息，以引起用户注意，并利用位置服务技术、大数据技术、情景感知技术、人工智能技术等来追踪用户行为、分析舆情和探查需求，利用数据计算和管理技术、社会网络技术等关联匹配供给和需求，多触点、精细化、一站式连接用户，响应"数字化""媒介化"的社会态势，以有效传达信息。

2. 引起兴趣

在引起兴趣阶段，用户对商品或服务产生了兴趣，从被动接受企业传播的信息转变为愿意主动去了解产品或服务的特性。在此阶段，用户往往是被从各种渠道所接触的信息吸引而引发了兴趣，进而刺激需求。常见的企业吸引用户兴趣的手段就是各种平台上的广告，但由于大部分广告制作粗糙、表意直接，用户很快就有了疲劳感。相比于传统的广告形式，软植入性广告更能引起用户兴趣，并提高转化率。在营销过程中企业还可以借助信息检索优化技术、虚拟仿真技术、交互技术等提高用户的参与性，深度连接用户。

3. 搜索

前两个阶段是用户的心理活动阶段，在引起了注意和兴趣后，用户就会进行信息搜索。在搜索阶段，用户会综合利用线上线下渠道进行商品或服务的信息搜索，线上搜索会更为便捷有效。例如，通过查询商品详情信息、浏览企业官网、查看售后评价等渠道了解产品或服务的价值。因此，企业应当注重搜索引擎的优化工作，管理好各种必要的检索窗口、链接入口，注意有关企业产品或服务的关键词的评价，设计智能的关键词和热词，以优化用户搜索过程。

4. 行动

行动也就是用户的购买行为，在信息搜集和对比后，用户就会对满意的商品或服务采取行动。相较于原有的实体店消费，线上线下相融合的全渠道消费方式已普遍化，用户可以根据不同的诉求选择合适的购买渠道，并且由于前期搜索阶段已经对商品信息有了充分的了解，相比与传统的销售员推荐，用户更倾向于自助式消费。在行动阶段，企业应合理融合线上线下渠道，除了要加强原有的线下咨询、推销服务，增强用户的体验感与参与感，还应优化线上的产品信息、搜索窗口和支付方式，全渠道便捷用户的购买过程。

5. 分享

分享阶段是用户购买决策的最后阶段。用户在购买结束后，会想要将自己的感受分享给他人。传统营销中，用户购买后大多只能和家人朋友分享，而现代化营销中，借助智能技术和网络，用户的分享渠道多样化，除了家人朋友，还可以通过各类社交媒体、应用程序向所有网络上的用户分享购买感受，进行产品或服务的再传播，引起大众的评价讨论。正面的分享评价会提高企业的口碑，增加客流量，但负面的舆论会产生负效应，影响用户的购买决策。因此，企业应重视分享阶段，完善用户的分享路径，做好互动管理工作。

10.3.2 触点营销技术

在完成了消费者路径分析后，就要利用各类触点营销技术在以上各个阶段中与消费者进行接触。数字化时代，消费者可以从不同的接触点接收信息，如传统的邮件、短信、官网、广告等，下面就对几类与智能技术相结合的接触点营销技术进行简介。

1. 搜索引擎

搜索引擎是基于用户的需求与使用习惯，运用算法在搜索平台上将用户所需的信息传递给用户。用户通过搜索引擎发现商品，并通过进一步搜索获得商品的详细信息。企业可以通过搜索引擎进行付费推广，通过竞价在搜索引擎上占据位置展示自己的产品或服务。搜索引擎依托的各种现代技术包括网络爬虫技术、检索排序技术、网页处理技术、大数据处理技术、自然语言处理技术等。

2. 社交媒体

社交媒体是人们彼此之间用来分享意见、见解、经验和观点的工具和平台，现阶段主要包括 QQ、微信、微博、贴吧、博客、论坛、短视频等平台。基于群众基础和技术支持，社交媒体具有用户数量多、信息自发传播的特点，每天社交媒体都会制造出多个热门话题，引发大众的关注及激烈讨论。企业可以通过社交媒体收集用户的数据进行行为分析，采取精准营销，针对每个用户的特定需求制定营销策略。

3. 体验式营销

如伯德·施密特博士所说，体验式营销站在消费者的感官（sense）、情感（feel）、思考（think）、行动（act）、关联（relate）五个方面，重新定义、设计营销的思考方式。

相比与传统的营销方式，体验式营销更加关注与消费者间的沟通，以消费者的体验感受为基础设计产品。企业依据消费者行为数据分析哪些内容可增强消费者体验，以此精确地将识别内容加入营销，从而将企业的核心内涵传递给消费者。例如，别克将车与"美好乌托邦"的概念屋相结合，消费者可以入住沉浸式体验绿色智能的生活，以此传达别克的美好生活理念；苹果利用语音智能技术，推出了语音助手 Siri，可与消费者进行语音沟通，并和各类应用程序相连接；各类网站通过消费者脸部识别进行动态页面展示等。

4. 定制化营销

定制化营销是在细分市场的基础上，根据每位消费者的需求对产品进行定制化生产和销售。在激烈的市场竞争中，定制化营销能为企业增加竞争力，此外智能技术推动了定制化服务的成熟发展。例如，字节跳动推出的今日头条和抖音，都是通过挖掘用户信息，利用算法在短时间内分析用户的喜好，以此进行信息推送；机票、出行等应用程序根据用户的历史数据等信息进行识别分析后，进行动态定价。

10.3.3　触点整合管理

由于每个接触点都会影响消费者的决策路径，企业应根据不同的目标群体选择接触点。此外，在实际营销过程中，大多数企业都会选择多种接触点与消费者建立连接，以此达到高效率传递信息、降低营销成本的目的，因此企业还应进行接触点的有效整合。

1. 影响接触点选择的因素

企业进行接触点选择时会受多种因素的影响，如目标群体的数量、接触点效率、是否受数据驱动等。

（1）目标群体。接触点的选择应与目标群体的特点相匹配，如目标群体的数量，若目标群体数量较多，属于大众，企业会选择报纸、电视等大众传媒，若目标群体偏小众，企业则会倾向于更具个性化的互动媒体。目标群体的共性与个性程度也会影响接触点的选择，共性程度越大的群体，越适合覆盖面较广的接触点，如黄金时段播放的广告；而面对个性化的群体，企业就会选择覆盖面较小的接触点，如印刷类媒介。

（2）接触点效率。选择接触点时还应关注各类接触点传达信息的效率，如在测量广告的效率时就会用到到达率，即特定对象在特定时期内看到某一广告的人数占总人数的比率。不论产品或服务的质量多好、设计多新颖，只有引起了消费者的注意和兴趣，才有可能产生购买行为，因此，企业应综合考量各类接触点的效率，结合成本进行选择。

（3）数据驱动。接触点是否受数据驱动也是一个重要因素。数据驱动是从初始的数据或观测值出发，运用启发式规则，寻找和建立内部特征之间的关系，从而发现一些定理或定律。若接触点受数据驱动，企业就可以通过数据分析哪些接触点的转化效果较好，哪些可以在数据的基础上加入算法模型，通过数据进行运营优化。

2. 触点整合

在针对目标群体进行接触点选择后，企业可以对同一目标群体的多个接触点进行整合优化。恒美广告公司的媒体执行官认为："只计算千人印象成本或其他具体数字已经不够了，我们也需要定性地了解不同媒体工具的优劣，比如媒体的权威性或影响力。"企业应充分了解各种接触点的功能与优劣，根据目标效果，通过数据算法优化确定接触点的组合以及各类接触点的权重，进行最有效的接触点整合。

（1）明确整合目标。出于不同的整合目标，企业从众多的接触点中进行了多样化的接触点组合，如减少接触成本、降低消费者流失率、扩大目标群体、塑造良好形象等。企业应明确整合目标，以统一的认知推进接触点的整合。

（2）坚持根本原则。消费者接触点的整合应始终以注重消费者感受为根本原则，以此更好地与消费者沟通，构建良好关系。若一味地追求降低接触成本，消费者体验感下降、流失率上升，接触点整合也是失败的。

（3）确定预算与投资回报率。为达到目标，企业可选择多种接触点进行整合，但要在有限的资源条件下，使整合成效最大化，还应确定整合的预算和投资回报率。因此，企业可根据既定成本下的最优生产要素组合的方法控制各接触点的成本、确定预算线，并可以将整合目标的具体指标（如消费者满意度、忠诚度等）进行量化，计算投资回报率。

在实际营销中，许多企业都利用大数据技术进行了接触点整合管理。例如，阿里新零售事业部总裁肖利华在 2019 年云栖大会上提出了全链路数智化转型，认为接触点的数字化是企业数智化转型的关键环节，通过单个或多个接触点组合形成触点网络，借助移动互联网等技术实现与消费者的高效连接。具体措施如采集消费者体验数据，充分发挥全渠道触点和融合场景优势；将智能机器、智能车间与员工等数字化触点整合等。

10.4 生物信息的识别与应用

10.4.1 生物特征识别技术

随着技术的发展，生物特征识别成为一种常用的身份认证技术。生物特征识别技术是指通过计算机与光学、声学、生物传感器和生物统计学原理等高科技手段密切结合，利用人体固有的生理特性（如指纹、指静脉、人脸、虹膜等）和行为特征（如笔迹、声音、步态等）来进行个人身份的鉴定。与传统身份认证技术相比，生物特征识别技术具有以下特点：随身性、安全性、唯一性、稳定性、广泛性、方便性、可采集性与可接受性。生物特征识别技术包括指纹识别、掌纹识别、虹膜识别、静脉识别、人脸识别、声纹识别等。下面就几种应用比较广泛的技术进行简述。

1. 指纹识别

指纹识别技术历史悠久，早在公元前 7000 年至公元前 6000 年，中国和古叙利亚已经将指纹作为身份认证的工具。最初的指纹识别是通过人工收集整理指纹库，现代的指纹识别系统由指纹取像、预处理、特征提取、比对、系统管理和数据库管理构成，应用技术主要有光学式、电容式、压感式和非感应式。

指纹特征主要包括指纹的全局特征和局部特征。全局特征是指指纹的总体纹路接口，包括纹形、核心点、三角点、模式区和纹数。局部特征是指指纹上的节点的特征，这些具有某种特征的节点就是特征点。特征点的主要参数包括方向、曲率和位置。

虽然指纹技术在众多生物识别技术中发展较为成熟，但仍存在以下问题：由于亲属间的指纹存在相似性，算法的精确度不高，容易导致错误；指纹在物品上容易留下痕迹，较易获取，安全性较差，易伪造，会给犯罪分子留下可乘之机。

2. 人脸识别

人脸识别是通过与计算机相连的摄像头采集人脸，并自动与图像库的人脸进行比较识别的一种技术，最早由布莱索（Bledsoe）进行研究，80年代后随着计算机技术和光学成像技术的发展得到提高。人脸识别系统主要包括四个部分：人脸图像采集及检测、人脸图像预处理、人脸图像特征提取以及匹配与识别。人脸识别技术方法主要有主成分分析、线性判别分析、神经网络、自适应增强算法、支持向量机、特征脸（eigen face）方法、渔夫脸（fisher face）方法和局部二值模式（local binary pattern，LBP）等。

相比于其他识别技术，人脸识别更具有自然性和隐蔽性，不需要被动配合，可以用在比较隐蔽的场合，并且可以远距离采集人脸。但也存在缺点，如人脸结构的相似性会产生较高的误识率；人脸的持久性较差，会随着年龄等因素而变化；人脸的外形具有不稳定性，会受表情、角度、光照等外在因素的影响。

3. 虹膜识别

虹膜识别是基于眼睛中的虹膜进行身份识别，过程一般包括虹膜图像获取、图像预处理、特征提取及特征匹配。

在所有生物识别技术中，虹膜识别是当前应用最方便、最精确的一种，被广泛认为是二十一世纪最具发展前景的生物认证技术。根据推算，两个人虹膜相同的概率是 $1/10^{78}$，因此虹膜更具稳定性和可靠性。此外，虹膜的唯一性和非侵犯性也使其有了更广泛的应用。虹膜识别技术在应用中也存在缺点：系统和设备造价高，无法大范围推广；易受光源与镜头等的影响；采集技术有待提高，图像获取设备的尺寸很难小型化。

4. 声纹识别

声纹识别是指把有待识别的语音的声音信号转换为电信号，通过计算器进行说话人的识别。声纹识别技术通常可分为前端处理和建模测试阶段。前端处理包括语音信号的预处理和语音信号的特征提取。建模测试阶段就是将待识别对象的语音进行处理，与声纹模型库中的声纹模型进行匹配。在声纹识别中，常用的模式识别方法主要包括模板匹配法、最近邻法、神经网络法、隐式马尔科夫模型及多项式分类器法等。

声纹识别的优点主要有：语音获取方便，使用者接受程度较高；成本低廉，使用简单；可用于远程身份认证；声纹辨认和确认的算法复杂度较低等。声纹识别的缺点主要有：声音具有易变形，易受年龄、健康状况、设备等的影响；在所有生物信息中，声纹最易被伪造；在嘈杂的环境中不易提取等。

10.4.2 生物信息的应用

1. 支付领域

随着移动支付业务的快速增长，消费者生物信息在支付领域已有了广泛的应用。这种生物支付的本质是将用户生物特征与支付账户进行关联，并与生物特征库的用户信息相匹配，认证无误后完成支付。目前应用效果较好的主要有人脸识别、指纹识别以及虹膜识别。

例如，2012年支付宝开始探索指纹支付的可行性，2014年6月率先与手机厂商合作，在2015年应用，极大地缩短了支付时间。2017年支付宝又在肯德基进行了人脸支付的首次应用。现如今，支付宝、微信等各类应用程序及超市、便利店、药店等实体店等都采用了指纹支付和人脸支付，给支付系统的各参与方都带来了切实的益处，提升了消费者的购买体验。

2. 广告领域

随着在线广告市场的不断扩大，在线广告效果的测量变得非常重要。现广告领域的研究与应用已采用了人脸识别技术，其中包括自动化面部分析软件：FaceReader 与 iMotions 的软件套件。FaceReader 是一款面部表情分析系统，可用于自动分析用户表情，还可以提供视线方向、头部朝向和个人特征。iMotions 的软件套件可为生物信息识别平台提供在线用户数据收集功能，利用浏览器界面，可以通过网络摄像头从用户面部表情分析和眼动追踪中收集数据。前进集团的执行合伙人格雷格·迪特（Greg Deters）提出"在开发和完善创意时，识别听众的非言语提示非常重要"。相关广告领域的研究也表明利用自动化面部分析软件可以针对广告的不同部分提供更精准的信息。

2016年8月底，广电运通信息科技有限公司推出了自主研发的人脸识别互动营销系统，此系统是基于生物特征识别平台定制开发，嵌入人脸识别技术，加入娱乐互动元素，通过收集和绑定用户信息，实现信息系统与营销系统相连接，提供精准营销服务。该系统已经应用在中国第一台泛家居互动广告智能终端。这台智能终端可以根据消费者的面部信息，进行年龄、性别等因素的判断，以此精准推荐商品。

3. 零售领域

在以前，超市没有工作人员是令人匪夷所思的，但2016年亚马逊宣布建立Amazon Go无人超市，在2018年对外开放，自此国内开始积极探索布局无人超市、无人售货机等。无人超市的核心技术主要为货物自动识别设备与建立在人工智能和大数据基础上的运营系统，利用机器视觉、生物识别、传感器融合技术实现消费者生物信息识别和商品识别。但即使节省了员工薪酬，技术的高昂投入仍使得无人超市运营成本居高不下，致使多家无人超市落地。节省成本、降低经营风险是后期无人超市广泛应用需解决的难题。

相比于无人超市，无人售货机应用较广泛，配置于办公楼、学校、地铁等多地，不受时间、地点的限制，既节省人力，又方便快捷。无人售货机主要包括移动支付、智能交互、人脸识别及智能化系统管理等智能技术。其中人脸识别技术是指售货机通过识别消费者人脸信息，根据其历史购买记录提供个性化的菜单，提供更智能化的体验。

10.5　人工智能营销伦理

10.5.1　人工智能营销的伦理问题

人工智能技术及人工智能机器由于智能化，拥有了人类的某些智能特征，开始承载了越来越多的价值和责任，因此具有了伦理属性。在应用过程中，人工智能可能会引发涉及人类的伦理道德问题，而这些问题有可能与人类道德观念相违背，因此各界人士应注重人工智能伦理问题，预防一切危险的发生。以下就人工智能在营销领域的伦理问题进行探讨。

1. 个人隐私问题

美国的塔吉特百货是最早使用大数据的零售商，基于数据挖掘，为消费者购物提供完全个性化的决策支持与信息服务。塔吉特曾经的一次精准营销让一位蒙在鼓里的父亲意外发现17岁的女儿怀孕了，因为超市向其女儿派发了婴儿尿片和童车的优惠券。

随着大数据技术与智能技术的发展，这种个人隐私问题其实很普遍。消费者在网络上浏览网页、发动态、购物、订酒店等各种行为都会留下痕迹，而各种带有传感器和处理器的人工智能产品更是增强了对消费者隐私的直接监控能力。此外，借助物联网、大数据等技术，人工智能可以轻易地描绘出用户的完整"画像"，这也潜藏着极大的隐私风险。

在此背景下，为实现精准营销，企业就会对消费者行为进行追踪、数据挖掘、分析。虽然精准营销可以节省公共资源、提升消费者购物体验，但其基础是数量庞大的消费者数据，在这过程中就会产生隐私泄露的问题。姓名、年龄、家庭住址、电话号码、教育经历、社会活动等信息都会面临泄露的风险，严重威胁公众的安全和社会稳定。

除了泄露问题，个人隐私还存在被商业利用的问题。一些平台在收集了用户数据后，可能存在被窃取、无授权访问甚至售卖给第三方平台的可能。例如，此前发生的天翼征信利用国企身份，收集用户个人信息、喜好等带有敏感性的信息数据，超出约定使用范围，如用户协议上说只是分析用户行为，帮助提高产品体验，最后变成了出售用户画像数据，将用户数据作为商业目的进行分析收集；《经济参考报》的记者调查发现暗网论坛、Telegram等社交平台成为了个人信息贩卖渠道，数十亿条个人信息明码标价售卖，包括户籍、手机号、定位、财产调查等。

个人隐私是一项基本人权，即使隐私问题已经泛滥，我们也必须呼吁重视隐私的保护。针对个人隐私，各领域的专家也提出了不同的建议，主要可以在以下方面采取集中措施。

1）技术层面

许多智能营销的企业并非本意要泄露消费者或客户数据，但因其技术不成熟，导致不法分子钻了技术的空子，因此我们可以从技术层面入手。

首先可以采取数据加密技术，这是一种相对传统的信息保护方法。数据加密可分为对称加密算法和非对称加密算法。为保证数据的机密性，可采取对称加密算法，即加密和解密时使用相同的密钥。这种算法具有速度快、效率高的特点。有关身份认证和数字签名等领域则可使用非对称加密算法，即加密和解密时使用不同的密钥，可以适应网络的开放性，但效率较低。也可以进行数据脱敏，即对某些敏感信息通过脱敏规则进行数据的变形，实现敏感隐私数据的可靠保护。相比于数据加密技术，数据脱敏技术可以更好地兼顾数据利用效率与隐私保护间的平衡。

用户可以设置数据访问权限，对个人信息的发布对象、编辑权限等方面进行限制约束，如最常见的微信、QQ 动态的屏蔽功能、访问权限等。各平台和企业也应完善软件，提高数据库的安全性，对数据库进行加密和访问控制设置，降低数据库被外入侵与被内非法窃取的风险。

2）法律层面

法律是最权威有力的保护手段。国家应出台法律法规明确个人隐私的保护权益，一方面通过对个人隐私进行划分而制定具有针对性的法律，另一方面要对违法行为给予严厉的惩罚，以营造良好的市场环境。

个人信息的法律保护问题是近半个世纪以来日益凸显的问题，但我国对于个人信息保护的法律、法规、规章及司法解释数量较为有限。近两年我国已经开始制定个人信息保护法。2020 年 10 月 13 日，第十三届全国人大常委会委员长会议提出了关于提请审议个人信息保护法草案的议案，规定了违法行为的罚款额；2021 年 4 月 26 日，提请全国人大常委会二次审议，草案拟规定符合条件的个人信息处理者应成立主要有外部成员组成的独立机构，对信息处理活动进行监督，并定期对外发布责任报告。

3）意识层面

大数据的应用使得公共领域与私人领域的界限逐渐模糊，有时消费者自己都没意识就在网页、社交媒体、评论区等平台把个人隐私泄露出去，因此除了技术与法律层面的保护，一定要注重培养消费者个人隐私权的保护意识。例如，通过学校、网站、公共屏等地播放有关隐私权保护的宣传片，加强隐私意识的教育，告知隐私泄露的风险与后果，普及个人信息分享的正确方法，告知各类社交媒体等的隐私设置操作。

2. 大数据"杀熟"问题

大数据"杀熟"是智能营销中的另一常见的伦理问题，是指相同的商品或服务，商家会根据消费者的购买能力和购买意愿进行差别定价，通常老顾客的价格比新顾客要贵出许多。一般可分为三种情况：根据消费者的历史价格消费习惯进行差异化定价；根据消费者历史消费频率进行差别定价；根据消费者的手机客户端进行差别定价。具体如饿了么、美团等软件的会员费是不固定的，老会员一般会更贵；平时和朋友一起出门打车，每个人的价格都有所差异等。北京市消费者协会的一项调查中显示，过半数的人都有被大数据"杀熟"。消费者普遍都认为，大数据"杀熟"损害了自己的知情权和选择权，受到了不公正的待遇，与我们公平诚信的道德观念相违背。那么大数据"杀熟"究竟该如何规制？

大数据"杀熟"不能简单地进行限制禁止。学术界对于大数据"杀熟"的态度基本分为中立和反对两种。一方认为虽然消费者认为大数据"杀熟"是价格歧视，违反了道德观念，但在法律意义上，大数据"杀熟"并不属于不公平对待，而只是市场分配资源的手段。大数据"杀熟"中商家根据每位消费者愿意支付的最高价格进行定价，其本质属于"完全价格歧视"。但经济学中的"歧视"并非我们日常理解的意思，仅指市场竞争中的分化，是一种价格"机制"，只有当价格歧视影响了市场机制的正常运行，才会被法律规制。此外，"杀熟"基于经济学中市场细分的定价行为，在不违反法律强制性规范的前提下，市场细分通常是不具违法性的，大数据"杀熟"只是大数据和智能技术发展的产物。

另一方则认为价格是市场经济的核心要素，具有市场支配地位的经营者进行大数据"杀熟"，打破了传统的价格竞争格局，这种差异化定价将加剧经营者对价格的无序追求，不利于市场竞争秩序的稳定，涉嫌违反《反垄断法》中的反价格歧视条款。并且，大数据"杀熟"损害了消费者的知情权。知情权是公民知晓其应当知晓的事务的权力，现已被引入《消费者权益保护法》中。在市场交易中，消费者和经营者间存在着严重的信息不对称现象，而经营者利用大数据和智能技术进行差别定价更是加剧了双方的信息不对称以及实质上的不平等。

追根究底，大数据"杀熟"就是一种商业套路，针对大数据"杀熟"，我们可以采取以下措施。

1）规范定价行为

大数据"杀熟"是基于消费者和经营者间的信息不对称。出于对线上消费模式特殊性的考虑，监管机构应严格执行《反垄断法》《消费者权益保护法》等法律法规，并对其进行完善，要求经营者履行信息披露义务，将价格信息进行透明公示，让消费者知道市场平均价格，由此进行自由比价、做出购买决策。

《反垄断法》中规定价格歧视实施的主体应是具有市场支配地位的，但随着技术的发展，不具市场支配地位的经营者利用信息不对称也将造成不利影响，因此可考虑扩大价格歧视的主体范围。对于违反法规者，监管机构应加大惩罚力度，进行惩罚性赔偿，并将其拉入失信黑名单，提高执法的威慑力。

2）利用区块链等技术

大数据"杀熟"极具隐蔽性和复杂性，要想规制应利用各类技术，如区块链技术。区块链是分布式数据存储、点对点传输、共识机制、加密算法等计算机技术的新型应用模式，具有去中心化、不可篡改、全程留痕、可以追溯、集体维护、公开透明等特点，这些特点也保证了区块链的"诚实"和"透明"，通过区块链技术追根溯源从而对差别定价行为进行认定与裁决，可有效地减少在此问题上的纠纷。

3）增强权益保护意识

消费者平时应注重隐私的保护，认真阅读相关隐私条款，在设备上禁止应用获取定位、通信录、相册等。对于发现的明显违法定价行为，消费者应及时向监管部门反映，呼吁社会各方进行共同监督。在购买过程中，可通过价格对比，多了解市场行情，以做出更优的购买选择。

10.5.2 人工智能营销伦理的基本原则与实践探索

1. 基本原则

人工智能技术已被广泛应用在各个领域，如营销、医疗、教育、物流等，深刻地影响着人类生活，为避免更多上述伦理问题的发生，智能技术在营销领域的开发与应用过程中至少应遵循隐私保护和权责一致的原则。

人工智能营销的最终目标应该是实现人的根本利益，因此在智能营销过程中应严格遵循隐私保护原则。隐私保护原则指的是要尊重消费者的基本权利与自由，保护个人隐私。基于尊严，消费者的个人信息应被保密，个人隐私具有不可侵犯性。消费者应具有知情权和自主选择权。在数据使用方面，经营者应加强对个人数据的控制，防止数据被泄露和非法商用，在收集和使用消费者数据时必须进行公示，获得消费者同意后方可使用。

权责一致原则一方面要求技术开发人员要做到人工智能的设计和算法决策的透明化，避免人工智能算法的歧视，使算法具有可解释性、可验证性与可预测性，确保消费者充分了解其工作原理，由此可以预测算法结果，进行购买决策。另一方面要求在人工智能的技术开发和应用方面建立明确的责任体系，建立公共审查制度，以应对伦理或法律问题。在人工智能的设计和使用中保留相关的算法、数据、决策记录，以便能够明确责任归属。

2. 实践探索

为解决现存的人工智能在营销等领域的伦理问题，各国政府和企业都在积极致力于相关的实践探索。

2016年9月，脸书（Facebook）、亚马逊、谷歌、IBM、微软等公司联合成立人工智能伙伴关系（partnership on AI）合作组织，并提出六大伦理倡议。该组织致力于推进公众对人工智能技术的理解，同时也将设立未来人工智能领域研究者需要遵守的行为准则，并针对当前该领域的挑战及机遇提供有益有效的实践。

2017年，美国在阿西洛马人工智能会议上，提出了《阿西洛马人工智能23条原则》，其中包括13条人工智能伦理原则。同年，世界最大的非营利专业技术学会美国电气和电子工程师协会发布了《人工智能设计的伦理准则》，提出了人工智能的基本伦理原则。

2018年12月18日，欧盟人工智能高级别专家组正式向社会发布了一份人工智能道德准则草案（以下简称"草案"），该草案被视为是欧洲制造"可信赖人工智能"的讨论起点。2019年4月8日，欧盟委员会发布了人工智能伦理准则，提出了实现可信赖人工智能的七个要素。具体来说，其涵盖了保证人类的自主性、人工智能技术的稳健性和安全性，保证隐私和数据管理，保证AI算法系统的透明性，要求AI提供多样性、无歧视、公平的服务等方面的内容。

2017年7月，我国国务院发布了《新一代人工智能发展规划》，强调人工智能伦理的法律研究。2019年7月24日，习近平主持召开中央全面深化改革委员会第九次会议并发表重要讲话。会议通过了《国家科技伦理委员会组建方案》。会议指出，科技伦理是科技活动必须遵守的价值准则。组建国家科技伦理委员会的目的就是加强统筹规范和指导协调，推动构建覆盖全面、导向明确、规范有序、协调一致的科技伦理治理体系。2020年

10月21日，我国成立了国家科技伦理委员会。

案例10-1：太古可口可乐：全链路数字化可视

可口可乐系统的一位资深人士在社群交流时感慨："卖饮料不再是靠肩挑背扛式的劳动密集型作业，也不再是只做商业端的生意而断层消费者链接。现在通过数字化工具，每一瓶饮料可以做到直达消费者。每一瓶饮料都是流量入口，特别是可口可乐这么大体量的市场，流量的堆积是不得了的数量！"

全链路数字化

在介绍郑州太古可口可乐营销数字化之前，需要厘清一个概念——全链路数字化。全链路数字化一定是基于企业全面布局的，从生产环节到仓储物流、终端门店管理，一直到消费者整个链条的数字化改造。这项系统改造又可以拆分为两个逻辑：

一是B2B2C的技术逻辑，即单纯地以技术为依托，获取生产、仓储、配送、终端等各环节的数据流，为效率加持，为管理赋能，为决策作指导。最典型的就是门店软件即服务系统的应用。

二是B2C的商业逻辑，即BC一体化，通过技术工具，实现BC融合，为营销加持，促进消费者的复购、裂变。最典型的就是当下快消品行业中一物一码的应用。

技术逻辑贯穿全链路是商业逻辑的前提；商业逻辑是技术逻辑的升华，打通线上、线下、品牌、终端。全链路数字化既可以看作是销售的终点，即最终是为了实现交易，又可以看作是营销的起点，即打通认知、交易、关系。

郑州太古可口可乐是全链路数字化的代表性企业，它的数字化应用大致也可以一分为二，一是后端数字化技术侧的应用，二是前端营销+技术的应用。

可视化，随时掌握"一线战况"

太古可口可乐深度分销数字智能平台能将产品生产、物流配送、终端管理、消费者等数据更直观、清晰地呈现在眼前，足不出户，就能实时看到各个环节的数据状况。

产品生产：郑州太古可口可乐共有8条智能化生产线，每条生产线均装配在线监控系统，相当于为每条线装了一个眼睛，该系统根据生产线突发情况的影响程度分为绿色、蓝色、红色三种颜色，绿色代表正常、蓝色表示有问题、红色表示问题严重。哪怕生产线有一秒钟的停顿，它都会自动记录在什么时间出现的停顿，为什么停顿。

这个好处在哪里？防止一些安全事故出现，在以往，生产线的监控、管理全靠人工，依赖人工，短板就是问题发现不及时、细小问题易被忽略。例如，传送带上一个瓶子倒了，这个过程很短可能只有1秒钟，但是系统可以敏锐地抓取并记录。工人看到系统多次记录，就会组织排查，及时解决问题。这不仅提升了生产线的工作效率，也方便了生产线管理人员的日常管理。

物流配送：在过去，配送一直是物流管理中的一个难点，因为对于厂家来说，司机的行程路线是无法捕捉的。而郑州太古可口可乐解决这一问题的方法就是让司机行程路线可视化，经过技术化改造，物流管理部门通过大屏幕就能即时观测每一辆配送车辆的实时动态。比如，红点的车说明正在运行中。店老板打开手机就知道货到哪儿了，还有多久送到，踏实又省心。蓝点的车说明已经完成运送货，在回仓库的路上了，可以让仓库准备下一车货了。

司机路线行程的可视化好处在哪里呢？第一，便于管理。通过司机行程路线可视化，可以全程掌握他的路线及范围。第二，在营运方面，每辆车上都有定位系统和后台指令，车辆出仓库后，系统会推送一条信息给店主（门店的信息已经在数字化系统里了），货马上送到，可以开始准备收货了。如果货物到了以后，收货人不在，还可以找一个人接货。同时有多人送货，而后台只有几个人在统筹也不用担心，因为出现异常的话，系统会自动跳出来，不需要时时刻刻都盯着。

终端管理：郑州太古可口可乐通过开发的微信小程序连接厂家与终端店。在该系统中，所有产品的种类、折扣状况均有呈现，终端店主可自主下单。不仅如此，在下一步的数字化改造进程中，郑州太古可口可乐也会将数字化冰柜提上日程。一旦数字化冰柜铺设完毕，品牌对于终端信息的获取就会更及时、更全面。郑州太古可口可乐也正在实验对这些"零售终端"进行智能升级。比如，只需要增加一个摄像头，就能在每次开门时拍摄货架照片，自动传输后台，自动动态识别陈列情况，判断是否断货缺货、是否有其他品牌产品"入侵"，确保每台冰柜的生意"最大化"。温度传感器的加入，则能够判断饮料是否处于最佳饮用温度，内置 GPS 模块则会在冰柜位置出现偏差时自动报警。

后端数字化改造提升了各个环节的效率，每个环节形成的数据流，又会通过各个职能部门，自下而上层层汇总，最终形成可视化数据通过深度分销（route to market，RTM）数字智能平台呈现在高层管理者面前，成为重大决策、日常管理的重要参考。

技术赋能营销推动 BC 融合

后端链路没有客户（Customer，以下简称"C 端"）参与，只有"货、场"两要素，虽然环节多、流程长，但因为缺少了"人"，就无法实现三位一体的打通，更无法搭建出商业逻辑，所以，此时单纯的技术思维，营销思维难以介入。而到了前端链路，C 端出现，"人、货、场"三要素齐备，此时 MarTech 应成为主导。那么围绕消费者，郑州太古可口可乐是如何将技术应用于营销呢？

以郑州太古可口可乐进行的揭盖有奖促销活动为例。

消费者开盖之后，通过郑州太古可口可乐搭建的"可口可乐优享汇"小程序扫码，一旦中奖，消费者就可以来到终端。终端店主通过内容提供商平台对"优享汇"中的相关中奖情况进行核销，核销之后系统会自动下单，厂家会及时补货。这套揭盖有奖流程看起来简单，但在实际操作层面，会面临两个现实问题：

（1）参与度的问题：真正有多少消费者愿意去扫码；

（2）成本问题。

仔细分析这两个问题，其实两者也可以寻求一个共性的解决方案。首先是参与度的问题，消费者缺乏扫码积极性的问题从根本上来说是奖励本身可能并不具备诱惑力。奖励设置是固定的，但当下消费者的需求却是千人千面的，固定的奖励可能吸引一部分人，但对另一部分人并不构成参与动因。

其次是成本的问题，看似简单的促销，其成本汇总之后肯定是巨大的，那么，会不会有另一种操作思路，奖励产品由其他品牌"赞助"？一旦这样，那成本就会大大降低。两个问题合并之后，用"其他产品"解决"千人千面"，应该就是最优解。而解决方法就是一物一码。

整个河南地区，假如太古可口可乐一年产生了19亿次交易，而这19亿次交易如果仅有5%的扫码参与率，其频次也将近1亿。在此背景下，郑州太古可口可乐和腾讯联合，通过优码技术，着力解决了千人千面的问题。在未来，消费者扫优码之后，算法会通过大数据识别出消费者个人的标签，你喜欢什么给你送什么样的奖品。比如，消费者是一个手游爱好者，扫码之后的奖励可能就是一套手游皮肤；比如，消费者爱好网购，扫码之后的奖励可能就是电子券；消费者是一个比较追赶潮流的人，会给消费者新品尝鲜……

如此一来，消费者扫码的积极性便会大大提高。那么如何把消费者导流至企业（Business，以下简称"B端"），做到BC端一体化呢？

例如，摩拜单车有一个功能就是地图上会显示用户附近的车子都在哪，然后有些车的位置会显示红色，用户扫这个车可能拿到一些额外的券。郑州太古可口可乐跟它的做法相似，消费者扫码中奖以后，只要这个活动在结束之前，就一直有效。消费者什么时候想兑换了，在河南的任何地方点开小程序，周边的店一览无余。把消费者引入B端，为店里引流，这就是C2B。

此外，还可以设一些标签店，实现千店千策。比如大卖场、火锅，你可以自行选择去哪，逛个街或吃个火锅，由此，消费者完成了兑换，店里得到了流量，实现了BC一体化。BC一体化是BC融合，方向是携C端势能到B端。郑州太古可口可乐通过一物一码解决了千人千面的问题，不仅打通了线上、线下、B端、C端，而且形成了强劲的C端势能，这些势能进一步又反向流回了自己的B端和合作商的B端，实现了千店千策。

数字化是一把手工程

从郑州太古可口可乐全链路数字化营销实践来看，数字化的优势很明显，但推动起来还真是千辛万苦、困难重重，是个一把手工程。要实现数字化转型需要一把手在观念、思维、执行力等方面都要有创新与魄力，因为数字化转型不仅仅是一种技术革命，更是一种认知革命，是一种思维方式与经营模式的革命。它一定是涉及企业战略、组织、技术、运营、服务、人才等的一场系统变革与创新。从技术逻辑来看，虽然数字化之后，各职能部门对于职责范围内的各种情况都可以及时掌握，及时反馈，但如果没有一个类似于 RTM 的数字化智能平台汇总至一把手的办公室,各部门只能是各自为战,并且,数据的战略价值也无法进一步发挥。

从商业逻辑来看,数字化改革一定是涉及跨部门合作的,必然是市场部、技术部、销售部、财务部共同参与的,只有内部形成完美协作,才能更好地进行营销规划,而这种跨部门协同工作,一定是要一把手从中协调、平衡的。

数字化是一个漫长而循序渐进的过程,而且没有什么统一的成功准则可以套用,企业最关键的就是理解外部环境和内部情况,寻找适合自身一体化平台如何为 B 端引流成熟和发展战略的数字化转型方案。

案例 10-2:Facebook
数据泄露事件

第十章
扩展阅读

思考题

1. 常用的消费者行为分析方法有哪些?
2. 列举几种消费者态度测量量表及其使用方法。
3. 什么是 AISAS 模型?
4. 举例说明生物信息识别技术及其在营销领域的应用。
5. 试说明人工智能营销面临的伦理问题及处理原则。

即测即练

参考文献

中文文献

[1] [美] 菲利普·科特勒. 市场营销 [M]. 北京：清华大学出版社，2019.

[2] [美]（Eddie Yoon）著. 王喆、徐宁译. 超级用户：低成本、持续获客手段与盈利战略 [M]. 北京：中信出版集团，2017.

[3] 王万良编著. 人工智能通识教程 [M]. 北京：清华大学出版社，2020.

[4] 肖汉光，王勇. 人工智能概论 [M]. 北京：清华大学出版社，2020.

[5] 鲍军鹏，张选平. 人工智能导论. 2版 [M]. 北京：机械工业出版社，2020.

[6] 毕文杰，王荣. 基于高斯过程与批量汤普森抽样的动态定价策略 [J/OL]. 计算机工程与应用：1-17[2021-06-10].http：//kns.cnki.net/kcms/detail/11.2127.TP.20210419.1333.027.html.

[7] 蔡畅. 原生广告的程序化融合发展探析 [J]. 青年记者，2019，No.641（21）：80-81.

[8] 陈根. 人工智能的商业应用 [M]. 北京：电子工业出版社，2020.

[9] 陈国元，徐孝勇. 从全渠道到无人零售：新零售智能化发展探讨 [J]. 商业经济研究，2019（06）：33-36.

[10] 陈汉文，韩洪灵. 商业伦理与会计职业道德 [M]. 北京：中国人民大学出版社，2020.

[11] 陈路遥. 自动化面部表情识别在营销领域的应用研究 [J]. 广告大观（理论版），2019（04）：31-39.

[12] 陈韵博. 程序化广告的道与术 [M]. 北京：社会科学文献出版社，2020.

[13] 程辉. 网络用户偏好分析及话题趋势预测方法研究 [D]. 北京交通大学，2013.

[14] 崔宇韬，刘贺，冀璇，冷一，任震晓，李祖浩，吴丹凯. 智能响应性水凝胶作为药物递送系统的研究与应用 [J]. 中国组织工程研究，2019，23（34）：5508-5515.

[15] [美] 大卫·普拉特著. 用户体验乐趣多：写给开发者的用户体验与交互设计课 [M]. 杨少波译. 北京：机械工业出版社，2018.

[16] 戴建平. "智能+"背景下我国零售业转型研究——组织层面的转型路径 [J]. 技术经济与管理研究，2020（07）：80-84.

[17] 丁圣勇，樊勇兵编著. 解惑人工智能 [M]. 北京：人民邮电出版社，2018.

[18] 董新平，叶彩鸿. 客户关系管理中的触点整合及其策略研究 [J]. 科技进步与对策，2004（02）：89-91.

[19] 段淳林. 智能营销与传播创新 [J]. 中国广告, 2019（08）：107-108.

[20] 樊倩, 王雁, 段学欣, 薛茜男, 游睿, 杨文拓, 杨洋. 智能生物传感器在眼科学领域的应用研究进展 [J]. 眼科新进展, 2021, 41（05）：484-487.

[21] 樊未. 移动互联网时代企业市场营销的转型升级与探讨 [J]. 中国市场, 2021（16）：117-118.

[22] 范俊君, 田丰, 杜一, 刘正捷, 戴国忠. 智能时代人机交互的一些思考 [J]. 中国科学：信息科学, 2018, 48（04）：361-375.

[23] [美] 菲利普•科特勒, 加里•阿姆斯特朗著. 市场营销：原理与实践. 工商管理经典译丛 [M]. 北京：中国人民大学出版社, 2020.

[24] 菲利普•科特勒, 凯文•莱恩•凯勒著. 营销管理 [M]. 上海：格致出版社, 2016.

[25] 冯云霞, 薛蓉蓉. 基于 XGBoost 的以太坊交易智能定价模型 [J/OL]. 计算机工程与应用：1-10 [2021-06-10]. http://kns.cnki.net/kcms/detail/11.2127.TP.20210422.1118.006.html.

[26] 付志勇, 周煜瑶. 人工智能时代的设计变革 [J]. 中国艺术, 2017（10）：58-63.

[27] 高全力, 高岭, 杨建锋, 王海. 上下文感知推荐系统中基于用户认知行为的偏好获取方法 [J]. 计算机学报, 2015, 38（09）：1767-1776.

[28] 高志雄, 王天杰, 王静. 转型期企业的 CRM 建设 [J]. 企业管理, 2017（07）：105-107.

[29] 古磊, 竺小松. 有源相控"智能蒙皮"波束控制系统的设计与实现 [J]. 火力与指挥控制, 2018, 43（04）：152-157+164.

[30] 谷来丰, 赵国玉, 邓伦胜著. 智能金融：人工智能在金融科技领域的 13 大应用场景 [M]. 北京：电子工业出版社, 2019.

[31] 谷炜, 于晓茹, 李晴, 宋亚楠, 闫相斌. C2C 二手交易平台动态定价行为研究 [J]. 系统工程理论与实践, 2021, 41（05）：1150-1161.

[32] 郭和睿, 包德福, 王赛赛. 以菌丝体为材料的旅游纪念品设计研究 [J]. 设计, 2021, 34（09）：14-17.

[33] 郭锐. 人工智能的伦理与治理 [J]. 人工智能, 2019（04）：11-19.

[34] 韩晓建, 邓家褆. 产品概念设计过程的知识表达 [J]. 制造业自动化, 1999（05）：1-3.

[35] 胡涵清主编. 大数据营销 [M]. 北京：经济管理出版社, 2020.

[36] 黄鹂, 何西军著. 整合营销传播：原理与实务. 复旦博学•广告学系列 [M]. 上海：复旦大学出版社, 2012.

[37] [美] 吉姆•斯特恩著. 人工智能营销 [M]. 北京：清华大学出版社, 2019.

[38] 贾丽军著. 智能营销：从 4P 时代到 4E 时代 [M]. 北京：中国市场出版社, 2017.

[39] 九枝兰. 营销大咖说：互联网营销方法论与实战技巧 [M]. 北京：人民邮电出版社, 2017.

[40] 康瑾. 原生广告的概念、属性与问题 [J]. 现代传播——中国传媒大学学报, 2015, 37（003）：112-118.

[41] 兰玉琪, 刘松洋, 王婧. 人工智能技术在产品交互设计中的应用 [J]. 包装工程, 2019, 40（16）：14-21.

[42] 雷芳芳. 基于人工智能的市场营销体系构建与风险分析 [J]. 中国集体经济, 2020（26）：52-53.

[43] 李飞翔. "大数据杀熟"背后的伦理审思、治理与启示 [J]. 东北大学学报（社会科学版）, 2020, 22（01）：7-15.

[44] 李改霞. 玩转社群：方法、技巧一本通 [M]. 北京：清华大学出版社，2017.

[45] 李光明. 网络营销 [M]. 北京：人民邮电出版社，2014.

[46] 李捷编著. 消费者行为学 [M]. 北京：北京理工大学出版社，2020.

[47] 李军阳. 大数据背景下市场营销发展趋势研究 [J]. 现代经济信息，2019（09）：156＋158.

[48] 李艳. 基于柔性电子技术的可穿戴产品系统设计与实现 [J]. 微型电脑应用，2018，34（10）：68-70.

[49] 廉师友编著. 人工智能概论：通识课版 [M]. 北京：清华大学出版社，2020.

[50] 梁丽丽. 程序化广告：个性化广告投放实用手册 [M]. 北京：人民邮电出版社，2017.

[51] 梁正，曾雄. "大数据杀熟"的政策应对：行为定性、监管困境与治理出路 [J]. 科技与法律（中英文），2021（02）：8-14.

[52] 廖秉宜. 中国程序化购买广告产业现状、问题与对策 [J]. 新闻界，2015，4（24）：43-46.

[53] 廖建尚，胡坤融，尉洪编著. 智能产品设计与开发 [M]. 北京：电子工业出版社，2021.

[54] 林超群，樊树海，陈鹏，周策. 基于柔性制造系统的大规模定制家具公理化设计研究 [J]. 林产工业，2019，56（10）：23-26.

[55] 林子筠，吴琼琳，才凤艳. 营销领域人工智能研究综述 [J]. 外国经济与管理，2021，43（03）：89-106.

[56] 林钻辉. 营销理论的历史演进与发展趋向 [J]. 商业经济研究，2020（16）：68-71.

[57] 刘海峰. 社交网络用户交互模型及行为偏好预测研究 [D]. 北京邮电大学，2014.

[58] 刘海鸥，孙晶晶，苏妍嫄，张亚明. 国内外用户画像研究综述 [J]. 情报理论与实践，2018，41（11）：155-160.

[59] 刘继红，江平宇编著. 人工智能·智能制造 [M]. 北京：电子工业出版社，2020.

[60] 刘凯. 新零售下动漫创意产品营销渠道创新研究 [J]. 商业经济研究，2020（08）：118-120.

[61] 刘丽娴. 客制化与数字化：新型消费者 [M]. 杭州：浙江大学出版社，2017.

[62] 刘鹏，王超. 计算广告 [M]. 北京：人民邮电出版社，2015.

[63] 刘珊，黄升民. 人工智能：营销传播"数算力"时代的到来 [J]. 现代传播，2019，41（01）：7-15.

[64] 卢敏，张耀元，卢春. 基于策略学习的机票动态定价算法 [J]. 电子与信息学报，2021，43（04）：1022-1028.

[65] 卢泰宏，周懿瑾著. 教育部经济管理类主干课程教材·市场营销系列 消费者行为学 洞察中国消费者 第3版 [M]. 北京：中国人民大学出版社，2018.

[66] 路红艳. 新一轮科技革命对零售业变革和创新发展的影响 [J]. 商业经济研究，2018（13）：33-35.

[67] 罗敏. 场景连接一切：场景思维＋场景构建＋场景营销＋案例实战 [M]. 北京：电子工业出版社，2018.

[68] 吕尚彬，郑新刚. 计算广告的兴起背景、运作机理和演进轨迹 [J]. 山东社会科学，2019，No.291（11）：166-171.

[69] 吕巍，沈浩，才凤艳，肖莉，邹鹏. 人工智能赋能营销专栏介绍 [J]. 管理科学，2020，33（05）：1-2.

[70] 美团算法团队著. 美团机器学习实践 [M]. 北京：人民邮电出版社，2018.

[71] 孟迪云主编. 消费者行为分析. 智慧商业创新型人才培养系列教材 [M]. 北京：人民邮电出版社，2020.

[72] [美]尼古拉斯·韦伯著.丁祎平译.极致用户体验[M].北京:中信出版集团,2018.

[73] 潘一,徐明磊,郭奇,廖广志,杨双春,Kantoma Daniel Bala.钻井液智能堵漏材料研究进展[J].材料导报,2021,35(09):9223-9230.

[74] 亓丛,吴俊.用户画像概念溯源与应用场景研究[J].重庆交通大学学报(社会科学版),2017,17(05):82-87.

[75] 邱建华编著.生物特征识别:身份认证的革命[M].北京:清华大学出版社,2016.

[76] 邱琳,曾昉,钟露.生物识别技术在移动支付领域应用存在的安全风险分析[J].金融科技时代,2020,28(06):64-67.

[77] 邱仁宗,黄雯,翟晓梅.大数据技术的伦理问题[J].科学与社会,2014,4(01):36-48.

[78] 屈娟娟.人工智能及大数据技术在数字营销中的应用[J].商业经济研究,2020(10):78-80.

[79] 沈凤池主编.商务数据分析与应用[M].北京:人民邮电出版社,2019.

[80] [比]范·贝莱格姆.用户的本质 数字化时代的精准运营法则[M].北京:中信出版社,2018.

[81] [加]斯特拉腾(Stratten,S. Kramer,A.)著.高晓燕、冯蕾、张爱荣译.重构销售:打造互联网时代的客户新体验[M].北京:电子工业出版社,2016.

[82] 宋利利,刘贵荣,陈伟.大数据与市场营销[M].北京:经济管理出版社,2020.

[83] 宋晓兵,何夏楠.人工智能定价对消费者价格公平感知的影响[J].管理科学,2020,33(05):3-16.

[84] 孙凌云,张于扬,周志斌,周子洪.以人为中心的智能产品设计现状和发展趋势[J].包装工程,2020,41(02):1-6.

[85] 孙凌云,周志斌,张于扬,李卓书.基于AI硬件的智能产品设计及其平台[J].创意与设计,2021(02):5-14.

[86] 孙凌云编著.智能产品设计[M].北京:高等教育出版社,2020.

[87] 孙效华,张义文,侯璐,周雯洁,张绳宸.人工智能产品与服务体系研究综述[J].包装工程,2020,41(10):49-61.

[88] 汤洪.人工智能在区域营销方面的应用研究[J].商讯,2021(09):171-172.

[89] 田捷,杨鑫编著.生物特征识别技术理论与应用[M].北京:电子工业出版社,2005.

[90] 田硕.大数据时代CRM向信息化、智能化的转型发展研究[J].中国商论,2018(26):12-13.

[91] 汪吉、汪豪著.首席体验官[M].北京:电子工业出版社,2020.

[92] 王潆."大数据杀熟"该如何规制?——以新制度经济学和博弈论为视角的分析[J].暨南学报(哲学社会科学版),2021,43(06):52-64.

[93] 王国中,李庆雯.原生广告及监管规制研究[J].青年记者,2018,000(018):84-85.

[94] 王佳炜,杨艳.移动互联网时代程序化广告的全景匹配[J].当代传播,2016,4(01):92-95.

[95] 王军.AISAS模式下大众出版知识服务产品营销策略探析——以三联"中读"为例[J].科技与出版,2021(05):120-124.

[96] 王坤,相峰."新零售"的理论架构与研究范式[J].中国流通经济,2018,32(01):3-11.

[97] 王力剑编著.新媒体和电商数据化运营 用户画像+爆款打造+营销分析+利润提升 Excel版[M].北京:清华大学出版社,2019.

[98] 王美美.渠道视角的营销模式整合与创新机制研究[J].商业经济研究,2020,5(20):67-70.

[99] 王苗，谢佩宏，陈刚. 程序化户外广告研究：模式、特征与要素 [J]. 新闻与传播评论，2020，73（05）：79-88.

[100] 王琴琴，杨迪. 人工智能背景下本土化智能营销策略研究 [J]. 新闻爱好者，2019，65（11）：55-59.

[101] [美] 安妮·M. 许勒尔著. 触点 [M]. 李琪译. 北京：中国人民大学出版社，2019.

[102] 王炜宇. 基于智能互联网的体验设计策略调整 [J]. 科技创新与应用，2018，4（10）：102+105.

[103] 王永贵，马双. 客户关系管理（第2版）[M]. 北京：清华大学出版社，2021.

[104] 王永周，邓燕. 基于大数据预测的消费者购买决策行为分析 [J]. 商业经济研究，2016，5（23）：40-42.

[105] 王志勇，汪韬，庄梦迪，徐航勋. 功能高分子材料在柔性电子领域研究进展 [J]. 中国科学技术大学学报，2019，49（11）：878-891.

[106] 吴春茂，张笑男，吴翔. 构建基于积极体验的概念设计画布 [J]. 包装工程，2020，41（16）：76-82.

[107] 吴功兴，余莉，刘闯，孙兆祥编著. 商务大数据采集与分析 [M]. 杭州：浙江大学出版社，2020.

[108] 夏建业，田锡炜，刘娟，庄英萍. 人工智能时代的智能生物制造 [J]. 生物加工过程，2020，18（01）：13-20.

[109] 熊先青，刘慧，庞小仁. 大规模定制家具柔性制造系统构建与关键技术 [J]. 木材工业，2019，33（02）：20-24.

[110] 徐芳，应洁茹. 国内外用户画像研究综述 [J]. 图书馆学研究，2020，6（12）：7-16.

[111] 徐亨，陈妤红，高阳光，何丹，于洁，申超，刘继延，尤庆亮. 柔性显示器概念性样机及专利最新进展 [J]. 江汉大学学报（自然科学版），2015，43（03）：215-220.

[112] 徐扬. 微播易：短视频营销进入"AI+"时代 [J]. 成功营销，2018，6（Z1）：54-55.

[113] 徐周，王慧灵. 原生广告：一种新的品牌传播手段 [J]. 青年记者，2018，000（014）：109-110.

[114] 薛斌鹏. 品牌营销 [M]. 北京：电子工业出版社，2020.

[115] 阎宏毅. 市场营销演进及营销管理变革综述 [J]. 中小企业管理与科技（上旬刊），2016（02）：125-126.

[116] 阳翼. 大数据营销 [M]. 北京：中国人民大学出版社，2017.

[117] 杨婕. 推动完善我国新一代人工智能伦理治理体系 [J]. 信息安全与通信保密，2020，5（01）：93-101.

[118] 于勇毅著. MarTech营销技术 [M]. 北京：人民邮电出版社，2020.

[119] 于跃，李雷鸣. 加油站客户价值分类与精准营销策略——基于改进RFAT模型的定价模式分析 [J]. 价格理论与实践，2018，7（11）：158-161.

[120] 余来文，甄英鹏，黄绍忠，陈龙著. 营销管理：新媒体、新零售与新营销 [M]. 北京：企业管理出版社，2021.

[121] 苑玮琦，柯丽，白云编著. 生物特征识别技术. 华夏英才基金学术文库 [M]. 北京：科学出版社，2009.

[122] 曾雪云，郝宁华，时准. 小微企业如何提升信息沟通绩效——基于社会化客户关系管理能力与社交媒体可见度的研究 [J]. 经济理论与经济管理，2021，41（02）：98-112.

[123] 张承业，张宪民. 人工智能驱动的人机交互技术挑战及应用思路 [J]. 数字技术与应用，2018，36（05）：

206-207.

[124] 张凤羽. 大数据背景下消费者购买行为的探究 [J]. 商, 2016, 7（29）: 213.

[125] 张弘. 超级体验: 用数智化体验管理打造超级生产力 [M]. 上海: 上海三联书店, 2020.

[126] 张丽. 大数据时代企业客户资产价值评估研究 [J]. 会计之友, 2018, 6（17）: 133-135.

[127] 张玲, 张静. 原生广告对广告生态链的价值重构 [J]. 青年记者, 2018, No.611（27）: 85-86.

[128] 张明琪, 陆禹萌著. 产品运营 移动互联网时代, 如何卖好你的产品 [M]. 北京: 电子工业出版社, 2019.

[129] 张小墨. 数据中台产品经理 从数据体系到数据平台实战 [M]. 北京: 电子工业出版社, 2020.

[130] 张新新. 数字出版营销能力、策略及渠道 [J]. 中国出版, 2020, 7（16）: 33-38.

[131] 张雁冰, 吕巍, 张佳宇. AI 营销研究的挑战和展望 [J]. 管理科学, 2019, 32（05）: 75-86.

[132] 张莹莹, 李娜. 跨屏整合营销面临的挑战及发展方向 [J]. 现代商业, 2016, 8（01）: 27-28.

[133] 章涌, 沈嘉鸿, 向永胜. CRM 在用户服务的创新研究——以蔚来为例 [J]. 中国经贸导刊（中）, 2020, 4（09）: 145-146.

[134] 赵宏田. 用户画像 [M]. 北京: 机械工业出版社, 2019.

[135] 赵娇娇. 纤维素基水凝胶制备及性能研究 [D]. 南京大学, 2017.

[136] 赵帅, 朱荣. 多感知集成的柔性电子皮肤 [J]. 化学学报, 2019, 77（12）: 1250-1262.

[137] 赵卫东, 董亮编著. 机器学习 [M]. 北京: 人民邮电出版社, 2018.

[138] 郑带利. 网络化时代营销传播渠道的冲突及优化之策 [J]. 商业经济研究, 2020, 6（24）: 50-52.

[139] 郑志峰. 人工智能时代的隐私保护 [J]. 法律科学（西北政法大学学报）, 2019, 37（02）: 51-60.

[140] 郑方, 艾斯卡尔·肉孜, 王仁宇, 李蓝天. 生物特征识别技术综述 [J]. 信息安全研究, 2016, 2（01）: 12-26.

[141] 中国电子信息产业发展研究院（赛迪研究院）, 人工智能产业创新联盟编著. 人工智能实践录 [M]. 北京: 人民邮电出版社, 2020.

[142] 钟旭东编著. 消费者行为学: 心理学的视角 [M]. 北京: 北京大学出版社, 2020.

[143] 周建亨, 沈祎婷. 基于可持续性消费的企业质量价格决策研究 [J/OL]. 中国管理科学: 1-12[2021-06-10].https://doi.org/10.16381/j.cnki.issn1003-207x.2019.1604.

[144] 周围. 人工智能时代个性化定价算法的反垄断法规制 [J]. 武汉大学学报（哲学社会科学版）, 2021, 74（01）: 108-120.

[145] 朱程程. 大数据杀熟的违法性分析与法律规制探究——基于消费者权益保护视角的分析 [J]. 南方金融, 2020, 5（04）: 92-99.

[146] 主编陈志轩, 马琦. 大数据营销. 华信经管创新系列 [M]. 北京: 电子工业出版社, 2019.

[147] 组编上海市教育委员会. 人工智能基础 [M]. 上海: 华东师范大学出版社, 2021.

英文文献

[1] Ahmed M B, Sanin C, Shafiq S I, et al. Experience based decisional DNA to support smart product design[J]. Journal of Intelligent and Fuzzy Systems, 2019, 37（6）: 7179-7187.

[2] Alexandros Deligiannis, Charalampos Argyriou, Dimitrios Kourtesis. Predicting the Optimal Date and Time

to Send Personalized Marketing Messages to Repeat Buyers[J]. International Journal of Advanced Computer Science and Applications（IJACSA）, 2020, 11（4）: 90-99.

[3] Amaravadi C S, Samaddar S, Dutta S. Intelligent marketing information systems: computerized intelligence for marketing decision making[J]. Marketing Intelligence & Planning, 1995, 13（2）: 4-13.

[4] Amazeen M , Vargo C . Sharing Native Advertising on Twitter: Content Analyses Examining Disclosure Practices and Their Inoculating Influence[J]. Social Science Electronic Publishing, 2021, 22（7）: 63-67.

[5] Amershi S, Weld D, Vorvoreanu M, et al. Guidelines for Human-AI Interaction[C]. Proceedings of the 2019 CHI Conference on Human Factors in Computing Systems, 2019, 3（13）: 1-13.

[6] Arasu B S , Seelan B J B , Thamaraiselvan N . A machine learning-based approach to enhancing social media marketing[J]. Computers & Electrical Engineering, 2020, 86: 106723.

[7] Bahrammirzaee A . A comparative survey of artificial intelligence applications in finance: artificial neural networks, expert system and hybrid intelligent systems[J]. Neural Computing and Applications, 2010, 19(8): 1165-1195.

[8] Baurley S . Interactive and experiential design in smart textile products and applications[J]. Personal and Ubiquitous Computing, 2004, 8（3）: 274-281.

[9] Becker L, Jaakkola E. Customer experience: fundamental premises and implications for research[J]. Journal of the Academy of Marketing Science, 2020, 48（4）: 630-648.

[10] Bennett J. Intelligent Pricing Key to Vitara Conquest Success' [J]. Automotive Management, 2017（nov.）: 92-92.

[11] Bernard J. Jansen et al. Data-Driven Personas[M]. San Rafael US: Morgan & Claypool Publishers, 2021.

[12] Blanco T , Casas R , E Manchado-Pérez, et al. From the islands of knowledge to a shared understanding: interdisciplinarity and technology literacy for innovation in smart electronic product design[J]. International Journal of Technology and Design Education, 2015, 27（2）: 1-34.

[13] Blythe P T . Towards Pervasive Pricing utilising Future Intelligent Infrastructure[J]. Newcastle University, 2005, 6（3）: 62-67.

[14] Broussard Meredith. Artificial Unintelligence: How Computers Misunderstand the World[M].Cambridge: The MIT Press: 2018.

[15] Burnett Sarah. The Autonomous Enterprise: Powered by AI[M].SWINDON: BCS Learning & Development Limited, 2021.

[16] Calvano E , Calzolari G , Pastorello S , et al. Algorithmic Pricing What Implications for Competition Policy？[J]. Review of Industrial Organization, 2019, 55（2）: 1-17.

[17] Campbell C , Farrell J R . More than meets the eye: The functional components underlying influencer marketing[J]. Business Horizons, 2020, 63（4）: 469-479.

[18] Capuano N , Gr Ec O L , Ritrovato P , et al. Sentiment analysis for customer relationship management: an incremental learning approach[J]. Applied Intelligence, 2020, 5（6）: 1-14.

[19] Capatina A , Kachour M , Lichy J , et al. Matching the future capabilities of an artificial intelligence-based software for social media marketing with potential users' expectations[J]. Technological Forecasting and

Social Change, 2020, 151.

[20] Chan C C H . Intelligent value-based customer segmentation method for campaign management: A case study of automobile retailer[J]. Expert Systems with Applications, 2008, 34（4）: 2754-2762.

[21] Chevalier Michel, Gutsatz Michel. Luxury Retail and Digital Management: Developing Customer Experience in a Digital World[M]. Singapore: John Wiley & Sons Pte, 2020.

[22] Chen B W , Ji W . Intelligent Marketing in Smart Cities: Crowdsourced Data for Geo-Conquesting[J]. It Professional Magazine , 2016, 18（4）: 18-24.

[23] Chen T Y , Chen Y M , Tsai M C . A Status Property Classifier of Social Media User's Personality for Customer-Oriented Intelligent Marketing Systems: Intelligent-Based Marketing Activities[J]. International Journal on Semantic Web and Information Systems（IJSWIS）, 2020, 16（1）: 77-94.

[24] Cheng X . A Research on the Development of Artificial Intelligence and Consumer Finance in China[J]. Journal of Physics Conference, 2019, 1176（4）: 96-123.

[25] Coltman T , Devinney T M , Midgley D F . Customer relationship management and firm performance[J]. Journal of Information Technology, 2011, 26（3）: 205-219.

[26] Coskun Tuna, Cevahir Ejder. Native Advertising[M]. Wiesbaden: Springer Gabler, 2019.

[27] Cui F, H Hu, Xie Y. An intelligent optimization method of E-commerce product marketing[J]. Neural Computing and Applications, 2021, 33（9）: 4097-4110.

[28] Cui T, Y Wang, Namih B. Build an Intelligent Online Marketing System: An Overview[J]. IEEE internet computing, 2019, 23（4）: 53-60.

[29] Dale Lovell. Native Advertising: The Essential Guide[M]. London, GB: Kogan Page, 2017.

[30] Dan Dumitriu, Mirona Ana-Maria Popescu. Artificial Intelligence Solutions for Digital Marketing[J]. Procedia Manufacturing, 2020, 46（5）: 64-72.

[31] Danil Dintsis. Customer Relationship Management and IT[M].London: IntechOpen, 2020.

[32] Desai V S. Interactions between members of a marketing-production channel under seasonal demand[J]. European Journal of Operational Research, 1996, 90（1）: 115-141.

[33] Edward C. Malthouse, Ewa Maslowska, Judy U. Franks. Understanding programmatic TV advertising[J]. International Journal of Advertising, 2018, 37（5）: 769-784.

[34] Fishbein M, Ajzen I. Predicting and changing behavior: The reasonedaction approach[M]. New York, NY: Taylor & Francis Group, 2010.

[35] Fiske S T, MacRae C N. The SAGE handbook of social cognition[M]. Los Angeles: SAGE, 2012.

[36] FJ Martínez-López, Casillas J. Marketing Intelligent Systems for consumerbehaviour modelling by a descriptive induction approach based on Genetic Fuzzy Systems[J]. Industrial Marketing Management, 2009, 38（7）: 714-731.

[37] Fu X , Zeng X J , Luo X R , et al. Designing an intelligent decision support system for effective negotiation pricing: A systematic and learning approach[J]. Decision Support Systems, 2017, 96（4）: 49-66.

[38] Gabriel Steinhardt. Market-Value Pricing[M].Switzerland: Springer, Cham, 2019.

[39] Galitsky B , Rosa J . Concept-based learning of human behavior for customer relationship management[J].

Information Sciences, 2011, 181（10）：2016-2035.

[40] Geeta Rana et al. Reinventing Manufacturing and Business Processes Through Artificial Intelligence[M]. Boca Raton: CRC Press, 2021.

[41] Gentile C, Spiller N, Noci G. How to sustain the customer experience: An overview of experience components that co-create value with the customer[J]. European management journal, 2007, 25（5）：395-410.

[42] Greta Frohne. Erfolgsfaktoren von Online Customer Experience[M]. Wiesbaden: Springer Gabler, 2020.

[43] Gulnara Z. Karimova, Valerie Priscilla Goby. The adaptation of anthropomorphism and archetypes for marketing artificial intelligence[J]. Journal of Consumer Marketing, 2020, 38（2）：229-238.

[44] H Wei|é. Intelligent pricing algorithm based on multiagent learning[J]. Computer Engineering & Applications, 2007, 43（6）：17-19.

[45] Harwood T，Garry T. An investigation into gamification as a customer engagement experience environment[J]. Journal of services marketing, 2015, 29（6/7）：533-546.

[46] Hongpeng Yang. Customer Group Description of Chinese Artwork Market Based on User Portrait Theory[J]. International Journal of Frontiers in Sociology, 2020, 2（9）：235-256.

[47] Horizons B. From data to action: How marketers can leverage AI. 2020, 63（2）：227-243.

[48] Hoyer W D, Kroschke M, Schmitt B, et al. Transforming the customer experience through new technologies[J]. Journal of Interactive Marketing, 2020, 51（4）：57-71.

[49] Hu J，Liu B，Peng H. Role of AI for application of marketing teaching –A research perspective1[J]. Journal of Intelligent and Fuzzy Systems, 2020, 40（2）：1-9.

[50] Jamie Lynn Garrett et al. Adoption of Mobile Payment Technology by Consumers[J]. Family and Consumer Sciences Research Journal, 2014, 42（4）：358-368.

[51] Janet, R, McColl-Kennedy, et al. Fresh perspectives on customer experience[J]. Journal of Services Marketing, 1987, 8（3）：56-61.

[52] Joseph Kaswengi. Branding and Labeling in the Digital and Artificial Intelligence Era[M]. New York: Nova Science Publishers, 2020.

[53] Kashyap Kompella. A Guide to Digital Experience Management for Financial Services[J]. EContent, 2016, 39（4）：30-42.

[54] Katie King. Using Artificial Intelligence in Marketing: How to Harness AI and Maintain the Competitive Edge[M]. London: Kogan Page, 2018.

[55] Kephart J O，Hanson J E，Greenwald A R. Dynamic pricing by software agents[J]. Computer Networks, 2000, 32（6）：731-752.

[56] Kim H，Gupta S. A User Empowerment Approach to Information Systems Infusion[J]. IEEE Transactions on Engineering Management, 2014, 61（4）：656-668.

[57] Kiran Chaudhary, Mansaf Alam. Big Data Analytics: Applications in Business and Marketing[M].Boca Raton: CRC Press, 2021.

[58] Klaus P P, Maklan S. Towards a better measure of customer experience[J]. International Journal of Market

Research, 2013, 55（2）: 227-246.

[59] Klouda L . Thermoresponsive hydrogels in biomedical applications: A seven-year update - ScienceDirect[J]. European Journal of Pharmaceutics & Biopharmaceutics Official Journal of Arbeitsgemeinschaft Für Pharmazeutische Verfahrenstechnik E V, 2015, 97（Pt B）: 338-349.

[60] Lambert D M . Customer relationship management as a business process[J]. Journal of Business & Industrial Marketing, 2009, 25（1-2）: 4-17.

[61] Lars Wiedenhoefer. Digital Customer Experience Engineering[M]. Berkeley: Apress, 2021.

[62] LATTNER H, MEINEL C, LEIFER L. Design Thinking: Understand–Improve–Apply[M]. Berlin: Springer Science & Business Media, 2010.

[63] Lemon K N , Verhoef P C . Understanding Customer Experience Throughout the Customer Journey[J]. Journal of Marketing, 2016, 80（6）: 69-96.

[64] Lene Nielsen. Personas - User Focused Design[M]. London: Springer, 2019.

[65] Lin K Y. A sequential dynamic pricing model and its applications[J]. Naval Research Logistics, 2004, 51（4）: 501-521.

[66] Liu H , Li W , Liu C , et al. Incorporating simvastatin/poloxamer 407 hydrogel into 3D-printed porous Ti 6 Al 4 V scaffolds for the promotion of angiogenesis, osseointegration and bone ingrowth[J]. Biofabrication, 2016, 8（4）: 045012.

[67] Marshall R , Cook S , Mitchell V , et al. Design and evaluation: End users, user datasets and personas[J]. Applied ergonomics, 2013, 46: 311-317.

[68] Matosas-López, Luis. The Management of Digital Marketing Strategies in Social Network Services: A Comparison between American and European Organizations[J]. Journal of Open Innovation, 2021, 7（1）: 1-16.

[69] Mallawaarachchi C . The Application of Artificial Intelligence and the Interactive Voice Recognition in the Banking Industry in Sri Lanka[J]. Journal of Modern Accounting and Auditing, 2019, 15（6）: 7.

[70] Mccardle J R . The Challenge of Integrating AI & Smart Technology in Design Education[J]. International Journal of Technology and Design Education, 2002, 12（1）: 59-76.

[71] Meyer C, Schwager A. Understanding customer experience[J]. Harvard business review, 2007, 85（2）: 116-118.

[72] Michael W. Eysenck and Christine Eysenck. AI vs Humans[M]. Abingdon: Taylor and Francis, 2021.

[73] Miguel Ángel Herrera Batista. The Ontology of Design Research[M]. Abingdon: Taylor and Francis, 2020.

[74] Mikel Galar et al. A survey of fingerprint classification Part I: Taxonomies on feature extraction methods and learning models[J]. Knowledge-Based Systems, 2015, 81: 76-97.

[75] Miller S R , Calantone R , Indro D C , et al. The effects of strategies on the management control-performance relationship in Sino joint ventures[J]. Plos Pathogens, 2015, 22（6）: 189-217.

[76] Ming W , Yuan C . Research of evaluation of customer relationship of logistics enterprise based on AHP[J]. Health Economics, 2011, 18（11）: 1233-1236.

[77] Mhh A , Rtr B . A Framework for Collaborative Artificial Intelligence in Marketing[J]. Journal of Retailing, 2021, 6（4）: 1126-1143.

[78] Mintu-Wimsatt A, Lozada HR. Business Analytics in the Marketing Curriculum: A Call for Integration[J]. Marketing Education Review, 2018, 28（1）: 1-5.

[79] Mohammad Norouzi, Bahareh Nazari, Donald W. Miller. Injectable hydrogel-based drug delivery systems for local cancer therapy[J]. Drug Discovery Today, 2016, 21（11）: 1835-1849.

[80] Monty Newborn. Beyond Deep Blue[M]. London: Springer, 2011.

[81] Mounir Kehal, Zuopeng Zhang. Data Analytics in Marketing, Entrepreneurship, and Innovation[M].Boca Raton: CRC Press: 2020.

[82] Netzer, Oded, Danielson, et al. Beyond the Target Customer: Social Effects of Customer Relationship Management Campaigns[J]. Journal of marketing research, 2017, 6: 13-16.

[83] Neuhofer B , Magnus B , Celuch K . The impact of artificial intelligence on event experiences: a scenario technique approach[J]. Electronic Markets, 2020, 5（13）: 1-17.

[84] Nikolaos Dimitriadis, Neda Jovanovic Dimitriadis, Jillian Ney. Advanced Marketing Management: Principles, Skills and Tools[M].London: Kogan Page, 2018.

[85] Nisreen Ameen, Ali Tarhini, Alexander Reppel, Amitabh Anand. Customer experiences in the age of artificial intelligence[J]. Computers in Human Behav-ior, 2021, 114: 106548-106548.

[86] O'Brien I M , Jarvis W , Soutar G N . Integrating social issues and customer engagement to drive loyalty in a service organisation[J]. Journal of Services Marketing, 2015, 29（6-7）: 547-559.

[87] Oksana L. Zavalina and Vyacheslav Zavalin. Evaluation of metadata change in authority data over time: An effect of a standard evolution[J]. Proceedings of the Association for Information Science and Technology, 2018, 55（1）: 593-597.

[88] Oliver Busch. Programmatic Advertising[M]. Switzerland: Springer, Cham, 2016.

[89] Peter Taylor. AI and the Project Manager: How the Rise of Artificial Intelligence Will Change Your World[M]. Abingdon: Taylor and Francis: 2021.

[90] Plattner. H, Meinel C, Leifer L, Designing Thingking: Understand-Improve-Apply[M]. Berlin: Springer, 2010.

[91] Raab Gerhard, Ajami Riad A., Goddard G. Jason. Customer Relationship Management: A Global Perspective[M].Abingdon: Taylor and Francis, 2016.

[92] Rawson A , Duncan E , Jones C . The Truth About Customer Experience[J]. Harvard Business Review, 2013, 91（9）: 26-26.

[93] Redmond W H. The potential impact of artificial shopping agents in e-commerce markets[J]. Journal of Interactive Marketing, 2002, 16（1）: 56-66.

[94] Richards K A , Jones E . Customer relationship management: Finding value drivers[J]. Industrial Marketing Management, 2008, 37（2）: 120-130.

[95] Rishi Bikramjit et al. Buzzfeed Inc: native advertising the way forward? [J]. Emerald Emerging Markets Case Studies, 2018, 8（4）: 1-18.

[96] Robert Palmatier, Lena Steinhoff. Relationship Marketing in the Digital Age[M].Abingdon: Taylor and Francis: 2019.

[97] Rowe S D . The State of Customer Relationship Management[J]. Econtent, 2019, 42（1）: 16-18.

[98] Rusarias E , Palossanchez P R , Reyesmenendez A . The Influence of Sociological Variables on Users' Feelings about Programmatic Advertising and the Use of Ad-Blockers[J]. Informatics, 2021, 8（1）: 5-5.

[99] RUSSELL S, NORVIG P. Artificial inteligence: a modern approach[M].（2nd ed）.Upper Saddle River, N.J., USA: Prentice-Hal, 2016.

[100] Rygielski C , Wang J C , Yen D C . Data mining techniques for customer relationship management[J]. Technology in Society, 2010, 24（4）: 483-502.

[101] Satish Kumar Boguda and Arsid Shailaja. The Future of Customer Experience in the Information Age of Artificial Intelligence – Get Ready for Change[J]. International Journal of Engineering Research and, 2019, 08（06）: 133-140.

[102] Saura J R , Ribeiro-Soriano D , D Palacios-Marqués. Setting B2B digital marketing in artificial intelligence-based CRMs: A review and directions for future research[J]. Industrial Marketing Management, 2021, 98（4）: 161-178.

[103] Sba B , Sg C , Ak D , et al. An integrated artificial intelligence framework for knowledge creation and B2B marketing rational decision making for improving firm performance[J]. Industrial Marketing Management, 2021, 92（6）: 178-189.

[104] Schfer C , Zinke R , L Künzer, et al. Applying Persona Method for Describing Users of Escape Routes[J]. Transportation Research Procedia, 2014, 2（7）: 636-641.

[105] Shankar V , Venkatesh A , Hofacker C , et al. Mobile Marketing in the Retailing Environment: Current Insights and Future Research Avenues[J]. Journal of Interactive Marketing, 2010, 24（2）: 111-120.

[106] Sheeba Mathew.Overview Of Programmatic Advertising[J].Think India Journal, 2019, 22（10）: 25-31.

[107] Shehu Edlira, Abou Nabout Nadia, Clement Michel. The risk of programmatic advertising: Effects of website quality on advertising effectiveness[J]. International Journal of Research in Marketing, 2021, 38(3): 131-135.

[108] Shiliang Sun and Chen Luo and Junyu Chen. A review of natural language processing techniques for opinion mining systems[J]. Information Fusion, 2017, 36: 10-25.

[109] Siu Y M , Zhang J F , Dong P , et al. New service bonds and customer value in customer relationship management: The case of museum visitors[J]. Tourism Management, 2013, 36（7）: 293-303.

[110] Steven Struhl. Artificial Intelligence Marketing and Predicting Consumer Choice: An Overview of Tools and Techniques[M].London: Kogan Page, 2019.

[111] Tao Y, Pan X, Zhao Q, et al. Research on the Intelligent Terminal Marketing of Telecom Operators in the O2M Mode[J]. Information and Communications Technologies, 2015, 8（3）: 147-152.

[112] Theodoridis P K , Gkikas D C . How Artificial Intelligence Affects Digital Marketing[C]// International Conference on Strategic Innovative Marketing and Tourism 2018 （ICSIMAT）. 2019.

[113] Tim Verhoeven. Digitalisierung im Recruiting[M]. Wiesbaden: Springer Gabler, 2020.

[114] Tom Hargreaves and Charlie Wilson and Richard Hauxwell-Baldwin. Learning to live in a smart home[J]. Building Research & Information, 2018, 46（1）: 127-139.

[115] Uwe Hannig. Marketing und Sales Automation[M].Wiesbaden: Springer Gabler, 2017.

[116] V. Kumar, Werner Reinartz. Customer Relationship Management[M].Berlin, Heidelberg: Springer-Verlag, 2018.

[117] Valencia A, Mugge R, Schoormans J P L, et al. The Design of Smart Product-Service Systems（PSSs）: An Exploration of Design Characteristics[J]. International Journal of Design, 2015, 9（1）: 13-28.

[118] Verhoef P C . Understanding the Effect of Customer Relationship Management Efforts on Customer Retention and Customer Share Development[J]. Journal of Marketing, 2003, 67（4）: 30-45.

[119] Verma S , Sharma R , Deb S , et al. Artificial intelligence in marketing: Systematic review and future research direction[J]. International Journal of Information Management Data Insights, 2021, 1（1）: 100002.

[120] Vlai B , Corbo L , Susana C , et al. The evolving role of artificial intelligence in marketing: A review and research agenda[J]. Journal of Business Research, 2021, 128: 187-203.

[121] Wagman M . Artificial Intelligence and Human Cognition: A Theoretical Intercomparison of Two Realms of Intellect[J]. Greenwood Publishing Group Inc. 1991, 68（1）: 168-172.

[122] Weiner B. Judgments of responsibility: A foundation for a Theory of social conduct[M]. New York: Guilford Press, 1995.

[123] Yasin Sahhar, Raymond Loohuis, Jörg Henseler. Towards a circumplex typ-ology of customer service experience management practices: a dyadic perspective[J]. Journal of Service Theory and Practice, 2021, 31（3）: 366-395.

[124] Yoonseok Pyo et al. Service robot system with an informationally structured environment[J]. Robotics and Autonomous Systems, 2015, 74: 148-165.

[125] Zawadzki P, ywicki K. Smart Product Design and Production Control for Effective Mass Customization in the Industry 4.0 Concept[J]. Management & Production Engineering Review（MPER）, 2016, 7（3）: 105-112.

[126] Zhao Z , Zhou W , Dan D , et al. Intelligent Mobile Edge Computing with Pricing in Internet of Things[J]. IEEE Access, 2020, 5（99）: 1-1.

[127] Zhou Z , Sun L , Zhang Y , et al. ML Lifecycle Canvas: Designing Machine Learning-Empowered UX with Material Lifecycle Thinking[J]. Human-Computer Interaction, 2020, 35（4）: 1-25.

附录A 缩略词英汉对照表

附录B python客户聚类分析：
航空公司的应用

附录C MATLAB营销模型：
空调产品的应用

附录D 机器学习精准营销实例：
银行贷款决策

教师服务

感谢您选用清华大学出版社的教材！为了更好地服务教学，我们为授课教师提供本书的教学辅助资源，以及本学科重点教材信息。请您扫码获取。

▶ 教辅获取

本书教辅资源，授课教师扫码获取

▶ 样书赠送

市场营销类重点教材，教师扫码获取样书

 清华大学出版社

E-mail: tupfuwu@163.com
电话：010-83470332 / 83470142
地址：北京市海淀区双清路学研大厦 B 座 509

网址：https://www.tup.com.cn/
传真：8610-83470107
邮编：100084